A era do globalismo

DO AUTOR

O colapso do populismo no Brasil, Rio de Janeiro, Civilização Brasileira, 1993.
Ditadura e agricultura, Rio de Janeiro, Civilização Brasileira, 1992.
A ditadura do grande capital, Rio de Janeiro, Civilização Brasileira, 1992.
Ensaios de sociologia da cultura, Rio de Janeiro, Civilização Brasileira, 1993.
Estado e planejamento econômico no Brasil, Rio de Janeiro, Civilização Brasileira, 1992.
Formação do Estado Populista na América Latina, Rio de Janeiro, Civilização Brasileira, 1993.
Imperialismo na América Latina, Rio de Janeiro, Civilização Brasileira, 1993.
Revolução e cultura, Rio de Janeiro, Civilização Brasileira, 1992.
A sociedade global, Rio de Janeiro, Civilização Brasileira, 1999.
Teorias da globalização, Rio de Janeiro, Civilização Brasileira, 1999.
Enigmas da modernidade-mundo, Rio de Janeiro, Civilização Brasileira, 2000.
Capitalismo, violência e terrorismo, Rio de Janeiro, Civilização Brasileira, 2004.

Octavio Ianni

A era do globalismo

12ª edição

Rio de Janeiro
2014

COPYRIGHT © Octavio Ianni, 1996

CAPA
Evelyn Grumach
Ilustração de Carlos Alberto da Silva sobre gravura de M.C. Escher — *Sphire Spirals*

PROJETO GRÁFICO
Evelyn Grumach e João de Souza Leite

PREPARAÇÃO DE ORIGINAIS
Roberto Norões

EDITORAÇÃO ELETRÔNICA
Art Line

CIP-BRASIL. CATALOGAÇÃO-NA-FONTE
SINDICATO NACIONAL DOS EDITORES DE LIVROS, RJ

I17e
12ª ed.

Ianni, Octavio, 1926-
A era do globalismo / Octavio Ianni. – 12ª ed. – Rio de Janeiro: Civilização Brasileira, 2014.
254p.

Inclui bibliografia
ISBN 978-85-200-0421-0

1. Civilização moderna – Século XX. 2. Mudança social. 3. Sociologia. I. Título.

99-1120

CDD–303.4
CDU–008

Todos os direitos reservados. Proibida a reprodução, armazenamento ou transmissão de partes deste livro, através de quaisquer meios, sem prévia autorização por escrito.

Direitos desta edição adquiridos pela
EDITORA CIVILIZAÇÃO BRASILEIRA
um selo da
EDITORA RECORD LTDA.
Rua Argentina 171, São Cristóvão, Rio de Janeiro, RJ, Brasil, 20921-380
Telefone (21) 2585-2000

Seja um leitor preferencial Record
Cadastre-se e receba informações sobre nossos lançamentos e nossas promoções.

Atendimento e venda direta ao leitor:
mdireto@record.com.br ou (21) 2585-2002

Sumário

PREFÁCIO 7

CAPÍTULO I
Globalização e diversidade 9

CAPÍTULO II
O mundo agrário 33

CAPÍTULO III
A cidade global 51

CAPÍTULO IV
Nação e globalização 75

CAPÍTULO V
Regionalismo e globalismo 99

CAPÍTULO VI
Trabalho e capital 121

CAPÍTULO VII
Raças e povos 149

CAPÍTULO VIII
A idéia de globalismo 181

CAPÍTULO IX
Neoliberalismo e neo-socialismo 213

BIBLIOGRAFIA 237

Prefácio

O mundo entrou na era do globalismo. Todos estão sendo desafiados pelos dilemas e horizontes que se abrem com a formação da sociedade global.

Essa é uma realidade problemática, atravessada por movimentos de integração e fragmentação. Simultaneamente à interdependência e à acomodação, desenvolvem-se tensões e antagonismos. Implicam tribos e nações, coletividades e nacionalidades, grupos e classes sociais, trabalho e capital, etnias e religiões, sociedade e natureza. São muitas as diversidades e desigualdades que se desenvolvem com a sociedade global. Algumas são antigas, e outras, recentes, surpreendentes. Para compreender os movimentos e as tendências da sociedade global, pode ser indispensável compreender como as diversidades e desigualdades atravessam o mundo.

O globalismo naturalmente convive com várias outras configurações fundamentais de vida e pensamento. O tribalismo, o nacionalismo e o regionalismo, assim como o colonialismo e o imperialismo, continuam presentes em todo o mundo. Mas todas essas realidades adquirem outros significados e outros dinamismos, devido aos processos e às estruturas que movimentam a sociedade global.

Esse é o vasto cenário em que se formam e recriam correntes de pensamento de alcance global. Elas podem ser indispensáveis para que se possa explicar, transformar ou ao menos imaginar o que vai pelo mundo.

OCTAVIO IANNI

CAPÍTULO I Globalização e diversidade

A globalização do mundo expressa um novo ciclo de expansão do capitalismo, como modo de produção e processo civilizatório de alcance mundial. Um processo de amplas proporções envolvendo nações e nacionalidades, regimes políticos e projetos nacionais, grupos e classes sociais, economias e sociedades, culturas e civilizações. Assinala a emergência da sociedade global, como uma totalidade abrangente, complexa e contraditória. Uma realidade ainda pouco conhecida, desafiando práticas e ideais, situações consolidadas e interpretações sedimentadas, formas de pensamento e vôos da imaginação.

Para reconhecer essa nova realidade precisamente no que ela tem de novo, ou desconhecido, torna-se necessário reconhecer que a trama da história não se desenvolve apenas em continuidades, seqüências, recorrências. A mesma história adquire movimentos insuspeitados, surpreendentes. Toda duração se deixa atravessar por rupturas. A mesma dinâmica das continuidades germina possibilidades inesperadas, hiatos inadvertidos, rupturas que parecem terremotos.

"Em minha opinião, a continuidade não é, de modo algum, a característica mais saliente da História... Em todos os grandes momentos decisivos do passado, deparamos subitamente com o fortuito e o imprevisto, o novo, o dinâmico e o revolucionário... O que devemos considerar como significativos são as diferenças e não as semelhanças, os elementos de descontinuidade e não os elementos de continuidade... Se não mantivermos nossos olhos alertados para o que é novo e diferente, todos perderemos, com a maior facilidade, o que é essencial, a saber, o sentimento de viver em um novo período... O estudo da História contemporânea requer novas perspectivas e uma nova escala de valores."[1]

De maneira lenta e imperceptível, ou de repente, desaparecem as fronteiras entre os três mundos, modificam-se os significados das nações de países centrais e periféricos, do norte e sul, industrializados e agrários, modernos e arcaicos, ocidentais e orientais. Literalmente, embaralha-se o mapa do mundo, umas vezes parecendo reestruturar-se sob o signo do neoliberalismo, outras parecendo desfazer-se no caos, mas também prenunciando outros horizontes. Tudo se move. A história entra em movimento, em escala monumental, pondo em causa cartografias geopolíticas, blocos e alianças, polarizações ideológicas e interpretações científicas.

As noções de colonialismo, imperialismo, dependência e interdependência, assim como as de projeto nacional, via nacional, capitalismo nacional, socialismo nacional e outras, envelhecem, mudam de significado, exigem novas formulações. Na medida em que se desfazem as hegemonias construídas durante a Guerra Fria, declinam as superpotências mundiais, envelhecem ou apagam-se as alianças e acomodações estratégicas e táticas sob as quais desenhava-se o mapa do mundo até 1989, quando caiu o Muro de Berlim, o emblema do mundo bipolarizado.

Simultaneamente, começam a emergir novos pólos de poder, revelam-se os primeiros traços de outros blocos geopolíticos, manifestam-se as primeiras acomodações e tensões entre os estados-nações preexistentes, bem como entre os que se formam com a desagregação da Iugoslávia, Tchecoslováquia e União Soviética. Também as nações consolidadas, bem como os sistemas de alianças que pareciam convenientes e permanentes, abalam-se ou desabam. No dia seguinte à queda do Muro de Berlim, os governantes dos Estados Unidos começaram a preocupar-se com a preeminência do Japão na orla do Pacífico e em outras partes do mundo. No dia seguinte à unificação da Alema-

---

[1] Geoffrey Barraclough, *Introdução à história contemporânea*, 4ª edição, trad. de Álvaro Cabral, Zahar Editores, Rio de Janeiro, 1976, pp. 13, 14, 15 e 35.

nha, quando a Alemanha Federal absorveu a República Popular Alemã, a Comunidade Européia estremeceu.

Mais uma vez, no final do século XX, o mundo se dá conta de que a história não se resume no fluxo das continuidades, seqüências e recorrências, mas que envolve também tensões, rupturas e terremotos. Tanto é assim que permanece no ar a impressão de que terminou uma época, terminou estrondosamente toda uma época; e começou outra não só diferente, mas muito diferente, surpreendente. Agora, são muitos os que são obrigados a reconhecer que está em curso um intenso processo de globalização das coisas, gentes e idéias.

Está em curso o novo surto de universalização do capitalismo, como modo de produção e processo civilizatório. O desenvolvimento do modo capitalista de produção, em forma extensiva e intensiva, adquire outro impulso, com base em novas tecnologias, criação de novos produtos, recriação da divisão internacional do trabalho e mundialização dos mercados. As forças produtivas básicas, compreendendo o capital, a tecnologia, a força de trabalho e a divisão transnacional do trabalho, ultrapassam fronteiras geográficas, históricas e culturais, multiplicando-se assim as suas formas de articulação e contradição. Esse é um processo simultaneamente civilizatório, já que desafia, rompe, subordina, mutila, destrói ou recria outras formas sociais de vida e trabalho, compreendendo modos de ser, pensar, agir, sentir e imaginar.

A nova divisão transnacional do trabalho envolve a redistribuição das empresas, corporações e conglomerados por todo o mundo. Em lugar da concentração da indústria, centros financeiros, organizações de comércio, agências de publicidade e mídia impressa e eletrônica nos países dominantes, verifica-se a redistribuição dessas e outras atividades por diferentes países e continentes. Tanto é assim que, em poucas décadas, simplesmente a partir do término da Segunda Guerra Mundial, ocorrem "milagres" econômicos em países com escassa tradição industrial, assim como em cidades sem nações, tais como Hong Kong e Cingapura, mas estrategicamente situadas em cartografias geopolíticas. Forma-se toda uma cadeia mundial de cidades globais, que passam a exercer papéis cruciais na generalização das forças produtivas e relações de produção em moldes capitalistas, bem como na polarização de estruturas globais de poder. Simultaneamente, ocorre a reestruturação de empresas, grandes, médias e pequenas, em conformidade com as exigências da produtividade, agilidade e capacidade de inovação abertas pela ampliação dos mercados, em âmbito nacional, regional e mundial. O fordismo, como padrão de organização do trabalho e da produção, passa a combinar-se com ou ser substituído pela flexibilização dos processos de trabalho e produção, um padrão mais sensível às novas exigências do mercado mundial, combinando produtividade, capacidade de inovação e competitividade. Sob todos os aspectos, a nova divisão transnacional do trabalho e produção implica outras e novas formas de organização social e técnica do trabalho, de mobilização da força de trabalho, quando se combinam trabalhadores de distintas categorias e especialidades, de modo a formar-se o trabalhador coletivo desterritorializado. Nesse sentido é que o mundo parece ter-se transformado em uma imensa fábrica. Tanto assim que já lhe cabe a metáfora de fábrica global. Uma fábrica em que se expressam e sintetizam as forças produtivas atuantes no mundo e agilizadas pelas condições e possibilidades abertas tanto pela globalização dos mercados e empresas como pelos meios de comunicação baseados na eletrônica. A partir da eletrônica, compreendendo a telecomunicação, o computador, o fax e outros meios, o mundo dos negócios agilizou-se em uma escala desconhecida anteriormente, desterritorializando coisas, gentes e idéias.

    A emergência das cidades globais é bem um produto e uma condição do modo pelo qual se dá a dispersão das atividades econômicas pelo mundo. Na mesma medida em que se movimentam e dispersam as empresas, corporações e conglomerados, promovendo uma espécie de desterritorialização das forças produtivas, verifica-se uma simultânea reterritorialização em outros espaços, uma concomitante polarização de atividades produtivas, industriais, manufatureiras, de serviços, financeiras, administrativas, gerenciais, decisórias. Ao romper as fronteiras nacionais, atravessando regimes políticos, culturas e civilizações, tanto quanto mares e oceanos, ilhas, arquipélagos e continentes, as forças produtivas e as instituições que garantem as relações capitalistas de produção reterritorializam-se em outros lugares, em muitos lugares simultaneamente, revelando-se ubíquas. Graças aos recursos tecnológicos propiciados pela eletrônica e informática, ocorre todo um vasto rearranjo do mapa do mundo. Produzem-se novas redes de articulações, por meio das quais se desenham os contornos e os movimentos, as condições e as possibilidades do capitalismo global.

Simultaneamente à nova divisão transnacional do trabalho, o que significa novo impulso no desenvolvimento extensivo e intensivo do capitalismo no mundo, ocorre uma crescente e generalizada transformação das condições de vida e trabalho no mundo rural. O campo é industrializado e urbanizado, ao mesmo tempo que se verifica uma crescente migração de indivíduos, famílias e grupos para os centros urbanos próximos e distantes, nacionais e estrangeiros. A tecnificação, maquinização e quimificação dos processos de trabalho e produção no mundo rural expressam o industrialismo e o urbanismo, entendendo-se o urbanismo como modo de vida, padrões e valores socioculturais, secularização do comportamento e individuação. Nesse sentido é que a globalização do capitalismo está provocando a dissolução do mundo agrário. Isto significa que se reduz ou supera a contradição cidade-campo, o que pode significar a vitória definitiva da cidade sobre o campo; o que pode significar que, nos moldes em que se movia até meados do século XX, o mundo agrário deixou de ser um motor decisivo da história.

Juntamente com a expansão das empresas, corporações e conglomerados transnacionais, articulada com a nova divisão transnacional do trabalho e a emergência das cidades globais, verifica-se o declínio do estado-nação. Parece reduzir-se o significado da soberania nacional, já que o estado-nação começa a ser obrigado a compartilhar ou aceitar decisões e diretrizes provenientes de centros de poder regionais e mundiais. Assim como a cidadania tem sido principalmente tutelada, regulada ou administrada, também a soberania nacional passa a ser crescentemente tutelada, regulada ou administrada. Se, por um lado, o estado-nação é levado a limitar e orientar os espaços da cidadania, por outro lado, as estruturas globais de poder são levadas a limitar e orientar os espaços da soberania nacional. Aliás, o exercício da própria cidadania, em âmbito local, nacional, regional e mundial, tem sido delimitado ou agilizado pelo jogo das forças que preponderam em escala global. Acontece que a sociedade global já é uma realidade, ainda que em processo de formação e institucionalização. Vista como um todo em movimento, a sociedade global estabelece algumas das condições e possibilidades que podem nortear as condições e as possibilidades de nações e nacionalidades, assim como de indivíduos, grupos, classes, coletividades, povos, movimentos sociais, partidos políticos, correntes de opinião pública.

A regionalização pode ser vista como uma necessidade da globalização, ainda que seja simultaneamente um movimento de integração de estados-nações. Pode muito bem ser as duas coisas combinadamente, se bem que a análise dos fatos, e não apenas dos institutos jurídico-políticos, indique a prevalência das forças econômicas que operam em escala mundial. Sob certos aspectos, a regionalização pode ser uma técnica de preservação de interesses "nacionais" por meio da integração, mas sempre no âmbito da globalização. Envolve os estados-nações na dinâmica da mundialização. Jogando com as convergências e os antagonismos entre nacionalismo, regionalismo e globalismo, encontram-se as empresas, corporações e conglomerados transnacionais. Tecem a globalização desde cima, em conformidade com a dinâmica dos interesses que expressam ou simbolizam. Desenham as mais diversas cartografias do mundo, planejadas segundo as suas políticas de produção e comercialização, preservação e conquista de mercados, indução de decisões governamentais em âmbito nacional, regional e mundial. Em suas alianças estratégicas, e por meio de suas redes de comunicações, podem estar presentes em muitos lugares ou mesmo em todo o mundo. Esse o contexto em que tendem a ocorrer, resolver-se ou agravar-se as convergências e as tensões entre nacionalismo, regionalismo e globalismo.

Vista assim, no âmbito da globalização do capitalismo, a controvérsia sobre mercado e planejamento perde muito da sua retórica ideológica. As empresas, corporações e conglomerados transnacionais sempre planejam as suas atividades, com base nos mais rigorosos requisitos da técnica, dos recursos intelectuais acumulados. Planejam em escala nacional, regional e mundial. Constroem cartografias minuciosas dos espaços controlados, disponíveis e potenciais, tendo também em conta minuciosamente os recursos de capital, tecnologia, força de trabalho, novos produtos, *marketing, lobbing* etc.

Um dos signos principais dessa história, da globalização do capitalismo, é o desenvolvimento do capital em geral, transcendendo mercados e fronteiras, regimes políticos e projetos nacionais, regionalismos e geopolíticas, culturas e civilizações. Desde o fim da Segunda Guerra Mundial, e em escala ainda mais ampla desde o término da Guerra Fria, o capital adquiriu proporções propriamente universais. Articula os mais diversos subsistemas econômicos nacionais e regionais, os mais distintos projetos nacionais de organização da economia, as mais diferentes formas de organização social e técnica do trabalho, subsumindo moedas, reservas cambiais, dívidas externas e internas, taxas de câmbio, cartões de crédito e todas as outras moedas reais ou imaginárias. O capital em geral, agora propriamente universal, tornou-se o parâmetro das operações econômicas em todo o mundo. Pode simbolizar-se no dólar norte-americano, iene japonês, marco alemão ou na moeda deste ou daquele país. Mas não se reduz a esta ou àquela moeda. A despeito de uma e outra serem utilizadas na prática, já é evidente que sob todas manifesta-se uma moeda propriamente global. Expressa as formas e os movimentos do capital em geral, propriamente universal, subsumindo amplamente as formas singulares e particulares do capital.

Já são muitos os que reconhecem que passou a época em que se imaginava a moeda simbolizando a soberania nacional, economia independente, auto-sustentada, autárquica. Mesmo as economias nacionais mais poderosas movimentam-se em conformidade com a dinâmica do capital em geral, operando em escala global, subsumindo real ou formalmente os capitais nacionais e regionais. Mais do que a mercadoria, o capital não tem ideologia.[2]

Ocorre que o capitalismo tornou-se propriamente global. A reprodução ampliada do capital, em escala global, passou a ser uma determinação predominante no modo pelo qual se organizam a produção, distribuição, troca e consumo. O capital, a tecnologia, força de trabalho, a divisão do trabalho social, o mercado, o *marketing*, o *lobbing* e o planejamento, tanto empresarial como das instituições multilaterais, além do governamental, todas essas forças estão atuando em escala mundial. Juntamente com outras, políticas e socioculturais, são forças decisivas na criação e generalização de relações, processos e estruturas que articulam e tensionam o novo mapa do mundo.

No contexto da sociedade global, desenvolvem-se estruturas do poder propriamente globais. São estruturas que expressam as configurações e os movimentos, as articulações e as contradições no âmbito da sociedade global. Naturalmente apóiam-se também em estados nacionais, centrais e periféricos, dominantes e subalternos, ao sul e ao norte, ocidentais e orientais. As estruturas de poder globais evidentemente não prescindem das nacionais e regionais, dos sistemas regionais de integração econômica e dos blocos geopolíticos. Umas vezes apóiam-se neles, assim como em outras combatem-nos. Isso fica evidente nas controvérsias sobre como administrar a dívida interna e externa, como desestatizar ou desregular a economia, reduzir tarifas, acelerar a integração regional etc. São controvérsias em boa medida induzidas pelo Fundo Monetário Internacional (FMI), o Banco Mundial (ou Banco Internacional de Reconstrução e Desenvolvimento (BIRD) e o Acordo Geral de Tarifas e Comércio (GATT), substituído em 1995 pela Organização Mundial de Comércio (OMC); mas tam-

---

[2] Andrew Walter, *World Power and World Money*, St. Martin Press, Nova York, 1991; Richard O'Brien, *Global Financial Integration: The End of Geography*, The Royal Institute of International Affairs, Nova York, 1992; *The Economist*, "Fear of Finance (A Survey of the World Economy)", Londres, 19 de setembro de 1992; Graham Bird, *Managing Global Money*, Londres, McMillan Press, 1988.

bém agilizadas pelos *lobbings*, *marketings* e a mídia, sempre em escala mundial. São estruturas globais de poder, às vezes contraditórias em suas diretrizes ou práticas, mas sempre pairando além de soberanias e cidadanias nacionais e regionais. Parecem desterritorializadas, já que se deslocam ao acaso das suas dinâmicas próprias, descoladas de bases nacionais, do jogo das relações entre estados nacionais. E reterritorializam-se em outros lugares, principalmente em cidades globais, transcendendo nações e nacionalidades, fronteiras e geografias.

Sob vários aspectos, na época da globalização do mundo reabre-se a problemática do trabalho. O modo pelo qual o capitalismo se globaliza, articulando e rearticulando as mais diversas formas de organização técnica da produção, envolve ampla transformação na esfera do trabalho, no modo pelo qual o trabalho entra na organização social da vida do indivíduo, da família, do grupo, da classe e da coletividade, em todas as nações e continentes, ilhas e arquipélagos. Visto em perspectiva ampla, o desenvolvimento do capitalismo global tem transformado as condições sociais e técnicas das atividades econômicas, influenciando ou modificando as formas de organização do trabalho em todos os setores do sistema econômico mundial, compreendendo os subsistemas nacionais e regionais. Modificam-se bastante e radicalmente as técnicas produtivas, as formas de organização dos processos produtivos, as condições técnicas, jurídico-políticas e sociais de produção e reprodução das mercadorias, materiais e culturais, reais e imaginárias.

Aos poucos, ou de repente, conforme o caso, a grande maioria da população assalariada mundial se vê envolvida no mercado global; um mercado em que se movem compradores e vendedores de força de trabalho, mercadorias, valores de uso e valores de troca. São transações que mutiplicam e generalizam os dinamismos das forças produtivas e relações de produção, propiciando uma acumulação acentuada e generalizada do capital, em âmbito mundial. Aí organizam-se e desenvolvem-se, de modo articulado e contraditório, as mais diversas formas de capital, tecnologia, força de trabalho, divisão de trabalho, "socialização" do processo produtivo, formação do trabalho coletivo, racionalização, planejamento, disciplina, calculabilidade, publicidade, mercado, alianças estratégicas de empresas, redes de informática, mídia impressa e eletrônica, campanhas de formação e indução da opinião pública sobre os mais diversos temas da vida social, econômica, política e cultural de uns e outros nos mais diversos cantos e recantos do mundo.

A relevância do trabalho, em geral e em suas formas particulares e singulares, começa a revelar-se quando se reconhece que o capitalismo transformou o mundo em uma espécie de imensa fábrica. Em relativamente poucas décadas, principalmente após a Segunda Guerra Mundial (1939-45), a industrialização espalhou-se pelo mundo. A época da Guerra Fria (1946-89) foi também uma época de desenvolvimento extensivo e intensivo do capitalismo no mundo. A contra-revolução mundial embutida na Guerra Fria favoreceu a criação e o desenvolvimento de indústrias em nações subdesenvolvidas, agrárias, periféricas, do Terceiro Mundo. Inicialmente desenvolveram-se políticas de industrialização substitutivas de importação e, depois, de industrialização orientada para a exportação, sendo que em vários casos combinam-se as duas políticas. Em poucas décadas, muitas nações asiáticas, latino-americanas e africanas ingressaram no sistema industrial mundial. As empresas, corporações e conglomerados transnacionais desenvolveram-se e generalizaram-se. Intensificou-se o movimento de capital, tecnologia e força de trabalho. Formaram-se e expandiram-se as alianças estratégicas, os centros e os sistemas decisórios. Emergiram as cidades globais, como elos e polarizações fundamentais da sociedade global, muitas vezes os lugares privilegiados das estruturas globais de poder.

Desde que se desagregou o bloco soviético e reduziram-se as barreiras às inversões estrangeiras na China, Vietnã e outros países com regimes socialistas, sem esquecer a transição para a economia de mercado em todos os países que compunham o bloco soviético, desde essa ocasião o capitalismo se viu diante de uma imensa fronteira de expansão, que apenas começa a ser reocupada nas décadas finais do século XX. Um espaço de amplas proporções que conta com um contingente excepcionalmente numeroso de trabalhadores disponíveis, em larga medida qualificados. Talvez se possa dizer que a abertura do conjunto das nações do que era o mundo socialista, ou o "segundo mundo", representa uma fronteira inesperada e excepcional para novos surtos de acumulação originária. Aí criaram-se condições novas e muito favoráveis para o desenvolvimento extensivo e intensivo do capitalismo.[3] As mesmas condições propícias aos novos surtos de expansão mundial do capitalismo, da reprodução ampliada do capital em escala global, essas mesmas condições trazem consigo a criação e a reprodução de desigualdades, carências, inquietações, tensões, antagonismos.

Esse o contexto em que se desenvolve a globalização da questão social. As mais diversas manifestações da questão social, nos mais diferentes países e continentes, adquirem outros significados, podendo alimentar novos movimentos sociais e suscitar interpretações desconhecidas. Ocorre que as condições de vida e trabalho, em todos os lugares, estão sendo revolucionadas pelos processos que provocam, induzem ou comandam a globalização. A nova divisão transnacional do trabalho e produção transforma o mundo em uma fábrica global. A mundialização dos mercados de produção, ou forças produtivas, tanto provoca a busca de força de trabalho barata em todos os cantos do mundo como promove as migrações em todas as direções. O exército industrial de trabalhadores, ativo e de reserva, modifica-se e movimenta-se, formando contingentes de desempregados mais ou menos permanentes ou subclasses, em escala global. Toda essa movimentação envolve problemas culturais, religiosos, lingüísticos e raciais, simultaneamente sociais, econômicos e políticos. Emergem

---

[3] András Koves, "Socialist Economy and the World-Economy", *Review*, vol. V, n? 1, 1981, pp. 113-33; David Mandel, "The Rebirth of the Soviet Labor Movement", *Politics and Society*, vol. 18, n? 3, 1990, pp. 381-404; Richard Smith, "The Chinese Road to Capitalism", *New Left Review*, n? 199, Londres, 1993, pp. 55-99; *The Economist, a Billion Consumers* (*A Survey of Asia*), Londres, 30 de outubro de 1993; Robert Kurz, *O colapso da modernização*, trad. de Karen Elsabe Barbosa, São Paulo, Paz e Terra, 1992.

xenofobias, etnocentrismos, racismos, fundamentalismos, radicalismos, violências.

A mesma mundialização da questão social induz uns e outros a perceberem as dimensões propriamente globais da sua existência, das suas possibilidades de consciência. Juntamente com o que é local, nacional e regional, revela-se o que é mundial. Os indivíduos, grupos, classes, movimentos sociais, partidos políticos e correntes de opinião pública são desafiados a descobrir as dimensões globais dos seus modos de ser, agir, pensar, sentir e imaginar. Todos são levados a perceber algo além do horizonte visível, a captar configurações e movimentos da máquina do mundo.[4]

São muitos os que já reconhecem que vivem no mesmo planeta, como realidade social, econômica, política e cultural. O planeta Terra já não é mais apenas um ente astronômico, mas também histórico. O que parecia, ou era, uma abstração logo se impõe a muitos como realidade nova, pouco conhecida, com a qual há que se conviver. O planeta Terra torna-se o território da humanidade.

À medida que se desenvolve a globalização, que o mercado se mundializa e expande-se a fábrica global, o globo terrestre se revela o nicho ecológico de todo o mundo. Muitos são os que passam a reconhecer que o céu e a terra, a água e o ar, a fauna e a flora, os recursos minerais e a camada de ozônio, tudo isso diz respeito a todos, aos que sabem, e aos que não sabem, nos quatro cantos do mundo.

É muito significativo que a problemática ambiental, ou propriamente ecológica, tenha sido reaberta em termos bastante enfáticos na época da globalização. Em poucos anos, formaram-se movimentos sociais empenhados em denunciar as agressões ao meio ambiente, rei-

---

[4] Renato Ortiz, *Mundialização e cultura*, São Paulo, Brasiliense, 1994; Milton Santos, *Técnica espaço tempo (Globalização e meio técnico-científico informacional)*, São Paulo, Hucitec, 1994; Serge Latouche, *A ocidentalização do mundo*, trad. de Celso Mauro Paciornik, Petrópolis, Vozes, 1994; Jean Chesneaux, *Modernidade-mundo*, trad. de João da Cruz, Petrópolis, Vozes, 1995.

vindicar medidas de proteção, exigir a reposição de condições originais. A terra, a fauna, a flora, a água, o ar, os recursos do subsolo, tudo passou a preocupar a opinião pública, mobilizar movimentos sociais, suscitar a criação de cursos universitários e programas de pesquisa, estimular a edição de livros e revistas, tudo isso destinado a proteger, obstar e repor os ambientes, os nichos ecológicos. Aos poucos, muitos se dão conta de que vivem no planeta Terra, e precisam entender-se como habitantes que dependem da vida desse planeta. "A difusão global das políticas econômicas e dos estilos de vida baseados na indústria está exaurindo a riqueza ecológica do nosso planeta, mais rapidamente do que pode ser reposta. Estão em perigo os recursos naturais dos quais depende a crescente população mundial."[5]

A forma pela qual a globalização provoca uma nova consciência de que todos habitam o planeta Terra cria também desafios teóricos. Além dos valores fundamentais do humanismo laico e religioso, científico e filosófico, a consciência de que o ecocosmo está sendo depauperado pela própria atividade de indivíduos, grupos, classes, governos, empresas e corporações, essa consciência reaviva ideais humanísticos e defronta-se com desafios teóricos. Primeiro, logo se recoloca o clássico problema da dialética sociedade e natureza, uma preocupação sempre presente nas ciências da natureza, nas ciências sociais e na filosofia. Segundo, em pouco tempo recoloca-se o problema da contradição sociedade e natureza. Muitos são obrigados a dar-se conta dessa contradição nos horizontes da globalização, quando esta contradição se universaliza em forma desconhecida para indivíduos, grupos, classes, coletividades e povos. Além da contradição força de trabalho e capital, desenvolve-se a contradição sociedade e natureza, dinamizada pela reprodução ampliada do capital, em âmbito global. "A causa principal da segunda contradição é o uso e a apropriação

---

[5] The Group of Green Economists, *Ecological Economics (A Practical Programme for Global Reform)*, Londres, Zed Books, 1992, p. 16. Também: Michel Serres, *O contrato natural*, trad. de Beatriz Sidoux, Rio de Janeiro, Nova Fronteira, 1991.

autodestrutiva da força de trabalho, do espaço e da natureza externa, ou ambiente."[6]

Mais uma vez, recoloca-se o problema das diversidades dos nichos ecológicos, das formas sociais de vida e trabalho, das singularidades das culturas, dos conhecimentos acumulados por tribos, povos e nações sobre o seu ambiente, suas relações com a ecologia local, com o ciclo das estações, as formas de reprodução das condições ambientais em que vivem e reproduzem grupos e coletividades, tribos e nações.

Esse é o contexto em que muitos começam a compreender que possuem problemas similares, a despeito de viverem em condições diversas, em lugares distantes, sob distintas formas de governo. Reconhecem que seus direitos e deveres transcendem o local e o nacional, transbordando para o âmbito mundial. A mesma globalização da economia, política, sociedade e cultura estabelece algumas das bases de uma percepção da sociedade global em formação, da cidadania em escala mundial.

Quando o planeta Terra deixa de ser apenas um ente astronômico para ser também histórico, recoloca-se de modo original a dialética sociedade e natureza. Em pouco tempo, reabre-se a convicção de que o modo pelo qual a sociedade se apropria da natureza, tornando-a histórica, é também o modo pelo qual se reabre a contradição sociedade-natureza.

O planeta Terra está tecido por muitas malhas, visíveis e invisíveis, consistentes e esgarçadas, regionais e universais. São principalmente sociais, econômicas, políticas e culturais, tornando-se às vezes ecológicas, demográficas, étnicas, religiosas, lingüísticas. A própria cultura encontra outros horizontes de universalização, ao mesmo tempo que se recria em suas singularidades. O que era local e nacional pode tornar-se também mundial. O que era antigo pode revelar-se novo, reno-

---

[6] James O'Connor, "La seconda contraddizione del capitalismo: cause e conseguenze", *Capitalismo natura socialismo*, n.º 6, Roma, 1992, pp. 9-19; citação da p. 12.

vado, moderno, contemporâneo. Formas de vida e trabalho, imaginários e visões do mundo diferentes, às vezes radicalmente diversos, encontram-se, tensionam-se, subordinam-se, recriam-se. "Freqüentemente a homogeneização desdobra-se no argumento da americanização ou mercantilização, e muitas vezes os dois argumentos estão intimamente relacionados. Mas o que estes argumentos deixam de considerar é que tão logo as forças das várias metrópoles são levadas às novas sociedades, elas tendem a indigenizar-se de uma ou outra forma. Isto é verdade para os estilos de música e habitação, tanto quanto é verdade para ciência e terrorismo, espetáculos e constituições."[7]

É claro que são muitas as formas culturais mutiladas ou mesmo destruídas pela globalização. O capitalismo expande-se mais ou menos avassalador em muitos lugares, recobrindo, integrando, destruindo, recriando ou subsumindo. São poucas as formas de vida e trabalho, de ser e imaginar, que permanecem incólumes diante da atividade "civilizatória" do mercado, empresa, forças produtivas, capital.

A sociedade global não é somente uma realidade em constituição, que apenas começa a mover-se como tal, por sobre nações e impérios, fronteiras e geopolíticas, dependências e interdependências. Revela-se visível e incógnita, presente e presumível, indiscutível e fugaz, real e imaginária. De fato, está em constituição, apenas esboçada aqui e acolá, ainda que em outros lugares apareça inquestionável, evidente. São muitos os que têm dúvidas e certezas, convicções e ceticismos sobre ela.

Ocorre que o que é mais visível e evidente é o lugar, o local e o nacional, a identidade e o patriotismo, o provincianismo e o nacionalismo. Ainda que problemático, esse lugar articula geografia e história, espaço e tempo, servindo de ponto de referência, parâmetro, paradigma. São séculos de tradições e façanhas, heróis e santos, monumentos e ruínas cristalizados em valores e padrões, práticas e ilusões, línguas e religiões. Sob vários aspectos, o enraizamento no lugar e a ilusão da identidade podem dificultar a percepção do que é outro,

---

[7] Arjun Appadurai, "Disjunture and Difference in the Global Cultural Economy", *Public Culture*, vol. 2, nº 2, 1990, pp. 1-24; citação da p. 5.

estrangeiro, diferente ou estranho, assim como o que é internacional, multinacional, transnacional, mundial, cosmopolita ou global. São gradações da geografia e história, do real e possível, do ser e devir, que às vezes ultrapassam os dados imediatos da consciência, as percepções empíricas e pragmáticas, as convicções sedimentadas, as categorias elaboradas, as interpretações conhecidas.

Esse dilema, com suas implicações epistemológicas, complica-se um pouco mais quando começamos a notar que a sociedade global se constitui na época da eletrônica, dinamizada pelos recursos da informática. Esse, também, o porquê de a sociedade global se mostrar visível e incógnita, presente e presumível, indiscutível e fugaz, real e imaginária. Ela está articulada por emissões, ondas, mensagens, signos, símbolos, redes e alianças que tecem os lugares e as atividades, os campos e as cidades, as diferenças e as identidades, as nações e nacionalidades. Esses são os meios pelos quais desterritorializam-se mercados, tecnologias, capitais, mercadorias, idéias, decisões, práticas, expectativas e ilusões.

Nômade "é a palavra-chave que define o modo de vida, o estilo cultural e o consumo dos anos 2000. Pois todos carregarão consigo então a sua identidade: o nomadismo será a forma suprema da ordem mercantil... Os meios de transporte (automóvel, avião, trem, navio), suportes naturais deste nomadismo, serão lugares privilegiados de reunião de objetos nômades: telefones, telefax, televisores, leitores de vídeo, computadores, fornos de microondas... Seja em avião, trem, navio ou a domicílio, o indivíduo se alimentará movendo-se, a fim de não perder tempo".[8] O mercado global cria a ilusão de que tudo tende a assemelhar-se e harmonizar-se. "Em todos os lugares, tudo cada vez mais se parece com tudo o mais, à medida que a estrutura de preferências do mundo é pressionada para um ponto comum homogeneizado."[9]

---

[8] Jacques Attali, *Milenio*, trad. de R. M. Bassols, Barcelona, Seix Barral, 1991, pp. 81-2.
[9] Theodore Levitt, *A imaginação de marketing*, trad. de Auriphebo Berrance Simões, 2ª edição, São Paulo, Editora Atlas, 1991, p. 43.

Nesse nível, a sociedade global é um universo de objetos, aparelhos ou equipamentos móveis e fugazes, atravessando espaços e fronteiras, línguas e dialetos, culturas e civilizações. Ao tecer a economia e a política, a empresa e o mercado, o capital e a força de trabalho, a ciência e a técnica, a eletrônica e a informática, tecem também os espaços e os tempos, as nações e os continentes, as ilhas e os arquipélagos, os mares e os oceanos, os singulares e os universais. O mundo se povoa de imagens, mensagens, colagens, montagens, bricolagens, simulacros e virtualidades. Representam e elidem a realidade, vivência, experiência. Povoam o imaginário de todo o mundo. Elidem o real e simulam a experiência, conferindo ao imaginário a categoria da experiência. As imagens substituem as palavras, ao mesmo tempo em que as palavras revelam-se principalmente como imagens, signos plásticos de virtualidades e simulacros produzidos pela eletrônica e pela informática.

Esses objetos, aparelhos ou equipamentos, tais como computador, televisão, telefax, telefone celular, sintetizador, secretária eletrônica e outros, permitem atravessar fronteiras, meridianos e paralelos, culturas e línguas, mercados e regimes de governo. Estão articulados em si e entre si, seguindo a mesma sistemática, em geral a mesma língua, predominantemente o inglês. E permitem transmitir, modificar, inventar e transfigurar signos e mensagens que se mundializam. Correm o mundo de modo instantâneo e desterritorializado, elidindo a duração. Criam a ilusão de que o mundo é imediato, presente, miniaturizado, sem geografia nem história.

É claro que a globalização não tem nada a ver com homogeneização. Esse é um universo de diversidades, desigualdades, tensões e antagonismos, simultaneamente às articulações, associações e integrações regionais, transnacionais e globais. Trata-se de uma realidade nova, que integra, subsume e recria singularidades, particularidades, idiossincrasias, nacionalismos, provincianismos, etnicismos, identidades ou fundamentalismos. Ao mesmo tempo que se constitui e movimenta, a sociedade global subsume e tensiona uns e outros: indivíduos, famílias, grupos e classes, nações e nacionalidades, religiões e línguas, etnias e raças. As identidades reais e ilusórias baralham-se, afirmam-se ou recriam-se. No âmbito da globalização abrem-se outras condições de produção e reprodução material e espiritual. É como se a história, vista agora em suas dimensões propriamente universais, encontrasse possibilidades desconhecidas; assim como a geografia parece redescobrir-se. No âmbito da globalização, compreendendo nações e nacionalidades, movimentos sociais e fundamentalismos, redes e alianças, soberanias e hegemonias, fronteiras e espaços, ecossistemas e ambientalismos, blocos e geopolíticas, nesse contexto multiplicam-se as condições de integração e fragmentação. As mesmas forças empenhadas na globalização provocam forças adversas, novas e antigas, contemporâneas e anacrônicas, recriando e multiplicando articulações e tensões.

A mesma fábrica das diversidades fabrica desigualdades. A dinâmica da sociedade global produz e reproduz diversidades e desigualdades, simultaneamente às convergências e integrações. Pode ser ilusório imaginar que a diversidade situa-se no ser-em-si, identidade. Esse, quando se verifica, é um estado episódico; e quando permanece, corre o risco da recorrência e reiterada mesmidade. A trama das relações, o jogo do intercâmbio, a audácia do confronto podem produzir a diferença, a diversidade, o antagonismo; com os riscos das perdas e dos ganhos, precisamente com os riscos da mudança ou transfiguração.

Essa tem sido a dialética de trocas, intercâmbios, encontros, conquistas, dominações, colonialismos, imperialismos, interdependências, alianças ou associações, envolvendo grupos, classes, coletividades, povos, culturas e civilizações. Desde a invenção do Novo Mundo à invenção do Oriente, desde a conquista da África às incursões européias e norte-americanas na Ásia, sob todos os colonialismos e imperialismos, em todos os casos a dialética da história produz e reproduz conquistas e destruições, convergências e diversidades, integrações e antagonismos.[10]

---

[10] K. M. Panikkar, *A dominação ocidental na Ásia*, trad. de Nemésio Salles, 3ª edição, Rio de Janeiro, Paz e Terra, 1977; Edward W. Said, *Orientalismo (O Oriente*

Tanto é assim que a busca ou a afirmação da diversidade, enquanto originalidade ou identidade, com freqüência mobiliza recursos do outro, do país dominante, da cultura invasora. A afirmação da autonomia, independência, soberania ou hegemonia na maioria dos casos mobiliza também valores e padrões culturais, formas de pensamento, técnicas sociais ou mesmo utopias produzidas no "exterior", ou buscadas pelos nativos ou levadas pelos conquistadores.[11]

São muitas as idéias, correntes de pensamento, teorias, técnicas, ideologias e utopias que entram na fermentação dos movimentos sociais e partidos políticos, em suas reivindicações e lutas para afirmar autonomia, independência, soberania ou hegemonia. Aí entram: catolicismo, protestantismo, liberalismo, evolucionismo, positivismo, marxismo, estruturalismo, estrutural-funcionalismo, teoria sistêmica, giro lingüístico, hermenêutica, socialismo, comunismo, social-democracia, neoliberalismo, corporativismo, fascismo, militarismo e outras correntes de pensamento, técnicas de controle e mudança social, ou teorias da sociedade e história.

É claro que em todos os casos há sempre o resgate ou a recriação das matrizes culturais e civilizatórias, das raízes de cada povo, tribo ou nação. Muitas vezes, são estes os elementos que operam como parâmetros, quadros de referência, a partir dos quais ocorrem o empréstimo, a assimilação ou a recriação de elementos "exteriores". Mas a afirmação da autonomia, independência, identidade, soberania ou hegemonia em geral se reforça no contraponto com o outro.

"Nos tempos do domínio britânico, um período de amarga sujeição, que foi também um período de mobilização intelectual, o nacio-

---

como invenção do Ocidente), trad. de Tomás Rosa Bueno, São Paulo, Companhia das Letras, 1990; Eric R. Wolf, *Europe and the People Without History*, Berkeley, University of California Press, 1982.

[11] Frantz Fanon, *Os condenados da terra*, trad. de José Laurênio de Melo, Rio de Janeiro, Civilização Brasileira, 1968; Albert Memmi, *Retrato do colonizado precedido pelo retrato do colonizador*, trad. de Roland Corbisier e Mariza Pinto Coelho, Rio de Janeiro, Paz e Terra, 1967; Fatma Mansur, *Process of Independence*, Londres, Routledge & Kegan Paul, 1962.

nalismo hindu proclamou o passado hindu; e a religião foi inextricavelmente mesclada com o despertar político. Mas a Índia independente, com os seus planos qüinqüenais, sua industrialização e sua prática da democracia investiu na mudança. Havia sempre uma contradição entre o arcaísmo do orgulho nacional e a promessa do novo; e a contradição afinal rompeu e abriu a civilização. A turbulência na Índia, desta vez, não veio da invasão ou conquista estrangeira; tem sido gerada desde dentro. A Índia não pode responder no velho estilo, pelo retrair-se no arcaísmo. As suas instituições emprestadas têm funcionado como instituições emprestadas. Mas a Índia arcaica não tem substitutos para a imprensa, o parlamento e os tribunais. A crise da Índia não é apenas política ou econômica. A crise mais ampla é a de uma civilização ferida, que afinal tornou-se consciente de suas insuficiências e de sua carência de meios intelectuais para mover-se adiante."[12]

Globalização rima com integração e homogeneização, da mesma forma que com diferenciação e fragmentação. A sociedade global está sendo tecida por relações, processos e estruturas de dominação e apropriação, integração e antagonismo, soberania e hegemonia. Trata-se de uma configuração histórica problemática, atravessada pelo desenvolvimento desigual, combinado e contraditório. As mesmas relações e forças que promovem a integração suscitam o antagonismo, já que elas sempre deparam diversidades, alteridades, desigualdades, tensões, contradições. Desde o princípio, pois, a sociedade global traz no seu bojo as bases do seu movimento. Ela é necessariamente plural, múltipla, caleidoscópica. A mesma globalização alimenta a diversidade de perspectivas, a multiplicidade dos modos de ser, a convergência e a divergência, a integração e a diferenciação; com a ressalva fundamental de que todas as peculiaridades são levadas a recriar-se no espelho desse novo horizonte, no contraponto das relações, dos processos e das estruturas que configuram a globalização.

As próprias perspectivas de auto-afirmação, autoconsciência, luta

---

[12] V. S. Naipul, *India: a Wounded Civilization*, Nova York, Vintage Books, 1978, pp. 9-10

pela emancipação ou desalienação revelam-se enriquecidas e dinamizadas pelo contato, intercâmbio ou contraponto de modos de vida e trabalho, formas de ser, agir, pensar, sentir e imaginar. As permutas reiteradas ou contínuas, os intercâmbios e as tensões entre formas socioculturais diferentes, entre povos com distintas formas de vida e trabalho, tudo isso tende a potenciar atividades, produções, horizontes. É claro que tribos, comunidades, povos, nacionalidades e nações, com seus recursos socioculturais ou civilizatórios, têm sido agredidos, subjugados, suprimidos ou mutilados pelos surtos de expansão do capitalismo pelo mundo: mercantilismo, colonialismo, imperialismo, alianças estratégicas de corporações, integração regional e geopolítica, compreendendo correntes de pensamento não só diferentes mas também contraditórias, tais como cristianismo, liberalismo, evolucionismo, positivismo, funcionalismo, marxismo, socialismo, anarquismo, fascismo, neoliberalismo, neo-socialismo e outras. Em geral, no entanto, os povos da Ásia, Oceania, África, América Latina e Caribe têm sido capazes de mobilizar elementos obtidos de povos colonizadores, conquistadores, colonialistas ou imperialistas para desenvolver suas perspectivas e autoafirmação, autoconsciência e luta. Na maioria dos casos, umas vezes com limitações e outras com surpreendentes invenções, combinaram-se duas ordens de fatores. "O primeiro fator foi a assimilação por asiáticos e africanos das idéias, técnicas e instituições ocidentais, que podiam ser aproveitadas contra as potências ocupantes — um processo em que eles demonstraram ser mais aptos que a maioria dos europeus tinha previsto. O segundo foi a vitalidade e capacidade de auto-renovação de sociedades que os europeus tinham, com excessiva facilidade, considerado estagnadas, decrépitas ou moribundas. Foram esses fatores, em conjunto com a formação de elite que sabia como explorá-los, que resultaram no final do domínio europeu."[13]

Ao globalizar-se, o mundo se pluraliza, multiplicando as suas diversidades, revelando-se um caleidoscópio desconhecido, surpreen-

---

[13] Geoffrey Barraclough, *Introdução à história contemporânea*, 4ª. edição, trad. de Álvaro Cabral, Rio de Janeiro, Zahar, 1976, p. 153.

dente. Ao lado das singularidades de cada lugar, província, país, região, ilha, arquipélago ou continente, colocam-se também as singularidades próprias da sociedade global. Por sobre a coleção de caleidoscópios locais, nacionais, regionais ou continentais, justapostos e estranhos, semelhantes e opostos, estende-se um vasto caleidoscópio universal, alterando e apagando, bem como revelando e acentuando cores e tonalidades, formas e sons, espaços e tempos desconhecidos em todo o mundo. Entrecruzam-se, fundem-se e antagonizam-se perspectivas, culturas, civilizações, modos de ser, agir, pensar, sentir e imaginar. Tanto se apagam e recriam diversidades preexistentes como formam-se novas. Ao mesmo tempo que expressa e deflagra processos de homogeneização, provoca diversidades, fragmentações, antagonismos.

No âmbito da globalização, quando começa a articular-se uma totalidade histórico-geográfica mais ampla e abrangente que as conhecidas, abalam-se algumas realidades e interpretações que pareciam sedimentadas. Alteram-se os contrapontos singular e universal, espaço e tempo, presente e passado, local e global, eu e outro, nativo e estrangeiro, oriental e ocidental, nacional e cosmopolita. A despeito de que tudo parece permanecer no mesmo lugar, tudo muda. O significado e a conotação das coisas, gentes e idéias modificam-se, estranham-se, transfiguram-se.

CAPÍTULO II O mundo agrário

Na base da globalização está o desenvolvimento extensivo e intensivo do capitalismo no mundo. Em todos os lugares expandem-se as forças produtivas, compreendendo o capital, a tecnologia, a força de trabalho, a divisão do trabalho social, o mercado, o planejamento e outras. Dinamizam-se as atividades produtivas, os mercados, as associações de empresas, a formação de conglomerados, as teias inter e intracorporações. A concentração e a centralização do capital tanto envolvem a reinversão contínua dos ganhos como a absorção continuada de capitais alheios, próximos e distantes. A atividade industrial deixa de estar concentrada em alguns países dominantes ou metropolitanos, e estende-se a outros países e continentes, independentemente dos imperialismos, blocos geopolíticos; ou recriando uns e outros em diferentes modalidades. As transnacionais planejam, tecem, realizam e desenvolvem as suas atividades por sobre fronteiras e regimes políticos, além das diversidades culturais e civilizatórias. Generalizam-se e intensificam-se as articulações e as tensões entre as mais diversas formas de organização social e técnica da produção material e espiritual. A nova divisão transnacional do trabalho é bem a expressão dessa nova configuração mundial. O processo de produção de tipo fordista é progressivamente recoberto pelo processo de produção flexível. Combinam-se e dinamizam-se as forças produtivas em âmbito global, ainda que a acumulação tenda a concentrar-se em alguns lugares, nos centros decisórios mais fortes, principalmente conforme a gestão das transnacionais, segundo a dinâmica da fábrica global.

    Essa globalização deslancha novo surto de acumulação originária, em ampla escala, o que explica uma parte do caráter revolucionário dessa globalização. A globalização destrói e recria, subordina e integra, subsumindo formal ou realmente as mais diversas formas sociais e técnicas de organização do trabalho. Revoluciona relações de produção e modos de vida em todos os lugares, próximos e remotos. É claro que as sociedades, tribos, comunidades, nações e nacionalidades da África, Ásia, Oceania, América Latina e do Caribe entram em novo surto de transformações. Em boa parte, as crises que atingem nações e nacionalidades, províncias e regiões, parecendo internas, são também determinadas pelo surto de globalização. Podem ser crises advindas da adoção, em forma mais sistemática, ou pela primeira vez, dos mecanismos de mercado, das técnicas de administração e gerência racionais, das expectativas e dos hábitos consumistas, das abstrações do imaginário inerente à economia política do capitalismo, da sociabilidade burguesa. Combinam-se valores heterogêneos, locais e globais, comunitários e societários, africanos e asiáticos, europeus e norte-americanos, orientais e ocidentais. As próprias sociedades dominantes, com economias organizadas em moldes capitalistas avançados, também elas são desafiadas, modificadas ou mesmo revolucionadas pelo novo surto de acumulação atravessando nações e continentes, ilhas e arquipélagos, mares e oceanos.

As migrações transnacionais em curso desde o término da Segunda Guerra Mundial e aceleradas a partir do final da Guerra Fria são bem um sintoma desse processo de acumulação originária. É verdade que se desenvolve o mercado de força de trabalho, compreendendo descolamentos múltiplos, entrecruzados, pouco comuns na época da divisão internacional do trabalho predominante no século XIX e inícios do século XX. Simultaneamente, no entanto, as sociedades, comunidades, tribos, nações e nacionalidades do ex-Terceiro Mundo e, inclusive, do ex-Segundo Mundo são levadas a realocar, deslocar ou expulsar trabalhadores. A dinamização das forças produtivas, em escala mundial, agiliza os deslocamentos e as realocações. E como tudo isso ocorre simultaneamente a um intenso e generalizado processo de inovação tecnológica, são muitos os trabalhadores expulsos do processo produtivo, nas fábricas urbanas e nas atividades agropecuárias, de mineração, extrativismo. A adoção de técnicas produtivas e processos de trabalho capital-intensivos, em geral baseados na eletrônica, automação, microeletrônica, informática e outros procedimentos inovadores, dispensa trabalhadores, ao mesmo tempo que exige outras formas de adestramento. São muitos os que começam a ser desempregados ou subempregados em caráter mais ou menos permanente, ou por longo prazo. Ao exército industrial de reserva agrega-se um contingente dispensável, uma espécie de subclasse, no sentido de situar-se abaixo das classes sociais que parecem compor habitualmente a dinâmica da sociedade.

Aos poucos, ou de repente, conforme a província, o país, a região ou o continente, a sociedade agrária perde sua importância quantitativa e qualitativa na fábrica da sociedade, no jogo das forças sociais, na trama do poder nacional, na formação das estruturas mundiais de poder. Em vários casos, o mundo agrário decresce de importância, ou simplesmente deixa de existir, se se trata de avaliar a sua importância na organização e dinâmica das sociedades nacionais e da sociedade global.

É claro que o mundo agrário continua a existir, estar presente e até mesmo revelar-se indispensável, mas diverso, transformado, transfigurado. Às vezes é ainda muito real, evidente e presente, mas localizado e circunscrito, pesando pouco no jogo das forças sociais decisivas nas configurações e nos movimentos da sociedade como um todo, em âmbito nacional e em escala global.

Ocorre que o mundo agrário já está tecido e emaranhado pela atuação das empresas, corporações e conglomerados agroindustriais. São núcleos ativos e predominantes, articulando atividades produtivas e mercados, geopolíticas mercantis e *marketings*, modalidades de produtos e ondas de consumismo. Ainda que subsistam e se recriem as mais diversas modalidades de organização do trabalho e da produção, muito do que se faz no mundo agrário está formal ou realmente subsumido pelo grande capital flutuando pelo mundo afora.

A estratégia das transnacionais tem provocado mudanças no uso do solo e na orientação das atividades agrícolas. "Isto tem gerado uma clara tendência no emprego capitalista da terra agrícola, no que se refere à produção de proteínas, o que implica substituir as dietas tradicionais... por hábitos de consumo que lhes permitem obter maiores lucros."[1] Em praticamente todos os setores agropecuários está ocorrendo a racionalização dos processos produtivos, de organização social e técnica do trabalho, de modo a acelerar a produtividade e ampliar as condições de produção de excedente, lucro ou mais-valia. Os processos de concentração e centralização do capital, em escala mundial, revolucionam as condições de vida e trabalho no campo, acelerando inclusive a urbanização como estilo de vida, modo de localizar-se no mundo.

"A moderna invernada, por exemplo, nenhuma semelhança tem com os pastos antigos. A produção já não depende da terra e da natureza. Quando os bezerros são levados para a invernada, para serem engordados, jamais vêem pastos verdes. Milhares de cabeças de gado são amontoadas nuns poucos metros quadrados, onde são alimentadas com rações programadas por computadores. Para estimular a engorda e eliminar doenças, doses maciças de antibióticos e hormônios artificiais são colocadas nas rações ou injetadas nos animais. Milhares de bois passam diariamente por currais especiais que funcionam com a eficiência de uma linha de montagem. A produção avícola é hoje ainda mais semelhante a uma operação fabril... Algumas das grandes empresas de alimentos, como a Ralston Purina, a Cargill e a Allied Mills, são responsáveis por gigantescas instalações aviárias que processam dezenas de milhares de galinhas por dia. Como na organização fabril, as chaves desta produção são a procriação especial, a alimentação intensiva enriquecida, os estímulos químicos (hormônios) e o controle de doenças... O alimento passa na frente das galinhas imóveis, numa correia transportadora, enquanto os ovos e excrementos são removidos em outras correias. A iluminação artificial supera o ciclo

---

[1] Blanca Suárez, "Dos modalidades de penetración transnacional en América Latina: el caso del complejo de carnes", *Comercio exterior*, vol. 32, n? 7, México, 1982, pp. 786-794; citação da p. 794.

diário natural e mantém as galinhas em postura constante... Também os laticínios estão sob a influência da industrialização... Até mesmo a biologia da vaca leiteira foi alterada. Procriação especial combinada com fórmulas de rações — hoje entregues por computadores em doses 'personalizadas' aos estábulos — levaram ao aparecimento de vacas que produzem mais 75% de leite do que há trinta anos."[2]

É verdade que subsiste e desenvolve-se a pequena produção. O pequeno proprietário sobrevive e até mesmo se afirma. Nos mais diversos países e continentes, assim como nas mais diferentes atividades agrícolas, são numerosos ou mesmo inúmeros os pequenos produtores. Trabalham a terra com a família e em certos casos assalariando alguns trabalhadores em épocas de preparo da terra, plantio ou colheita. São pequenos produtores autônomos, situados em posição especial, em face do assalariado agrícola permanente ou temporário, e em face do grande empresário. A pequena produção continua a ser importante no conjunto da vida socioeconômica no mundo agrário.

Entretanto, essa pequena produção encontra-se em geral determinada pelas exigências da grande produção. De modo direto ou indireto, pode estar satelizada pela dinâmica da grande empresa. Em muitos casos, o pequeno produtor produz matéria-prima para a grande empresa, fazenda, *plantation*, fábrica, agroindústria. Pode inclusive estar obtendo assistência técnica, créditos e preços mínimos garantidos pela grande empresa. Nos mais diversos setores da produção agropecuária, esse é o procedimento freqüente, constante e generalizado. Em muitos casos, "as empresas industriais não se querem dar ao

---

[2] Roger Burbach e Patricia Flynn, *Agroindústria nas Américas*, trad. de Waltensir Dutra, Rio de Janeiro, Zahar, 1982, pp. 30-1. Consultar também: Erdener Kaynak (Editor), *World Food Marketing Systems*, Londres, Butterworths, 1986; Harriet Friedmann, "The Political Economy of Food: a Global Crisis", *New Left Review*, n° 197, Londres, 1993; John W. Mellor, "Global Food Balances and Food Security", *World Development*, vol. 16, n° 9, Oxford, 1988; documentação européia, *Uma política agrícola comum para os anos noventa*, Serviço das Publicações Oficiais das Comunidades Européias, Luxemburgo, 1989; René Dumont, *Un Monde intolérable*, Paris, Seuil, 1988.

trabalho da produção agrícola direta. O grande capital... acha mais vantajoso, no caso de certas culturas, contratar fornecimentos com pequenos agricultores do que investir diretamente na produção... Na verdade, a razão pela qual o sistema de propriedade familiar pôde sobreviver por tanto tempo, enquanto o número de agricultores familiares individuais diminuiu constantemente, foi a incapacidade de a agricultura dar o salto para uma produção totalmente industrial... Dada a natureza semi-industrial da maior parte das atividades agrícolas, o trabalho familiar, suplementado pelo trabalho assalariado sazonal, continuou viável e competitivo face ao uso do trabalho assalariado em tempo integral por fazendeiros capitalistas... Mas isso se está modificando. Uma expansão gradual da agricultura empresarial está ocorrendo, tendo porém como ponta de lança as propriedades familiares maiores, que estão ampliando sua área de terras cultiváveis, fazendo grandes investimentos de capital e recorrendo, em proporções crescentes, ao trabalho assalariado."[3]

Em muitos casos, é o estado que pratica a política de assistência técnica, créditos e preços mínimos. Protege e incentiva a modernização no campo. No caso de pequenos produtores oriundos de programas de reforma agrária, esse tem sido um procedimento freqüente. As agências governamentais atuam de modo a proteger, incentivar ou modernizar a pequena produção, a imensa rede de pequenos produtores mais ou menos familiares dedicados à produção de gêneros alimentícios e/ou matérias-primas. "O peso do estado na consolidação da agricultura familiar como a base social do dinamismo do setor é fundamental: interferência nas estruturas agrárias, na política de preços, determinação estrita da renda agrícola e até do processo de inovação técnica formam o cotidiano dos milhões de agricultores que vivem numa estrutura atomizada onde, entretanto, o estado tem influência maior que em qualquer outro campo da vida econômica."[4]

---

[3] Roger Burbach e Patricia Flynn, *Agroindústria nas Américas*, citação das pp. 33-4.
[4] Ricardo Abramovay, *Paradigmas do capitalismo agrário em questão*, São Paulo, Hucitec, 1992, p. 22.

Note-se, no entanto, que o poder público tanto induz como simultaneamente ressoa o dinamismo da organização familiar. "A própria racionalidade da organização familiar não depende... da família em si mesma, mas, ao contrário, da capacidade que esta tem de se adaptar e montar um comportamento adequado ao meio social e econômico em que se desenvolve."[5]

Em todos os casos, ainda que em diferentes gradações, está em causa o fenômeno da articulação dinâmica entre a pequena e a grande empresa, mobilizadas pelo jogo das forças produtivas, pelos dinamismos dos investimentos mais ativos, pelas situações de monopólios, pelas facilidades de acesso a mercados, pelas atuações de *lobbings*. Produzem-se gêneros alimentícios e matérias-primas para processamentos industriais mais ou menos sofisticados, em conformidade com os movimentos dos mercados, as exigências da agroindústria, as determinações da reprodução ampliada do capital. Ocorre que os setores produtivos articulam-se como um todo, em âmbito nacional e mundial, em geral de modo dinâmico, contraditório, desigual. As mais diversas e, aparentemente, contraditórias formas de organização social e técnica do trabalho e da produção podem acomodar-se, modificar-se ou tensionar-se, com freqüência influenciadas pela produção dominante. "Em todas as formas de sociedade existe uma determinada produção que confere a todas as outras sua posição e influência cujas relações, portanto, conferem a todas as outras a posição de influência. É uma iluminação geral, em que se banham todas as cores, modificando as particularidades destas."[6]

Sob vários aspectos, a pequena produção pode ser vista como um caso *sui generis* de subcontratação, terceirização ou flexibilização, em

---

[5] Ricardo Abramovay, *Paradigmas do capitalismo agrário em questão*, citação da p. 23.
[6] Karl Marx, *Elementos fundamentales para la crítica de la economía política* (Borrador 1857-1858), 3 vols., trad. de José Arico, Miguel Murmis e Pedro Scaron. México, Siglo Veintiuno Editores, 1971-1976, vol. 1, pp. 27-8; citação da "Introducción".

contraponto com a "linha de montagem", ou a organização fordista da produção. A grande empresa confere à pequena empresa tarefas que podem ser delegadas, tais como: produção de gêneros alimentícios e matérias-primas, gestão da mão-de-obra familiar e assalariada, administração da produtividade e qualidade, responsabilidade pelo controle e execução do conjunto do ciclo produtivo de gêneros alimentícios e matérias-primas, transferência de riscos e perdas, compromisso de administrar tensões sociais nas relações de trabalho etc.

A revolução que a globalização do capitalismo está provocando no mundo agrário transfigura o modo de vida no campo, em suas formas de organização do trabalho e produção, em seus padrões e ideais socioculturais, em seus significados políticos. Tudo que é agrário dissolve-se no mercado, no jogo das forças produtivas operando no âmbito da economia, na reprodução ampliada do capital, na dinâmica do capitalismo global.

É óbvio que tudo isso ocorre de modo irregular, fragmentário e contraditório. Inclusive são muitos os lugares em que esses processos não chegaram, chegaram apenas em parte, ou não afetaram de todo o mundo agrário. Mas é inegável que a industrialização e a urbanização invadem progressivamente esse mundo, induzidas pelo desenvolvimento extensivo e intensivo do capitalismo pelos quatro cantos do mundo.

São vários e básicos os processos que alcançam, envolvem, integram, recriam ou dissolvem a terra como fonte de poder, como celeiro primordial e universal, como matriz das forças sociais que constituem as sociedades nacionais, os blocos de poder, as rupturas estruturais. Primeiro, o capitalismo revoluciona o mundo agrário ao desenvolver-se extensiva e intensivamente pelos países e continentes, ilhas e arquipélagos. A maquinização e a quimificação, acionadas com a agroindústria, mudam a face e a fisionomia da economia, sociedade e cultura. Segundo, ocorre a substituição parcial ou até mesmo total de matérias-primas de origem agropecuária por matérias-primas produzidas pela indústria química. Terceiro, em conjugação com a maquinização e quimificação das atividades produtivas no campo, em conjugação com a substituição de matérias-primas, reduz-se drasticamente o contigente de trabalhadores rurais, compreendendo famílias, vizinhanças, bairros, patrimônios, colônias, vilas etc. no campo. Antes, nos primeiros momentos da história do capitalismo, foram as ovelhas que comeram os trabalhadores do campo, agora, em fins do século XX, são as máquinas e as químicas que os dissolvem no ar.[7] Quarto, ocorre uma progressiva e reiterada urbanização do mundo agrário, transformando radicalmente o modo de vida, pensar, sentir, agir e imaginar dos que se dedicam a atividades rurais. As técnicas e os processos de trabalho, assim como os padrões e os valores socioculturais envolvidos na organização da vida social, modificam os horizontes de uns e outros, aproximando-os cada vez mais dos urbanos, nacionais, internacionais, transnacionais, cosmopolitas. A televisão, o rádio, o telefone celular, o fax, a DDD, o computador aos poucos tornam-se cotidianos e prosaicos em muitos lugares. Aos poucos, a cidade não só se impõe sobre o campo, subordinando-o, como o absorve e, em muitas situações, o dissolve.

"A burguesia submeteu o campo à cidade. Criou grandes centros urbanos; aumentou prodigiosamente a população das cidades em relação à dos campos... A burguesia suprime cada vez mais a dispersão dos meios de produção, da propriedade e da população. Aglomerou as populações, centralizou os meios de produção e concentrou a propriedade em poucas mãos... A subjugação das forças da natureza, as máquinas, a aplicação da química à indústria e à agricultura, a navegação a vapor, as estradas de ferro, o telégrafo elétrico, a exploração de continentes inteiros, a canalização dos rios, populações intei-

---

[7] A metáfora dos carneiros comendo os homens assinala algo que ressoa por toda a história do capitalismo. Nos primeiros tempos da acumulação originária, as terras comunais são privatizadas e transformadas em pastagens para carneiros destinados a produzir lã para a manufatura de roupas. "Os carneiros... mostram-se tão intratáveis e ferozes que devoram até os homens, devastam os campos, casas e cidades." Conforme Thomas Morus, *A utopia*, trad. de Anah Melo Franco, Brasília, UnB, 1980, p. 14.

ras brotando na terra como por encanto — que século anterior teria suspeitado que semelhantes forças produtivas estivessem adormecidas no seio do trabalho social?"[8]

A "cidade" pode ser realidade e metáfora, significando simultaneamente mercado, comércio, indústria, banco, capital produtivo, capital especulativo, tecnologia, força de trabalho, divisão do trabalho social, planejamento, competição, lucro, qualidade total; compreendendo grupos e classes sociais, sindicatos e partidos políticos, movimentos sociais e correntes de opinião pública, tensões sociais e lutas políticas, assembléias, greves, revoltas, revoluções; pode significar liberdade, igualdade, propriedade e contrato, tanto quanto alienação e emancipação, tirania e democracia. Na cidade desenvolvem-se as mais diversas formas de sociabilidade e múltiplas criações culturais, inclusive artísticas, científicas e filosóficas. E tudo isso pode irradiar-se pelo mundo agrário, tanto impregnando-se de suas criações como fertilizando-as.

A cidade tem sido o lugar privilegiado da indústria. Daí se irradiam as empresas com as suas tecnologias e mercadorias, com as suas formas de organização social do trabalho e da produção. São muitos os conhecimentos científicos que se traduzem em tecnologias no âmbito da indústria. Esta provoca freqüentes surtos de tecnificação de processos de trabalho e produção, mobilizando conhecimentos das ciências físico-naturais e sociais. Aí está a origem da maquinização e quimificação que se intensificam e generalizam nas atividades agropecuárias, na industrialização do mundo agrário.

Também a informática invade esse mundo. Os meios de comunicação generalizam-se pelas mais diversas atividades. O computador, o fax, o telefone celular, a Internet e outras tecnologias são incorporados na produção e comercialização. "Mesmo sem desmontar do cavalo, ainda em meio ao rebanho, o pecuarista abre o alforje e retira o *laptop*, um indispensável computador portátil. Registra ali a situação

---

[8] Karl Marx e Friedrich Engels, *Manifesto do partido comunista*, Rio de Janeiro, Editorial Vitória, 1963, pp. 27-8.

do gado, consulta via satélite as condições climáticas e fica sabendo os preços da carne nos mercados nacional e internacional. Depois, pega o telefone celular e determina ao interlocutor o fechamento de operações de compra e venda de soja. A visão futurística do empresário rural retrata a presença da informática no *agrobusiness*."[9]

É claro que a industrialização do mundo agrário é um processo antigo. Já era evidente no século XIX e acelerou-se muito ao longo do XX.[10] Mas intensificou-se e generalizou-se muitíssimo a partir do término da Segunda Guerra Mundial. A crescente presença e importância das corporações transnacionais na agricultura e pecuária transforma contínua e radicalmente as suas formas de trabalho e produção. Tanto assim que o mundo agrário muda de fisionomia muitas vezes de modo abrupto.

Em escala crescente e em âmbito mundial, as corporações transnacionais da agropecuária, da agroindústria ou do *agrobusiness* induzem, organizam ou determinam completamente a produção e a comercialização de mercadorias destinadas à alimentação de povos e multidões pelo mundo afora. E insumos agropecuários destinados a outros setores da produção e comércio. Apoiadas em laboratórios de pesquisa, sistemas de informação e processos de *marketing*, influenciam, organizam ou determinam amplamente os padrões de produção, comercialização e consumo de todo o tipo de alimento, de modo a atender necessidades reais e imaginárias. Além de "revolucionar" as condições socioeconômicas, políticas e culturais do mundo agrário, as corporações se impõem mais ou menos decisivamente aos estados nacionais. No que se refere às tecnologias e mercadorias, processos de trabalho e produção, padrões de consumo, classes de consumidores e

---

[9] "A informática invade a porteira", editorial do caderno "Campo & Lavoura" do jornal *Zero Hora*, Porto Alegre, 19 de abril de 1996, p. 12.
[10] Pei-Kang Chang, *Agricultura e indústria*, trad. de Juan F. Noyola e Edmundo Flores, México, Fondo de Cultura Económica, 1951; Karl Kautsky, *La Cuestión agraria*, trad. de Carlos Altamirano, Juan José Real e Delia Garcia, México, Siglo Veintiuno Editores, 1980.

outros aspectos, elas podem influenciar mais ou menos decisivamente as políticas econômicas dos mais diversos estados nacionais. "Os dados demonstram que as corporações transnacionais desenvolvem crescentemente a sua visão global do sistema de alimentos, visão esta melhor coordenada do que a de qualquer estado-nação. Elas são atores ativos, enquanto que os estados nacionais são muito mais 'receptores' passivos das mercadorias produzidas por intermédio dos sistemas globais de produção."[11] Esta é uma dimensão essencial da realidade socioeconômica, política e cultural do mundo agrário em todos os continentes. "Os maiores atores na agricultura global, compreendendo o suprimento de insumos, o comércio de mercadorias e a pesquisa agrícola, não são os estados, mas as organizações e corporações multinacionais."[12]

É assim que a engenharia genética, ou biotecnologia, revoluciona as formas de trabalho e produção no campo, estendendo-se pela pecuária e pela agricultura. A partir da empresa, corporação ou conglomerado, mobilizam-se as mais diversas e inovadoras tecnologias, de forma a dinamizar, potenciar e generalizar a industrialização da agricultura e pecuária. "Biotecnologia significa qualquer técnica que utiliza organismos ou processos vivos para fazer ou modificar produtos, de modo a aperfeiçoar plantas ou animais, ou desenvolver microorganismos para usos específicos. Desenvolveu-se desde 1950, a partir da notável descoberta realizada por cientistas na interpretação do código genético... Durante milhares de anos, fazendeiros têm procurado aperfeiçoar as suas plantas e os seus animais pelo cruzamento seletivo, conjecturando que algum elemento interno aperfeiçoa características desejáveis ou suprime as indesejáveis... Hoje, por meio de

---

[11] William D. Heffernan e Douglas H. Constance, "Transnational Corporations and the Globalization of the Food System", Alesandro Bonanno e outros (organizadores), *From Columbus to conAngra (The Globalization of Agriculture and Food)*, University Press of Kansas, pp. 29-51; citação da p. 42.
[12] Lawrence Busch, "The State of Agricultural Science and the Agricultural Science of the State", Alesandro Bonanno e outros, *op. cit.*, pp. 69-84, citação da p. 75.

manipulações genéticas, engenheiros acreditam que podem realizar em meses ou anos aperfeiçoamentos que levariam décadas se realizados com base nas técnicas tradicionais... As realizações da revolução biotecnológica na agricultura vão desde a inserção de um hormônio do crescimento no gado bovino para aumentar a sua produção de leite até as alterações genéticas das células reprodutivas do peixe, frango, carneiro, porco; desde a criação de plantas resistentes a vírus ou insetos à programação de colheitas imunes a certas pragas, o que permite aos fazendeiros pulverizar indiscriminadamente; desde a criação de plantas tropicais que crescem rapidamente, como o bambu, até experimentos para produzir plantas que fixaram o seu próprio nitrogênio, reduzindo assim a necessidade de nitrogênio de base química."[13]

É claro que as transformações dos processos de trabalho e produção compreendem também as formas de sociabilidade, as instituições sociais, os padrões e valores socioculturais. Simultaneamente transformam-se os grupos e as classes sociais. Não só modificam-se quantitativamente como transformam-se qualitativamente, no que se refere às condições e perspectivas de organização, mobilização, conscientização, reivindicação e luta. Intensifica-se e generaliza-se a subsunção real do trabalho ao capital, ainda que se recriem formas de organização do trabalho e produção que parecem apresentar características de "autonomia".

Esse é o contexto em que o "campesinato" muda de figura. Continua a ser uma realidade em muitos lugares, mas com outros significados, tanto históricos como teóricos. Uma categoria presente e muitas vezes decisiva em revoluções burguesas e socialistas, sofre transformações quantitativas e qualitativas básicas quando as corporações transnacionais intensificam e generalizam a industrialização do mundo agrário. "A mudança social mais impressionante e de mais longo

---

[13] Paul Kennedy, *Preparing for the Twentieth-First Century*, Nova York, Random House, 1993, pp. 70-1. Citação do Cap. 4: "World Agriculture and the Biotechnology Revolution".

alcance da segunda metade deste século, e que nos isola para sempre do mundo do passado, é a morte do campesinato."[14]

Aos poucos, ou de forma acelerada, conforme o setor produtivo, a ação ou a região, o mundo agrário transforma-se em conformidade com as exigências da industrialização e da urbanização. Assim como se transforma a "fábrica" do mundo agrário, dissolvem-se as fronteiras entre o campo e a cidade. O desenvolvimento intensivo e extensivo do capitalismo no campo generaliza e enraíza formas de sociabilidade, instituições, padrões, valores e ideais que expressam a urbanização do mundo.

Acontece que faz tempo que a cidade não só venceu como absorveu o campo, o agrário, a sociedade rural. Acabou a contradição cidade e campo, na medida em que o modo urbano de vida, a sociabilidade burguesa, a cultura do capitalismo, o capitalismo como processo civilizatório invadem, recobrem, absorvem ou recriam o campo com outros significados. "Será necessário lembrar que a produção agrária perdeu nos grandes países industriais, e em escala internacional, toda a sua autonomia? Que já não é o setor fundamental e que carece de características específicas, a não ser a de subdesenvolvimento? É certo que as particularidades locais e regionais, herdadas de uma época em que a agricultura era fator determinante, não desapareceram, e pode inclusive ocorrer que as diferenças assim surgidas cheguem a acentuar-se em casos concretos. No entanto, o certo é que a produção agrícola transforma-se em um setor da produção industrial subordinada aos seus imperativos e submetida às suas exigências. O crescimento econômico, a industrialização, ao mesmo tempo causas e razões últimas, estendem sua influência sobre o conjunto dos territórios, regiões, nações e continentes. Resultado: o aglomerado tradicional próprio da vida camponesa, isto é, a aldeia, transforma-se; unidades mais amplas a absorvem ou assimilam; produz-se a sua integração

---

[14] Eric J. Hobsbawm, *Era dos extremos (O breve século XX: 1914-1991)*, trad. de Marcos Santarrita, São Paulo, Companhia das Letras, 1995, p. 284. Citação do cap. 10: "Revolução Social".

à indústria e ao consumo de produtos de tal indústria. A concentração da população realiza-se ao mesmo tempo que a dos meios de produção. O *tecido urbano* prolifera, estende-se, consumindo os resíduos da vida agrária."[15]

Já é evidente que as relações, os processos e as estruturas que dinamizam a globalização transformam ou simplesmente dissolvem o mundo agrário. Como objeto e meio de produção, a terra se modifica, devido às potencialidades das novas tecnologias de organização do trabalho e da produção. À medida que se generaliza a nova divisão transnacional do trabalho, altamente agilizada pelos recursos da eletrônica e informática, transfiguram-se radicalmente as condições de vida no campo. "Dentre todas as transformações fundamentais que afetaram os países desenvolvidos na época atual, ressaltemos o desaparecimento do mundo agrícola, o apagamento da distinção cidade/campo e conseqüente surgimento de uma rede urbana onipresente, um novo imaginário do espaço e do tempo sob a influência dos meios de transporte rápidos e da organização industrial do trabalho, o deslocamento das atividades econômicas para o terciário e a influência cada vez mais direta da pesquisa científica sobre as atividades e os modos de vida."[16]

As relações, os processos e as estruturas de dominação e apropriação vigentes no mundo urbano-industrial estendem-se pelos campos e pastagens, compreendendo rodovias e ferrovias, usinas e fábricas, computadores e antenas parabólicas, telefones celulares e vídeos, formas de trabalhar e produzir, modos de ser e agir, possibilidades de pensar e imaginar. São os próprios horizontes mentais de uns e outros que se alteram, recriam e alargam. As noções de espaço e tempo modificam-se com base nas conquistas dos novos meios de comunicação,

---

[15] Henry Lefebvre, *La Revolución urbana*, 4ª edição, trad. de Mario Nola, Madri, Alianza Editorial, 1983, pp. 9-10.
[16] Pierre Lévy, *As tecnologias da inteligência (O futuro do pensamento na era da informática)*, trad. de Carlos Irineu da Costa, Rio de Janeiro, Editora 34, 1993, pp. 16-7.

informação, análise e decisão. Os recursos da eletrônica e informática transformam os significados dos dias e noites, semanas e meses, estações e ciclos. O que é local situa-se simultaneamente na província, nação, região e mundo; e vice-versa. As divisas e as fronteiras mudam de significado, deslocam-se ou apagam-se.

Assim, o mundo agrário integra-se à dinâmica da sociedade urbano-industrial, vista em âmbito nacional e mundial. O desenvolvimento extensivo e intensivo do capitalismo no campo é também o desenvolvimento extensivo e intensivo da urbanização, secularização, individualização, racionalização. Visto como processo civilizatório, o capitalismo revoluciona as condições de vida e trabalho em sítios e fazendas, minifúndios e latifúndios. À medida que se desenvolvem e generalizam, as forças produtivas e as relações de produção capitalistas assinalam condições, tendências, modos de produzir e reproduzir material e espiritualmente. A própria cultura de massa, de origem nacional e mundial, espalha-se por todos os cantos e recantos. Modos de vestir, falar, agir, pensar, lutar, imaginar são impregnados de signos do mundo urbano, da cidade global.

O que permanece é o bucólico, a nostalgia da natureza, a utopia da comunidade agrária, camponesa, tribal, indígena, passada, pretérita, remota, imaginária. Uma parte dos estudos e interpretações de historiadores, geógrafos, sociólogos, antropólogos, economistas, cientistas políticos e outros revela-se impregnada da nostalgia da utopia pretérita; ou dedica-se a um objeto fugaz, que se modifica, muda de sentido, deixa de ser o que era, o que se imagina que poderá ser. A própria cultura de massa, agilizada pela indústria cultural, retrabalha continuamente a nostalgia da utopia bucólica. Tanto pasteuriza como canibaliza elementos presentes e pretéritos, reais e imaginários do mundo agrário. Reinventa o campo, *country, campagna, champ*, sertão, deserto, serra, montanha, rio, lago, verde, ecologia, meio ambiente e outras formulações, aparecidas no imaginário de muitos como sucedâneos da utopia do paraíso.

CAPÍTULO III A cidade global

A cidade global pode ser considerada um momento excepcional da realidade social, uma síntese privilegiada do encontro entre a geografia e a história, uma formação sociocultural em que grande parte da vida social aparece de forma particularmente desenvolvida, acentuada, exacerbada. Na cidade podem encontrar-se as manifestações mais avançadas e extremadas das possibilidades sociais, políticas, econômicas e culturais do indivíduo e coletividade. Aí florescem experimentos de todos os tipos, compreendendo científicos, filosóficos e artísticos, que podem se tornar patrimônio de todo o mundo.

A cidade está sempre na encruzilhada da geografia e história, das relações sociais de indivíduos e coletividades, em escala local, provinciana, nacional, regional e mundial. Às vezes, está fortemente determinada pelo que é local, outras aí predomina o que é nacional, mas há casos em que ela é essencialmente mundial. As suas marcas predominantes podem ser políticas, econômicas ou culturais. Há cidades que são capitais políticas, principalmente ou exclusivamente, mas há outras que são mercados e há as que podem ser fábricas. Muitas se notabilizam por suas características culturais, artísticas, religiosas, universitárias ou outras. Mas raramente a cidade é apenas uma função e um lugar no mapa da sociedade nacional ou no da global. Em geral, ela é diversa, múltipla, ainda que aí predomine esta ou aquela característica. Na cidade estão presentes as condições e os produtos da dinâmica das relações sociais, do jogo das forças políticas e econômicas, da trama das produções culturais. Ela pode ser principalmente, mas também simultaneamente, mercado, fábrica, centro de poder político, lugar de decisões econômicas, viveiro de idéias científicas e filosóficas, laboratório de experimentos artísticos. Nela germinam idéias e movimentos, tensões e tendências, possibilidades e fabulações, ideologias e utopias.

São muitos os que reconhecem que a cidade global característica do século XX, prenunciando o XXI, tem sido decisivamente influenciada pelos processos que acompanham o desenvolvimento do capitalismo, em escala mundial. "Seja megalópole, megacidade ou cidade mundial, o papel da cidade dominante está crescentemente associado à capacidade econômica nacional e seus vínculos externos, já que a interdependência econômica global torna-se mais e mais realidade no pós-Segunda Guerra Mundial."[1] Esse é o contexto em que "a megalópole está se tornando uma forma universal, e a economia dominante é a economia metropolitana, na qual nenhuma empresa efetiva é possível sem fortes laços com a grande cidade."[2]

A expansão do capitalismo, por todos os cantos do mundo, atravessa fronteiras e regimes políticos, mercados e moedas, línguas e dialetos, religiões e seitas, soberanias e hegemonias, culturas e civilizações. "Desde a Segunda Guerra Mundial, aceleraram-se os processos por meio dos quais as instituições capitalistas libertaram-se das injunções nacionais e promoveram a organização da produção e mercados segundo seus propósitos. Os atores principais responsáveis pela reorganização do mapa econômico do mundo são as corporações transnacionais, envolvidas em uma luta dura e canibalesca pelo controle do espaço econômico. O sistema de relações econômicas globais emergente adquire forma particular, tipicamente urbana, em localidades sob diversas formas enredadas no sistema global. O modo específico da sua integração nesse sistema dá origem a uma hierarquia urbana de influências e controles. No topo desta hierarquia encontra-se um pequeno número de densas regiões urbanas a que chamamos cidades mundiais. Fortemente interligadas entre si, por meios decisórios e finanças, elas constituem

---

[1] Fu-Chen Lo, "The Emerging World City System", *Work in Progress*, United Nations University, vol. 13, n.º 3, Tóquio, 1991, p. 11.
[2] Lewis Munford, citado por Fu-Chen Lo, "The Emerging World City System", citação da p. 11.

um sistema mundial de controle da produção e da expansão do mercado. Exemplos de cidades mundiais em formação incluem metrópoles como Tóquio, Los Angeles, São Francisco, Miami, Nova York, Londres, Paris, Randstadt, Frankfurt, Zurique, Cairo, Bangcoc, Cingapura, Hong Kong, Cidade do México e São Paulo."[3]

É claro que a informática e as telecomunicações jogam um papel importante no processo de mundialização, acelerando ritmos, generalizando articulações, abrindo novas possibilidades de dinamização das forças produtivas, criando meios rápidos, instantâneos e abrangentes de produção e reprodução material e cultural. A mesma dispersão mundial dos processos produtivos é acompanhada pelo desenvolvimento de recursos informáticos de integração, também em escala mundial, de tal modo que o mundo adquire características de uma imensa fábrica, acoplada com um vasto *shopping center* e colorido por uma enorme disneylândia. Tudo isso polarizado na rede de cidades globais desenhando o mapa do mundo.[4]

A rigor, a globalização do mundo revela-se de modo particularmente acentuado na grande cidade, metrópole, megalópole. Aí cruzam-se relações, processos e estruturas de todos os tipos, em diferentes direções e gradações. Algumas são principalmente uma fábrica, outras, centros de vida política, assim como há as que se especializam em atividades artísticas. Também ocorrem as múltiplas, plurais, polifônicas, cobrindo diferentes atividades e possibilidades. Roma pode ser várias coisas, mas também é um cenário de monumentos e ruínas, assinalando o seu passado italiano, imperial, mediterrâneo, latino, católico, ocidental, mundial. Los Angeles já foi uma espécie de capital do cinema, mas na segunda metade do século XX tornou-se um elo

---

[3] John Friedmann e Goetz Wolff, "World City Formation: an Agenda for Research and Action", *International Journal of Urban and Regional Research*, vol. 6, n°. 3, Nova York, 1982, pp. 309-344; citação da p. 310. Consultar também: John Friedmann, "The World City Hypothesis", *Development and Change*, vol. 17, n° 1, 1986.
[4] Saskia Sassen, *The Global City: New York, London, Tokyo*, Nova York, Princeton University Press, 1988; Anthony D. King, *Global Cities (Post-imperialism and the Internationalization of London)*, Londres, Routledge, 1991.

importante da imensa orla do Pacífico, e projeta-se como cidade global, juntamente com Tóquio, Hong Kong e Cingapura. Na medida em que o capitalismo se desenvolve intensiva e extensivamente, são muitas as cidades que se globalizam com ele, que o globalizam. Sim, essa cidade entra decisivamente no processo de globalização das coisas, gentes e idéias. "As cidades mundiais estão rapidamente reestruturando as suas funções de controle global, bem como a divisão do trabalho espacial interno, para responder à presente reestruturação da economia mundial. Essa reestruturação é vista não somente em Tóquio, Paris, Nova York, Londres e outra cidades dos países desenvolvidos, mas também na Cidade do México, Cingapura, São Paulo, Hong Kong, Lagos e outras cidades das nações em desenvolvimento. Alguns estudos destas tendências recentes vinculam o crescimento das cidades mundiais à importância da nova tecnologia da informação, ou seja, aos centros de tecnologia de ponta e informação. Outros reafirmam o papel tradicional da cidade mundial como centro financeiro. Ao desenvolvimento destes centros de informação e finanças, outros agregam a crescente polarização das linhas de classe, gênero e raça nos mercados urbanos de trabalho, assim como a divisão do trabalho entre os profissionais bem pagos e treinados do sexo masculino e os baixos salários pagos às mulheres e aos empregados não qualificados dos serviços das corporações. Muitos têm inclusive se referido à crescente visibilidade do 'terceiro-mundismo' em centros urbanos, envolvendo um crescente número de pessoas sem habilitação."[5]

A cidade global que se torna realidade em fins do século XX é a que se produz como condição e resultado da globalização do capitalismo. Torna-se uma realidade propriamente global na época em que o capitalismo, visto como processo civilizatório, invade, conquista,

---

[5] Kuniko Fujita, "A World City and Flexible Specialization: Restructuring of the Tokyo Metropolis", *International Journal of Urban and Regional Research*, vol. 15, n? 2, Oxford, 1991, pp. 269-284; citação da p. 270. Consultar também: *Comparative Urban and Community Research*, vol. 2, New Brunswick e Londres, Transaction Publishers, 1989, número especial organizado por Michael Peter Smith, sob o título "Pacific Rim Cities in the World Economy".

assimila, desafia, recobre, convive, acomoda-se ou mesmo recria as mais diversas formas de vida e trabalho, em todos os cantos do mundo. Um processo histórico de amplas proporções que já se desenvolvia irregularmente com o mercantilismo, colonialismo e imperialismo (sempre atravessados pela acumulação originária) alcança intensidade e generalidade excepcionais no limiar do século XXI. Essa é a configuração histórica e geográfica em que emerge a cidade global, quando muitas cidades são recriadas nos horizontes da globalização.

No século XX, desde o término da Segunda Guerra Mundial (1945) e mais ainda desde a debacle do bloco soviético (1989), a globalização do capitalismo entra em uma espécie de novo ciclo. Ocorrem novos desenvolvimentos intensivos e extensivos do capital, como agente "civilizador". Ele promove e recria surtos de acumulação originária, engendra nova divisão transnacional do trabalho e produção, espalha unidades produtivas por todo o mundo, informatiza processos de trabalho, modifica a estrutura da classe operária, transforma o mundo em uma imensa fábrica e cria a cidade global. "O principal resultado do crescimento mundial deste complexo de atividades das corporações tem sido a formação das assim chamadas cidades mundiais. Por vários motivos, produtores de serviços têm-se desenvolvido em uma bastante seletiva hierarquia de centros urbanos chaves pelo mundo, de tal modo que passaram a dominar a vida econômica. As cidades mundiais ocupam o topo desta hierarquia e podem ser divididas em três categorias: Primeiro, há os verdadeiramente centros internacionais: Nova York, Londres, Paris, Zurique e Hamburgo. Estas possuem muitos escritórios centrais, escritórios filiais e redes regionais de grandes corporações, inclusive escritórios centrais ou escritórios de representação de muitos bancos. Compreendem a maior parte dos negócios em escala global. Segundo, há os centros de zonas: Cingapura, Hong Kong, Los Angeles. Estas também contam com muitos escritórios de corporações de vários tipos e servem como importantes vínculos do sistema financeiro internacional, mas são responsáveis por zonas particulares, antes do que por negócios em escala mundial. Finalmente, há os centros regionais: Sidney, Chicago, Dallas, Miami,

Honolulu e São Francisco. Hospedam muitos escritórios de corporações e mercados financeiros estrangeiros, mas não são vínculos essenciais do sistema financeiro internacional. Algumas especializam-se em prover espaços para escritórios centrais regionais, atendendo a regiões particulares. Assim, Miami é uma sede regional nodal para corporações multinacionais de base norte-americana operando na América Latina (com pelo menos 150 escritórios); e Honolulu é uma sede regional nodal das corporações de base norte-americana operando na Ásia (com pelo menos 50 de tais escritórios)."[6]

De tanto crescer pelo mundo afora, a cidade global adquire características de muitos lugares. As marcas de outros povos, diferentes culturas, distintos modos de ser podem concentrar-se e conviver no mesmo lugar, como síntese de todo o mundo. A cidade pode ser um caleidoscópio de padrões e valores culturais, línguas e dialetos, religiões e seitas, modos de vestir e alimentar, etnias e raças, problemas e dilemas, ideologias e utopias. Algumas sintetizam todo o mundo, diferentes características da sociedade global, tornando-se principalmente cosmópoles, antes do que cidades nacionais. E há as que adquirem as marcas do outro mundo; mesmo que pertencendo ao Primeiro Mundo, acabam por assimilar traços do Terceiro Mundo. "Para ter sentido, a expressão 'cidade terceiro mundo' deve referir-se a uma crescente imigração. Deve incluir o processo e o resultado de reestruturação econômica: a perda da manufatura de salários altos, sem a correspondente oportunidade de emprego para os trabalhadores desempregados; a expansão da indústria de salários baixos; a criação das condições de trabalho do Terceiro Mundo (declínio ou não existência de padrões de trabalho e saúde, trabalho infantil, salário submínimo); a transferência de atividades produtivas das grandes empresas para pequenas, com as características de mercado de trabalho secundário; crescimento do setor informal; e a expansão das condi-

---

[6] Nigel Thrift, "The Geography of International Economy Disorder", R. J. Johnston e P. J. Taylor (organizadores), *A World in Crisis? (Geographical Perspectives)*, Oxford, Basil Blackwell, 1986, cap. 2, pp. 12-67; citação das pp. 60-1.

ções de vida do Terceiro Mundo (habitações superpovoadas, degradação das condições de saúde, educação inadequada) e uma reduzida capacidade do estado para controlar a crise socioeconômica; tudo isto resultando em uma marcada polarização entre a 'cidadela' e o 'gueto', o que se expressa cada vez mais nas comunidades fechadas e nos populosos bairros de Los Angeles."[7]

Talvez mais do que nunca, a questão social adquire todas as características de uma questão simultaneamente urbana. É claro que na grande cidade estão bastante presentes os negócios do narcotráfico e da violência, bem como as manifestações de xenofobia, etnocentrismo e racismo, além das carências de recursos habitacionais, de saúde, educação e outros; e estes já são problemas simultaneamente sociais e urbanos. Envolvem a organização, o desenho e a dinâmica da cidade, implicando arquitetura, urbanismo e planejamento, e revelam-se de modo particularmente acentuado nas grandes cidades, metrópoles, megalópoles. Mas além desses problemas, desenvolvem-se outros, tornando a questão urbana ainda mais complexa.

É principalmente nas grandes cidades, metrópoles, megalópoles e, freqüentemente, nas cidades globais que se localiza a *subclasse*: uma categoria de indivíduos, famílias, membros das mais diversas etnias e migrantes, que se encontram na condição de desempregados mais ou menos permanentes. São grupos e coletividades, bairros e vizinhanças, nos quais reúnem-se e sintetizam-se todos os principais aspectos da questão social como questão urbana: carência de habitação, recursos de saúde, educação, ausência ou precariedade de recursos sociais, econômicos e culturais para fazer face a essas carências; desemprego permanente de uns e outros, muitas vezes combinado com qualificações profissionais inadequadas às novas formas de organização técnica do processo de trabalho e produção; crise de estruturas familiares; tensões sociais permanentes, sujeitas a explodirem em crises domésticas, conflitos de vizinhança, *riots*.

---

[7] Goetz Wolff, "The Making of a Third World City?", comunicação apresentada no XVII International Congress of the Latin American Studies Association, Los Angeles, 1992, p. 4.

O termo subclasse expressa "a cristalização de um segmento identificável da população na parte inferior (ou sob a parte inferior) da estrutura de classes".[8] Estas são algumas das características da subclasse: "minorias raciais, desemprego por longo tempo, falta de especialização e treinamento profissional, longa dependência do assistencialismo, lares chefiados por mulheres, falta de uma ética do trabalho, droga, alcoolismo".[9] "O termo subclasse envolve diversas observações sociológicas. Primeiro, parece ser um aspecto da desigualdade estrutural, o resultado de um processo de subestruturação, em que a classe (ou talvez a categoria) passa a localizar-se abaixo (ou talvez fora) da estrutura de desigualdade previamente existente. Segundo, embora o termo lembre imagens de populações 'indesejáveis', como 'lúmpen', 'gentalha', 'classes perigosas', a subclasse significa um fenômeno talvez novo e diferente. Na verdade, um aspecto importante do termo tem sido o fato de que 'subclasse' refere-se a um fenômeno social observado no último quarto do século XX em sociedade capitalista avançada."[10] Nessa sociedade, o aparecimento da subclasse "indica uma crescente desigualdade e a emergência de uma nova fronteira separando um segmento da população do resto da estrutura de classe".[11]

Esse é o mundo da subclasse, dos que estão vivendo na condição de subclasse, algo que se manifesta em certa escala, e às vezes em ampla escala, em grandes cidades de países desenvolvidos, industriali-

---

[8] Barbara Schmitter Heisler, "A Comparative Perspective on the Underclass: Questions of Urban Poverty, Race, and Citizenship", *Theory and Society*, vol. 20, n.º 4, 1991, pp. 455-83; citação da p. 455.
[9] Barbara Schmitter Heisler, "A Comparative Perspective on the Underclass", citação da p. 455.
[10] Idem. Citação da p. 456.
[11] Barbara Schmitter Heisler, "A Comparative Perspective on the Underclass", citado, p. 457. Consultar também: Bill E. Lawson, *The Underclass Question*, Filadélfia, Temple University Press, 1992; *The Annals*, vol. 501, Filadélfia, 1989; número especial, organizado por Willian Julius Wilson, sobre "The Ghetto Underclass: Social Science Perspectives".

zados ou dominantes, bem como em países subdesenvolvidos, em industrialização ou subordinados. Na época do capitalismo global surgem novas e "inesperadas" formas de pauperismo, que têm sido descritas como manifestações de "pobreza", "miséria", "fome". São manifestações novas e renovadas do processo de pauperização inerente à fábrica da sociedade, ao modo capitalista de produção.

Em parte, a subclasse forma-se no âmbito do desemprego estrutural. Na época em que se desenvolvem novas tecnologias de produção, com base na eletrônica, informática, robótica, compreendendo inclusive a flexibilização dos processos produtivos, ocorre todo um rearranjo da força de trabalho, envolvendo as capacidades profissionais dos trabalhadores. Simultaneamente, cresce a demanda de força de trabalho preparada para atuar sob as novas condições técnicas e organizatórias do processo produtivo, e declina a demanda de força de trabalho não qualificada ou semiqualificada. A progressiva ou rápida substituição do fordismo pelo toyotismo, ou a produção flexível, processo que se dá em concomitância com a dispersão mundial da produção, com a nova divisão transnacional do trabalho, com a formação da fábrica global, esse é o contexto em que muitos transformam-se em desempregados por longo tempo, ou permanentes. E esse é um processo que se acentua inclusive pela aceleração e generalização das migrações em escala mundial. Na mesma medida em que se desenvolve o capitalismo no mundo, são muitos os trabalhadores e as famílias de origem rural lançados nos circuitos da globalização do mercado de força de trabalho, com e sem oportunidades de empregar-se. No limite, a subclasse pode ser um produto novo e surpreendente do exército industrial de reserva, fabricado pela fábrica de mercadorias; ou fabricado pelo capital.[12]

---

[12] Folker Frobel, Jurgen Heinrichs e Otto Kreye. *The New International Division of Labour*, trad. de Pete Burgess, Cambridge, Cambridge University Press, 1980: Joseph Grunwald e Kenneth Flamm, *The Global Factory* (Foreign Assembly in International Trade), Washington, The Brookings Institution, 1985.

Sob vários ângulos, a problemática da globalização permite esclarecer aspectos significativos da questão social como questão urbana, e vice-versa. Algo que não é novo, já que ambas manifestavam-se e continuam a manifestar-se em âmbito nacional. Ocorre que agora essas questões adquirem alcance mundial. No bojo da mesma globalização do capital, em que se desenvolve a urbanização do mundo e a emergência da cidade global, ocorre também a globalização da questão social.

Cabe reconhecer que a cidade global não é algo inesperado no âmbito da sociedade mundial que se forma no século XX. Pode ser vista como indício de transformações mais gerais e profundas em curso no mundo.

Primeiro, a cidade global é um entre muitos tipos de cidades que constituem a rede urbana demarcando o novo mapa do mundo, as encruzilhadas da geografia e história, ponteando seus lugares em ilhas, arquipélagos e continentes. A história e os ciclos do desenvolvimento do capitalismo são história e ciclos de urbanização, formação de núcleos urbanos, recriação de cidades, vilas, povoados, entrepostos, centros comerciais, financeiros, urbano-industriais e outros. Talvez se possa escrever toda uma história da cidade, acompanhando algumas épocas particularmente notáveis das transformações do capitalismo: mercantilismo, colonialismo, imperialismo e globalização. Uma história atravessada por surtos de acumulação primitiva, revoluções agrárias e revoluções urbanas, tudo sempre expressando o desenvolvimento desigual, contraditório e combinado. Uma história de amplas proporções, pontilhada de cidades, de processos de urbanização, de criação e recriação de núcleos urbanos, cidades coloniais, periféricas ou do Terceiro Mundo, assim como capitais, metrópoles, megalópoles.[13]

---

[13] Anthony D. King, "Colonialism, Urbanism and the Capitalist World Economy", *International Journal of Urban and Regional Research*, vol. 13, n? 1, Londres, 1989; J. R. Rayfield, "Theories of Urbanization and the Colonial City in West Africa", *Africa*, vol. XLIV, n? 2, Londres, 1974; John Halliday, "Hong Kong: Britain's Chinese Colony", *New Left Review*, n.ºs 87/88, Londres, 1974; Pierre George, *La Ville* (*Le Fait urbain à travers le mond*), Paris, Presses Universitaires de France, 1952;

A CIDADE GLOBAL

Segundo, a cidade global pode ser vista como uma expressão particularmente importante do processo mais amplo de urbanização do mundo. Desde que o capitalismo se universaliza, na escala em que isto ocorre em fins do século XX, verifica-se uma simultânea generalização do modo urbano de vida, da sociabilidade urbana, de padrões e valores culturais urbanos. Com os novos surtos de desenvolvimento intensivo e extensivo do capitalismo no mundo, ocorrem novos surtos de urbanização. O modo urbano de vida, sociabilidade e cultura também se generaliza, invadindo meios rurais, modos de vida agrários, sociabilidade e cultura do campo. Isto significa que o mundo agrário se altera, modifica, dilui. Ocorre uma espécie de dissolução da sociedade agrária, continuamente permeada de surtos de urbanização. Também a sociedade agrária se urbaniza, não só em nível "físico", compreendendo arquitetura, urbanismo e planejamento, mas inclusive em nível sociocultural, psicológico, mental, imaginário. A mídia impressa e eletrônica, juntamente com rádio, televisão, computador, fax, telefone celular e outros recursos tornam-se cotidianos em muitos lugares do campo. Acentua-se a urbanização como modo de vida, compreendendo a secularização e a individuação.

É claro que a urbanização do mundo é desigual, contraditória e articulada. Os mesmos processos deflagrados com o desenvolvimento intensivo e extensivo do capitalismo no mundo suscitam reações e recriações de outras formas de organização de vida e trabalho. Inclusive os centros dominantes no mundo capitalista têm sido invadidos por formas econômicas, sociais, culturais, políticas e outras originárias da "Periferia", "Terceiro Mundo", "Oriente" e outras regiões que povoam o imaginário mundial. Tanto é assim que a sociedade global está permeada de diversidades, desigualdades, heterogeneidades,

---

Milton Santos, *A cidade nos países subdesenvolvidos*, Rio de Janeiro, Civilização Brasileira, 1965; Glenn H. Beyer, *La Explosión urbana en América Latina*, Buenos Aires, Aguilar, 1970; José Luis Romero, *Latinoamérica: las ciudades y las ideas,* México, Siglo Veintiuno Editores, 1976; Massimo Canevacci, *A cidade polifônica*, trad. de Cecília Prada, São Paulo, Studio Nobel, 1993.

tensões, contradições. Essa é a sociedade atravessada pela não-contemporaneidade. São múltiplas e contraditórias as formas sociais de tempo e espaço que aí prevalecem, vivificando o caleidoscópio global.

Esse é o horizonte em que se torna possível reler a história e a geografia do passado recente e distante. São muitas as realidades da sociedade global que permitem repensar antecedentes, origens, primórdios. Mais uma vez, o presente pode iluminar-se pelo passado, assim como este por aquele, principalmente quando o presente é novo, o resultado de uma ruptura mais ou menos drástica das formas anteriores de ser e pensar, agir e imaginar.

Em boa parte dos casos, o indivíduo situa-se na cidade como em um caleidoscópio em contínuo movimento, veloz e errático. Como ela se organiza, funciona e transforma de acordo com processos dos quais o indivíduo pouco sabe, este se perde ou assusta-se, defende-se ou isola-se. Diante do vasto bombardeio de signos, significados e conotações, difíceis de decodificar, o indivíduo pode levar o anonimato a fórmulas inimagináveis, a extremos de paroxismo. Muitos cidadãos defendem-se dos incessantes assaltos do meio isolando-se e protegendo os seus sentidos, obscurecendo as vidraças dos seus automóveis, levando continuamente aos ouvidos os *walkmen* a todo volume, evitando a comunicação face a face, anestesiando com drogas ou álcool suas emoções ou fixando-se na pequena tela no transistor dia e noite, para evitar a visão da realidade, conscientizar-se. Como resultado, as vivências reais tornam-se ilusórias e remotas, cria-se um mundo no qual a essência humana de carne e osso torna-se menos real que as histórias que se apresentam no vídeo, filme, fita megafônica ou o papel do diário. Incapazes de alcançar uma vida pessoal gratificante, esses homens e mulheres optam por uma existência imaginária, sucedânea, de segunda mão, como espectadores, ouvintes ou leitores passivos dos meios de comunicação. "(...) Diante do contínuo e intolerável bombardeio de seus receptores físicos e mentais, o indivíduo perde pouco a pouco sua capacidade de responder e adota uma atitude defensiva de recuo e desinteresse, sofre de embotamento afetivo e perde a capacidade de discriminar entre os múltiplos estímulos do meio, de discernir o essencial do supérfluo, a realidade da ficção. Os cidadãos movem-se como em transe, em um estado de despersonalização que se manifesta em indiferença. O fim desses processos anômicos de isolamento, apatia e inércia é o autismo social, a alienação do indivíduo e o seu estranhamento de si próprio e dos outros."[14]

Como um caleidoscópio enlouquecido, a grande cidade está sempre povoada pela multidão sem fim, em constante movimento, dispersa e concentrada, em busca de quimeras imaginárias, sucedâneos da realidade, simulacros de experiência, virtualidades eletrônicas. "Em Nova York, o redemoinho da cidade é tão forte, a potência centrífuga é tal, que é sobre-humano pensar em viver a dois, compartilhar a vida com alguém. Somente as tribos, as gangues, as máfias, as sociedades iniciáticas ou perversas, certas cumplicidades podem sobreviver, mas não os casais. É a anti-Arca, onde os animais foram embarcados aos casais, a fim de salvar a espécie do dilúvio. Aqui, nesta Arca fabulosa, cada um embarca sozinho — cabe a ele encontrar, todas as noites, os derradeiros salvos para a última *party*. Em Nova York, os loucos foram soltos. Não se distinguem, nas ruas da cidade, dos outros *punks, junkies*, drogados, alcoólicos ou miseráveis que as freqüentam. Não se justificava que uma cidade tão louca mantivesse os seus loucos à sombra, subtraísse à circulação espécimes de uma loucura que, de fato, sob múltiplas formas, tomou conta da cidade inteira."[15]

Mas são muitos os que reagem criticamente. Agem, pensam, sentem e imaginam mobilizando a matéria de criação oferecida pela cidade. Recriam os elementos materiais e espirituais, as adversidades e os impasses, as condições e as possibilidades, trabalhando criticamente a sua situação, as suas convicções e reivindicações, as possibilidades disponíveis e emergentes. Esse é o caso do indivíduo, do grupo, da classe ou da coletividade que se conscientiza, organiza, reage critica-

---

[14] Luis Rojas Marcos, *La Ciudad y sus desafíos* (*Héroes y víctimas*), Madri, Espasa Calpe, 1992, pp. 109-10.
[15] Jean Baudrillard, *América*, trad. de Álvaro Cabral, Rio de Janeiro, Rocco, 1986, p. 20.

mente, questiona o *status quo*, incute ilusões em suas práticas, imagina outra cidade. Esse é o momento em que a cidade pode ser um vasto cenário, palco, praça, campo de controvérsia, território de greves, *riots*, batalhas, revoltas, revoluções.

O mesmo ambiente em que o indivíduo pode sentir-se solto e atado, local e global, anônimo e nominado, desconhecido e celebrado é o ambiente em que florescem a liberdade e a opressão, a racionalidade e a alienação. Na cidade é que floresce a humanidade. É o lugar em que o indivíduo pode levar a sua individualidade ao extremo, como exorcismo e paroxismo, tanto assim que aí se inventam a modernidade e a pós-modernidade.

A razão pode emancipar-se de todas as amarras e vínculos convencionais e tradicionais, supersticiosos, mágicos ou religiosos. Aí a razão pode imaginar-se ingênua, consciente e autoconsciente, em-si e para-si. Desprende-se de tudo, pairando além do cotidiano, empírico, sensível, prático ou pragmático, de tal maneira que constrói figuras, metáforas, alegorias: penso, logo existo; categorias *a priori* do conhecimento; dialética servo e senhor; lutas de classes; tirania e democracia; soberania e hegemonia; leis da evolução; etapas do progresso; revolução e emancipação; ciência e tecnologia; ascetismo e consumismo; desencantamento do mundo e morte de Deus; consciente e inconsciente; teoria da relatividade; ideologia e utopia; racionalização e alienação; dramático e épico; modernidade e pós-modernidade.

A razão pode inclusive imaginar o seu limite, impossibilidade, equívoco, auto-engano, ilusão. Repensar o espaço e o tempo, o todo e a parte, a aparência e a essência, o passado e o presente, o singular e o universal. Fragmentar o que lhe parece global, recompor o heterogêneo, montar o imprevisto, inventar o desconhecido, imaginar o impossível. Em lugar da modernidade, a pós-modernidade, em lugar da experiência, o simulacro, em lugar da realidade, a virtualidade.

Tanto é assim que a cidade pode ser vista como um caleidoscópio enlouquecido no qual movimentam-se grafites, colagens, montagens, bricolagens, pastiches, *videoclips*, desconstruções, simulacros, virtualidades. Mas esse caleidoscópio também pode ser lido, compreendido e interpretado, da mesma maneira que indivíduos, grupos, classes e coletividades nele se movimentam, organizam, reivindicam, questionam, lutam. "Em uma obra clássica, *A imagem da cidade*, Kevin Lynch nos ensinou que a cidade alienada é, antes de tudo, um espaço do qual as pessoas são incapazes de construir (mentalmente) mapas, tanto no que se refere a sua própria posição como no relativo à totalidade urbana em que se encontram: os exemplos mais evidentes disso são os cinturões urbanos no estilo dos de Nova Jersey, nos quais é impossível reconhecer qualquer dos sinais tradicionais (monumentos, limites naturais ou perspectivas urbanas). Portanto, na cidade tradicional a desalienação implica a recuperação prática do sentido da orientação, assim como a construção e reconstrução de um conjunto articulado que pode ser retido na memória, e do qual cada indivíduo pode desenhar mapas e corrigi-los nos diferentes momentos de suas distintas trajetórias de movimento."[16] Essa é uma forma eficaz de pensar o caleidoscópio urbano da pós-modernidade. Pode ser "extremamente interessante projetá-la mais além, sobre espaços mais amplos, nacionais e mundiais".[17] Assim, será possível "recuperar nossa capacidade de conceber nossa situação como sujeitos individuais e coletivos, e nossas possibilidades de ação e luta, hoje neutralizadas por nossa dupla confusão espacial e social. Se alguma vez chegar a existir uma forma política de pós-modernismo, sua vocação será a invenção e o desenho de mapas cognitivos globais, tanto em escala social como espacial."[18]

É na cidade que o indivíduo pode perceber mais limpidamente a cidadania, o cosmopolitismo, os horizontes da sua universalidade. Aí ele pode apropriar-se mais plenamente do que nunca da sua individualidade e humanidade, precisamente porque aí multiplicam-se as suas possibilidades de ser, agir, sentir, pensar e imaginar. Esse é o con-

---

[16] Frederic Jameson, *El Posmodernismo o la lógica cultural del capitalismo avanzado*, trad. de José Luis Pardo Torio. Barcelona, Ediciones Paidos, 1991, p. 113.
[17] Frederic Jameson, op. cit., p. 114.
[18] Frederic Jameson, op. cit., pp. 120-1. Consultar também: Mike Featherstone, *Consumer Culture & Postmodernism*. Londres, Sage Publications, 1991, esp. cap. 7: "City Cultures and Postmodern Life-Styles".

texto em que se forma o cosmopolita, em sua multiplicidade polifônica. "Certamente, a transição no sentido da integração da humanidade, em um plano global, está ainda em uma etapa inicial. Mas já se podem perceber com clareza formas preliminares de um novo *ethos* de dimensão mundial e, em particular, a ampla propagação da identificação de um ser humano com os outros."[19]

A cidade é o lugar da democracia e tirania, da racionalização e alienação, da cidadania e anomia. Um laboratório complexo, vivo e tenso, no qual tudo se experimenta, tudo é possível. Aí tanto se afirmam e reforçam como se debilitam e apagam convenções e barreiras, realidades e ilusões. Praticamente tudo o que é possível no nível da sociedade pode manifestar-se, imaginar-se ou realizar-se na cidade.

As mais avançadas ou mesmo inesperadas formas de liberdade florescem na cidade. O *flâneur* nasce e somente pode subsistir no ambiente urbano, no meio da massa, no redemoinho da multidão, na polifonia de formas, movimentos, cores e sons, envolvendo as mais diversas possibilidades de montagens, colagens e bricolagens. Aí podem apagar-se todas as distinções, marcas, etiquetas, convenções. O burguês e o proletário, a mulher e o homem, o negro e o branco, o asiático e o europeu, o índio e o branco, o intelectual e o pastor, o militar e o traficante, todos se cruzam e entrecruzam como se não houvesse diferenças, hierarquias, desigualdades.[20]

Mas é na mesma cidade onde podem surgir as mais avançadas e insuspeitadas formas de intolerância, discriminação, racismo, opressão ou tirania. Também nesse sentido a cidade é uma fábrica de preconceitos. Na mesma escala em que se desenvolvem a diversidade e a liberdade podem desenvolver-se a desigualdade e a intolerância. Todos os preconceitos estão presentes e florescem na cidade. As intole-

---

[19] Norbert Elias, *La Sociedad de los individuos*, trad. de José Antonio Alemany, Barcelona, Ediciones Península, 1990.
[20] Walter Benjamin, *Obras escolhidas*, vol. III, trad. de José Carlos Martins Barbosa e Hemerson Alves Baptista, São Paulo, Brasiliense, 1989. Marshall Berman, *Tudo que é sólido desmancha no ar*, trad. de Carlos Felipe Moisés e Ana Maria L. Ioriatti, São Paulo, Companhia das Letras, 1986.

râncias étnicas, raciais, de sexo, idade, políticas, religiosas e outras manifestam-se de modo particularmente acentuado e diversificado.

O mesmo ambiente e as relações múltiplas e diferenciadas, envolvendo o intercâmbio social, cultural, econômico e político, compreendendo as práticas e os imaginários, criam e recriam a diversidade e a desigualdade. Nas condições sob as quais ocorrem as relações sociais na cidade, tanto se afirma e reafirma a diversidade como a desigualdade. Em tal contexto social, a diversidade pode afirmar-se e até mesmo florescer, minimizando-se ou recobrindo-se a desigualdade. Desde que as relações sejam fluentes, que o intercâmbio esteja ocorrendo sem atritos, quando se aceitam aberta ou tacitamente as diversidades, nesses contextos tudo flui. Mas logo que se desvenda a desigualdade, quando se descobre que a diversidade esconde a desigualdade, nesse momento manifestam-se a tensão, o estranhamento, a intolerância, o preconceito, a discriminação, a segregação.

Esse é o contexto em que os signos da diversidade podem transformar-se em estigmas da desigualdade, instituindo a subalternidade. Assim, no mesmo contexto em que cor, sexo, idade, religião, etnia, raça, condição social, ideologia política ou outro signo aparecem como indícios da diversidade, logo se transfiguram em estigmas do diferente, outro, estranho, indesejável, inferior, exótico, inimigo. É aí que explode a violência urbana.

Mais do que qualquer outra, a cidade global é uma criação coletiva, plural, caleidoscópica. Os arquitetos e urbanistas estão presentes, assim como os trabalhadores, funcionários, empregados, operários, políticos, administradores, artistas, escritores, jornalistas, cientistas sociais, pensadores, vagabundos, *flâneurs*, traficantes, negociantes, empresários, banqueiros, camelôs, vendedores de ilusões, carismáticos, demagogos, salvadores da pátria, pregadores do outro mundo. Na cidade estão sindicatos, partidos políticos, movimentos sociais e correntes de opinião pública, assim como igrejas, escolas, agências governamentais e empresas privadas, fábricas e escritórios locais, nacionais, regionais e mundiais. São múltiplos, congruentes e desencontrados os elementos que entram na composição da cidade, participando de sua vida e formação, funcionamento e transformação. Vista assim, como um todo em movimento, nos horizontes abertos pela globalização, como um caleidoscópio de casas e bairros, edifícios e palácios, ruas e travessas, avenidas e praças, histórias e tradições, monumentos e ruínas, pessoas e povos, raças e etnias, religiões e línguas, práticas e imaginários, a cidade global revela-se uma criação coletiva surpreendente. Esse é o momento em que se pode perceber que a cidade global revela-se uma impressionante obra de arte. "A cidade favorece a obra de arte, é a própria obra de arte."[21] Ela é não somente "um invólucro ou uma concentração de produtos artísticos, mas um produto artístico ela mesma. Não há, assim, por que se surpreender se, havendo mudado o sistema geral de produção, o que era um produto artístico hoje é um produto industrial. O conceito se delineou de forma mais clara desde quando, com a superação da estética idealista, a obra de arte não é mais a expressão de uma única e bem definida personalidade artística, mas de uma soma de componentes não necessariamente concentrada numa pessoa ou numa época. A origem do caráter artístico implícito da cidade lembra o caráter artístico intrínseco da linguagem, indicado por Saussure: a cidade é intrinsecamente artística."[22]

Como obra de arte coletiva, a cidade subverte a ilusão de que a obra de arte é apenas, ou principalmente, a expressão de um artista. O artista da cidade é coletivo, a coletividade, o povo, a multidão. Além do arquiteto e urbanista, pintor e escultor, técnico e planejador, político e administrador, além dos que imaginam, constroem, preservam e restauram edifícios e palácios, casas e favelas, ruas e becos, avenidas e praças, monumentos e ruínas, além de todos estes, e juntamente com eles, trabalham a população, o povo, a multidão. É a coletividade que lhe confere fisionomia e movimento, tensão e vibração, colorido e som. Sem esse povo, com sua atividade e imaginação, a cidade pode transformar-se em um espaço vazio, um deserto ermo desertado.

---

[21] Lewis Munford, citado por Giulio Carlo Argan, *História da arte como história da cidade*, trad. de Pier Luigi Cabra, São Paulo, Martins Fontes, 1992, p. 73.
[22] Giulio Carlo Argan, *História da arte como história da cidade*, citação da p. 73. Também: Donald J. Olsen, *The City as a Work of Art*, New Haven e Londres, Yale University Press, 1986, esp. cap. 18: "The City as the Embodiment of History".

A CIDADE GLOBAL

Como obra de arte coletiva, a cidade aparece como um caleidoscópio de grafites, colagens, montagens, bricolagens, *videoclips*, pastiches, simulacros, virtualidades. Nela tudo se decanta. A experiência pode ser sublimada, exorcizada, abstraída, metaforizada. Além do seu traçado no espaço, sua arquitetura, sua articulação em ruas, avenidas, praças, edifícios, monumentos e ruínas, bem como das suas atividades sociais, econômicas, políticas e culturais, compreendendo os seus lugares no tempo, além de tudo isso, a cidade pode ser vista como uma polifonia de cores, formas, movimentos e sons. Não se trata da soma do que está aqui e ali, do que cada um faz no seu lugar, do que vários fazem em diferentes lugares, mas de outra configuração, uma realidade criada pelo jogo de cada um e todos, pelas possibilidades da multiplicação surpreendendo a imaginação.

Toda a cidade está simbolizada em algum signo, ou signos. São emblemas imediatos, taquigráficos, que logo a situam no imaginário de uns e outros, muitos, nos mais distantes recantos do mundo. O signo ressoa sempre longe e perto, remoto e presente. Tanto é assim que Jerusalém logo evoca o nascimento do Cristianismo, assim como Meca o do Islamismo. Londres pode estar sintetizada na Torre de Londres, no Big Ben, no Tâmisa ou na City, assim como pode sintetizar o Império Britânico. São Francisco pode ser a cidade que saiu do terremoto, assim como Pompéia das cinzas do Vesúvio. No Cairo permanecem as pirâmides do Egito e a Esfinge indecifrável recoberta pela pátina dos tempos. Nas ruínas astecas da Cidade do México esconde-se a violência de Cortez, assim como nessa mesma cidade está gravada a matança de Tlatelolco, da Praça das Três Culturas, ocorrida em 1968. Em Hong Kong subsistem as marcas do Império Britânico, assim como no Taj Mahal permanecem os sinais islâmicos do Império Mogol. Berlim jamais existirá sem o Muro que dividiu o espaço e o tempo, o passado e o presente, a realidade e a ilusão, a ideologia e a utopia. Nas alturas de Machu Picchu ressoam realizações e memórias do Império Inca. Pequim, que foi sempre lembrada como a capital do Celeste Império, é também lembrada como a cidade da Praça da Paz Celestial, marcada pela matança de 1989. São metáforas cravadas no espaço e tempo, assinalando momentos excepcionais do imaginário de uns e outros, muitos, nos mais distantes e diferentes recantos do mundo. Toda cidade está localizada em alguma encruzilhada da geografia e história, demarcando momentos dramáticos e épicos no mapa do mundo. Mesmo quando estão mutiladas, ou simplesmente sumidas do mapa, nesses casos pode ocorrer que elas jamais saiam da lembrança, memória, história. Esse pode ser o caso de Hiroxima.

A Rosa de Hiroxima

Vinícius de Moraes

Pensem nas crianças
Mudas telepáticas
Pensem nas meninas
Cegas inexatas
Pensem nas mulheres
Rotas alteradas
Pensem nas feridas
Como rosas cálidas
Mas oh não se esqueçam
Da rosa da rosa
Da rosa de Hiroxima
A rosa hereditária
A rosa radioativa
Estúpida e inválida
A rosa com cirrose
A anti-rosa atômica
Sem cor sem perfume
Sem rosa sem nada.[23]

---

[23] Vinícius de Moraes, *Antologia poética*, 12ª edição, José Olympio, Rio de Janeiro, 1975, p. 166. "Ao comemorar ontem (6 de agosto de 1993) o 48º aniversário do primeiro bombardeio nuclear da história, Hiroxima viu morrerem neste último ano 4.878 pessoas afetadas pela radiação, o que elevou o total da cifra para

A CIDADE GLOBAL

Na cidade global está todo o mundo, os que estão e os que não, visíveis e invisíveis, reais e presumíveis. São diversas ou muitas as formas de sociabilidade, culturais, religiosas e lingüísticas, juntamente com as caras e fisionomias, raças e etnias, classes e categorias. Vêm e vão pelo mundo, localizando-se longa ou episodicamente ali. Criam um modo de ser, agir, pensar, sentir e fabular de cunho cosmopolita, descolado da nação, província ou região. Nesse sentido é que a cidade é simultaneamente real e imaginária, vivida e sonhada, desconhecida e fabulada. "Todas as vezes que descrevo uma cidade, digo algo a respeito de Veneza. Para distinguir as qualidades das outras cidades, devo partir de uma primeira que permanece implícita. No meu caso, trata-se de Veneza. Pode ser que eu tenha medo de repentinamente perder Veneza, se falar a respeito dela."[24]

181.836... Às 8h15 locais, hora em que caiu a bomba atômica, os sinos dobraram, os navios apitaram e a cidade ficou paralisada em um minuto de silêncio." Cf. "Em Hiroxima, Bomba Atômica Ainda Mata", *O Estado de S. Paulo*, 7-8-1993, p. 10.
[24] Italo Calvino, *As cidades invisíveis*, trad. de Diogo Mainardi, São Paulo, Companhia das Letras, 1990. p. 82.

CAPÍTULO IV Nação e globalização

Ao defrontar-se com a globalização, com a emergência da sociedade global, as ciências sociais são desafiadas a repensar o seu objeto, um objeto vivo, móvel, movediço. Parece que é sempre o mesmo, mas modifica-se todo o tempo, umas vezes de forma visível, outras imperceptível, dando a impressão de que permanece, mas transfigura-se.

No curso da história das ciências sociais, o seu objeto está sempre a modificar-se. Tanto assim que algumas épocas dessa história revelam o predomínio de uma ou outra definição desse objeto. Ele tem sido freqüentemente a sociedade nacional ou o estado-nação, mas também o indivíduo ou o ator social; às vezes um deles prioritariamente, outras ambos simultaneamente. Os estudos e as interpretações podem estar focalizando temas tais como: ordem e progresso, evolução e diferenciação, normal e patológico, racional e irracional, sagrado e profano, crescimento e desenvolvimento, mercado e planejamento, industrialização e urbanização, secularização e individuação, imperialismo e dependência, cooperação e divisão do trabalho, grupos sociais e classes sociais, movimento social e partido político, legalidade e legitimidade, reforma e revolução, soberania e hegemonia, existência e consciência, identidade e diversidade, cotidiano e história, interdependência e geopolítica, guerra e revolução, modernidade e pós-modernidade. Mas o que tem predominado são as interrogações sobre o modo pelo qual se forma e conforma, organiza e transforma a sociedade nacional; e em que medida o indivíduo é o principal momento da vida social, polarizando muito do que são as relações, os processos e as estruturas. É verdade que muitas vezes os estudos e as interpretações extrapolam províncias e nações. Mas o núcleo da problemática tende a ser a sociedade ou o indivíduo, às vezes um subsumindo o outro.

Entretanto, o que tem predominado na história das ciências são as interrogações sobre a sociedade nacional, o estado-nação, o projeto nacional, as condições da soberania, as possibilidades da hegemonia. Em geral, sob diferentes enfoques teóricos, as ciências sociais têm realizado estudos e interpretações destinados a esclarecer esses dilemas, ou alguns dos seus aspectos.

Ocorre, no entanto, que a sociedade nacional, em suas várias significações e conotações, muda de figura. Na medida em que se verifica a globalização, quando se dá a emergência e o desenvolvimento da sociedade global, nesse contexto a sociedade nacional muda de figura, tanto empírica como metodologicamente, tanto histórica como teoricamente.

Dentre os desafios empíricos e metodológicos, ou históricos e teóricos, criados pelas formação da sociedade global, cabe perguntar sobre o lugar e o significado da sociedade nacional. Quando se reconhece que a sociedade global, em suas configurações e em seus movimentos, envolve outra realidade histórica, geográfica, demográfica, antropológica, política, econômica, social, cultural, religiosa e lingüística, então cabe refletir sobre as modificações que essa nova realidade incute na sociedade nacional. A sociedade global pode ser vista como um todo abrangente, complexo e contraditório, subsumindo formal ou realmente a sociedade nacional.

É claro que a sociedade global não se constitui autônoma, independente, alheia à nacional. A rigor, ela se planta na província, nação e região, ilhas, arquipélagos e continentes, compondo-se com eles em várias modalidades, em diferentes combinações. Algumas das relações, processos e estruturas que constituem a sociedade global são desdobramentos do que ocorre em âmbito nacional. Inclusive as nações poderosas, complexas, desenvolvidas, dominantes ou hegemônicas incutem na sociedade global algumas das características e alguns dos movimentos desta. As cidades globais, que assinalam elos e momentos básicos da globalização, localizam-se em países hegemônicos ou secundários. Há mesmo casos de cidades globais destituídas de base nacional, mas que se definem pela sua presença em extensas partes do mundo, ou no mundo todo. Cabe lembrar também jornais, revistas, rádios, televisões, companhias de aviação, agências de publicidade, empresas de turismo, disneylândias, *shopping centers*, corporações e conglomerados que muitas vezes guardam suas raízes nacionais originárias e expressam características ou estilos deste ou daquele país. Todos estes e outros elementos evidentemente incutem algumas das suas marcas na sociedade global. Também por isso às vezes ela parece uma réplica ampliada de países dominantes ou um surpreendente caleidoscópio indecifrável.

Mas a sociedade global não é nem uma soma aritmética nem uma composição geométrica de sociedades nacionais. Distingue-se por sua originalidade, apresenta configurações e movimentos próprios, revelando-se uma totalidade superior, abrangente, complexa e contraditória; subsumindo localidades, nacionalidades, nações e regiões; compreendendo ilhas, arquipélagos e continentes, mares e oceanos; constituindo territorialidades e temporalidades desconhecidas.

Cabe, pois, repensar o lugar e o tempo da sociedade nacional, começando por reconhecer que a globalização abala os seus significados empíricos e metodológicos, ou históricos e teóricos. A sociedade nacional, que tem sido o emblema do paradigma clássico das ciências sociais, está sendo recoberta ou redefinida pela sociedade global, o emblema do novo paradigma das ciências sociais.

Os desafios epistemológicos suscitados pela formação e transformação da sociedade nacional alimentaram a emergência e continuam a alimentar o desenvolvimento das ciências sociais, constituindo os fundamentos do patrimônio destas. A maior parte dos conceitos, categorias e leis formulados pelas ciências sociais tem por base as relações, os processos e as estruturas de dominação e apropriação, integração e antagonismo, soberania e hegemonia peculiares à sociedade nacional. As principais teorias da sociedade, tais como a evolucionista, positivista, funcionalista, marxista, weberiana, estruturalista e sistêmica, entre outras, tomam por base relações, processos e estruturas próprios da sociedade nacional, como um todo ou em alguns dos seus aspectos. Apoiadas nessas teorias, a economia, política, geografia, demografia, sociologia, antropologia e história, entre outras ciências sociais, constituíram e continuam a constituir uma parte importante de seu patrimônio teórico. "A sociologia, conforme ela aparece no seio da civilização ocidental e como a conhecemos hoje, é endemicamente preocupada com o nacional. Não reconhece uma totalidade mais ampla que a organizada politicamente na nação. O termo 'sociedade', como tem sido usado por sociólogos, independentemente da filiação teórica, é, para todos os fins práticos, o nome de uma entidade idêntica, em tamanho e composição, ao estado-nação."[1]

Cabe acrescentar que, em muitos casos, os intelectuais em geral, e não apenas cientistas sociais, colaboram ativamente na criação, invenção e reiteração do nacional. A questão nacional tem sido uma das fascinações, ou obsessões, de cientistas sociais, filósofos, escritores e artistas. Em diferentes casos, na história das nações, os intelectuais colaboram decisivamente para articular a fisionomia da nação, em moldes monárquicos ou republicanos, democráticos ou autoritários, bonapartistas ou bismarckianos, nazistas ou fascistas, stalinistas ou maoístas, populistas ou nasseristas, social-democráticos ou neoliberais. "A força e os líderes que impulsionam a luta pela nacionalidade têm sido sempre as classes intelectuais. E é óbvio que estas classes tenham sido particularmente suscetíveis à influência de doutrinas criadas por pensadores e sonhadores, e propagadas por grandes escritores, oradores e artistas. O entusiasmo da *intelligentsia* inflamada por filósofos freqüentemente movimentou as massas, embora estas conhecessem pouco, ou nada, do fundamento filosófico do seu credo."[2]

---

[1] Zygmunt Bauman, *Culture as Praxis*, Londres, Routledge & Kegan Paul, 1973, pp. 42-3.
[2] Frederick Hertz, *Nationality in History and Politics* (*A Study of the Psychology and Sociology of National Sentiment and Character*), Londres, Kegan Paul, Trench, Trubneer & Co., 1945, p. 283.

Note-se que o paradigma clássico das ciências sociais está sedimentado e arraigado no pensamento e imaginário dos cientistas sociais. Está codificado em tratados e manuais, nas universidades e instituições de pesquisa, em revistas especializadas e coleções de livros, ensaios e monografias, escolas de pensamento e controvérsias metodológicas. Há todo um vocabulário comum a que todas as ciências sociais recorrem com freqüência ou sempre. São expressões que, em praticamente todos os casos, significam ou conotam algo relativo à sociedade nacional: história, geografia, demografia, sociedade, economia, cultura, lingüística, religião, estado, nação, mercado, moeda, fatores de produção, forças produtivas, planejamento, capital, tecnologia, mão-de-obra, força de trabalho, divisão do trabalho social, emprego, desemprego, subemprego, marginalidade, miséria, questão social, questão agrária, rural, urbana, reprodução humana, renda, lucro, salário, partido, sindicato, movimento social, legitimidade, legalidade, governabilidade, projeto, estatização, desestatização, grupo social, classe social, tradição, modernização, racionalização, produtividade, identidade, diversidade, provincianismo, separatismo, centralismo, federalismo, trabalhismo, populismo, corporativismo, nacionalidade, etnia, xenofobia, racismo, autoritarismo, fascismo, nazismo, socialismo, social-democracia, liberal-democracia, soberania, hegemonia. É claro que essas noções, e outras que poderiam ser lembradas, não são sempre aplicadas na mesma forma, por diferentes cientistas sociais, nem se circunscrevem apenas à sociedade nacional. Aliás, com freqüência são aplicadas a situações extranacionais, internacionais, transnacionais e mundiais. Mas a raiz delas foi e continua a ser a sociedade nacional, com os seus dilemas, como emblema do paradigma clássico.

Cabe observar que diferentes setores das sociedades nacionais, periféricas e centrais, ao sul e ao norte, orientais e ocidentais, ajustam-se prioritariamente à idéia de sociedade nacional, estado-nação, soberania, projeto nacional. As controvérsias de partidos, correntes de opinião pública e escolas de pensamento em geral estão referidas à hipótese do estado-nação soberano capaz de projeto nacional: mercado e planejamento, desenvolvimento e modernização, liberal-democracia e social-democracia, capitalismo e socialismo. Sob vários aspectos, o emblema sociedade nacional, visto como totalidade significativa, capaz de autonomia, soberania e, às vezes, até mesmo de hegemonia, sob vários aspectos ele povoa o clima intelectual, científico e ideológico predominante nas ciências sociais e nos diversos setores sociais.

Mas a sociedade nacional, freqüentemente simbolizada no seu estado-nação, é histórica, forma-se e desenvolve-se como um processo social. Pode ser mais ou menos organizada, institucionalizada ou codificada. Pode ser pequena, média ou grande, agrária, industrial, agrário-industrial, urbanizada, avançada, atrasada, central, periférica, européia, americana, asiática, africana, dominante, subalterna, atravessada por desigualdades regionais, étnicas, culturais, religiosas, lingüísticas, sociais, econômicas, políticas e assim por diante. Em todos os casos, a sociedade nacional é um processo histórico: forma-se e conforma-se, afirma-se e transforma-se, integra-se e rompe-se. Seria ilusório imaginar que dada sociedade nacional amadureceu, realizou-se, tornou-se irreversível, adquiriu a sua forma definitiva. Se é verdade que são inegáveis essas tendências, também é inegável que o traço problemático e contraditório está presente em toda sociedade nacional, nova e antiga, periférica e central, oriental e ocidental. Há nações que de repente se tornam bastante problemáticas, vivendo lutas sociais internas até mesmo violentas, a despeito de que pareciam integradas, institucionalizadas. São vários os exemplos notáveis nas últimas décadas do século XX. "É curioso encontrar-se em um país — Tchecoslováquia — assim rico de história e cultura... que em poucas semanas não tem um nome preciso."[3]

Sob todos os pontos de vista, a sociedade nacional, simbolizada no estado-nação, com sua história e cultura, economia e política, moeda e mercado, língua e dialetos, religião e seitas, hino e bandeira, santos e heróis, monumentos e ruínas, sob todos os pontos de vista essa sociedade se revela um intrincado e contraditório processo social.

---

[3] Claudio Magris, "Praga, capitale del paese senza nome", *Corriere della Sera*, Roma, 13 de fevereiro de 1993, p. 27.

Processo em constante devir, direcionado e errático, integrativo e fragmentário.

Ocorre que a sociedade nacional sempre esteve desafiada também por relações externas, exteriores ou internacionais, de cunho social, econômico, político, militar, geopolítico, cultural ou outro. Essa é uma constante na história das nações. O mercantilismo, a acumulação originária, o colonialismo, o imperialismo, a interdependência, a diplomacia e outras articulações bilaterais e multilaterais são expressões do jogo das forças externas a cada uma e a todas as nações. São expressões de fatores, forças ou determinações mais ou menos notáveis, tanto na configuração da fisionomia nacional como no deflagrar de forças divergentes, desagregadoras, de fragmentação. Desde o princípio, toda nação está sempre atravessada pelas tensões e contradições que tanto conduzem à integração como à desintegração. Essas polarizações extremas, naturalmente permeadas de outras soluções também básicas, são alimentadas por diversidades e desigualdades que envolvem grupos sociais, classes sociais, elites, massas, movimentos sociais, partidos políticos, correntes de opinião pública; tudo isso sempre envolvendo relações exteriores, bilaterais e multilaterais.

A nação é uma criação simultaneamente geográfica, econômica, demográfica, cultural, social e política, com todas as características de um processo histórico. Forma-se e transforma-se segundo o jogo das forças sociais internas e externas, modificando-se de tempos em tempos, ou continuamente. Simbolizada no estado-nação, em geral adquire a fisionomia desta ou daquela classe dominante, deste ou daquele bloco de poder. Muitas vezes está decisivamente articulada segundo projetos nacionais, estratégias de desenvolvimento econômico, ideologias políticas, ideais de soberania, vocações de hegemonia. Juntamente com as forças sociais que a conformam e transformam, florescem os estudos e as interrupções de historiadores, sociólogos, cientistas políticos, antropólogos e geógrafos, conferindo estatuto científico aos traços ou às fisionomias da sociedade nacional. Também escritores, romancistas, poetas e teatrólogos participam do desenho dos traços e das fisionomias. Há pintores, escultores, arquitetos e urbanistas que também contam e, às vezes, de forma marcante. São muitos os que entram na formação e transformação das configurações da sociedade nacional, do estado-nação, em diferentes épocas, sob distintos regimes políticos, conforme o bloco de poder que se encontra no mando ou comando. Em muitos casos, nos tempos da mídia impressa e eletrônica, quando se dá a metamorfose desta mídia em intelectual orgânico deste ou daquele bloco de poder, nestes tempos as ideologias e os imaginários continuam a ser fermento e argamassa da sociedade nacional, do estado-nação. Sob vários aspectos, nos quatro cantos do mundo, a nação continua a ser também uma fabulação. Permite conferir um significado predominante, às vezes único, a uma realidade não só plural, mas problemática e contraditória.[4]

Quando se examina a história do estado-nação, não só a partir da perspectiva europeia, mas também desde outros continentes, não só da perspectiva nacional, mas também da mundial, logo se evidencia o seu caráter problemático. Isto significa que o emblema com que se fundam e desenvolvem as ciências sociais era e continua a ser problemático; o que evidentemente afeta as próprias ciências sociais. "A máxima uma nação, um estado está baseada no suposto de que cada cultura, isto é, nação, deveria ter seu próprio estado para sustentá-la. Essa maneira de ver traduziu-se praticamente na Europa Ocidental no berço dos modernos estados nacionais. A doutrina e a sua prática produziram um estrago conceitual e perpetuaram uma anomalia analítica nas ciências sociais contemporâneas. Da forma como tem sido posta a questão, os cientistas sociais de todos os matizes equacionam nação (sociedade/cultura) com estado (política)."[5] Note-se, no entan-

---

[4] Benedict Anderson, *Nação e consciência nacional*, trad. de Lólio Lourenço de Oliveira, São Paulo, Ática, 1989; Eric J. Hobsbawm, *Nações e nacionalismo desde 1780*, trad. de Maria Célia Paoli e Anna Maria Quirino, São Paulo, Paz e Terra, 1990; Ernest Gellner, *Nations and Nationalism*, Oxford, Blackwell Publishers, 1992.

[5] T. K. Oommen, "Sociology for One World: a Plea for an Authentic Sociology", *Sociological Bulletin*, vol. 39, n.os 1 e 2, Nova Delhi, 1990, pp. 1-13; citação da p. 5.

to, que "o significado do termo nação tem-se modificado ao longo do tempo e através dos contextos" históricos, nos diferentes continentes.[6] Cabe acrescentar que "uma variedade de situações é coberta pelo que se denomina estado-nação: uma nação, um estado; estados de multinacionalidades; uma nação, dois ou mais estados e um grande número de permutações e combinações destas situações. Cabe admitir que muitas 'nações' são produtos de simples acidentes históricos ou expedientes políticos e, por isso, entidades artificiais."[7]

Simultaneamente à continuidade e reiteração da idéia de nação, os processos sociais, econômicos, políticos e culturais deflagrados pelo mundo afora promovem a globalização. As estruturas de base nacional, assim como as formas de pensamento radicadas nessa base, são contínua e progressivamente abaladas, enfraquecidas ou recriadas com outros significados. Acontece que o estado-nação torna-se paulatinamente anacrônico, devido à dinâmica e à força das relações, processos e estruturas que se desenvolvem em escala mundial. "Para a maioria dos cidadãos, seria extremamente perturbadora a idéia de que não somente as indústrias ou atividades, mas os próprios estados-nações estão se tornando anacrônicos. (...) O estado-nação e a sua segurança são também potencialmente ameaçados pela nova divisão internacional de produção e trabalho. A lógica do mercado global não presta atenção *onde* o produto é feito... (...) A revolução financeira internacional cria seus desafios à suposta soberania do estado-nação. (...) Embora muito diferentes em suas formas, são transnacionais por natureza estas várias tendências do crescente intercâmbio global, contínuo vinte e quatro horas por dia; atravessando fronteiras por todo o globo, afetando sociedades distantes e lembrando-nos de que a terra, a despeito de todas as suas divisões, é uma única unidade. (...) Estas mudanças globais chamam a atenção para o problema da utilidade do próprio estado-nação. O ator autônomo chave em assuntos políticos e internacionais, nos últimos séculos, parece não só estar perdendo o

---

[6] T. K. Oommen, "Sociology for One World", citação da p. 5.
[7] T. K. Oommen, "Sociology for One World", citação da p. 6.

seu controle e integridade, mas revela-se a unidade imprópria para manejar as novas circunstâncias. Quanto a alguns problemas, é muito grande para ser operado adequadamente; quanto a outros, é muito pequeno. Em conseqüência, há pressões para a 'realocação de autoridade', de cima a baixo, criando estruturas que possam responder melhor às forças da mudança de hoje e amanhã."[8]

A realidade tem sido diferente da imaginação. O que está acontecendo no mundo é diverso do que muitos imaginaram no passado distante e próximo. Foram muitos os que duvidaram do estado-nação, preconizando a comunidade, o federalismo das nacionalidades, a dispersão dos poderes, a utopia da fraternidade, a plenitude da liberdade e igualdade, a realização da humanidade. Mesmo estes, no entanto, apontavam algo fundamental no meio da fabulação. Percebiam que "vivemos numa época em que as nações-estados se tornam um anacronismo, um arcaísmo, não só nações-estados como Israel, mas como Rússia, Estados Unidos, Grã-Bretanha, França, Alemanha e outros. Todos constituem anacronismos. Ninguém ainda viu isso? Não é evidente que, quando a energia atômica diminui, diariamente, o tamanho da Terra, quando o homem já começou suas jornadas interplanetárias, quando o *sputnik* sobrevoa o território de uma grande nação-estado em um ou dois segundos, que, nesta época, a tecnologia tornou a nação-estado tão ridícula e ultrapassada quanto o foi um pequeno principado medieval na época das máquinas a vapor? Mesmo aquelas jovens nações-estados, que surgiram como o resultado de progressiva e necessária luta, levada a efeito por nações coloniais e semicoloniais, pela emancipação — Índia, Birmânia, Argélia, Gana e outras —, não conservarão suas características por muito tempo. Essas características formam um estágio necessário à história de algumas nações, mas são estágios que aquelas nações, também, terão de ultrapassar de modo a encontrar estruturas mais largas para a sua existência. Em nossa era, qualquer nova nação-estado, logo após

---

[8] Paul Kennedy, *Preparing for the Twenty-First Century*, Nova York, Random House, 1993, pp. 123, 128, 129 e 131.

constituir-se, começa a ser afetada pelo declínio geral dessa forma de organização política, e isto já se mostra evidente na rápida experiência da Índia, de Gana e Israel."[9]

Ao desabar muito do que tem sido o estado-nação, como realidade e imaginação, logo fica posto o desafio para as ciências sociais. O paradigma clássico, cujo emblema tem sido a sociedade nacional simbolizada no estado-nação, está posto em causa. Continuará a ter vigência, mas subordinado à globalização, à sociedade global, como realidade e imaginação. O mundo não é mais apenas, ou principalmente, uma coleção de estados nacionais, mais ou menos centrais e periféricos, arcaicos e modernos, agrários e industrializados, coloniais e associados, dependentes e interdependentes, ocidentais e orientais, reais e imaginários. As nações transformaram-se em espaços, territórios ou elos da sociedade global. Esta é a nova totalidade em movimento, problemática e contraditória. Na medida em que se desenvolve, a globalização confere novos significados à sociedade nacional, como um todo e em suas partes. Assim como cria inibições e produz anacronismos, também deflagra novas condições para uns e outros, indivíduos, grupos, classes, movimentos, nações, nacionalidades, culturas, civilizações. Cria outras possibilidades de ser, agir, pensar, imaginar.

Quando visto em perspectiva ampla, de longa duração, o estado-nação logo se revela um processo histórico problemático, contraditório e transitório. Houve época em que se definia pela soberania, real ou almejada, ampla ou limitada. Nos tempos da sociedade global, modifica-se mais uma vez, mas agora radicalmente. Pouco a pouco, ou de repente, transforma-se em província da sociedade global.

Esta é uma história conhecida. Em praticamente todos os países do antigo Terceiro Mundo, adotaram-se políticas de industrialização destinadas a orientar e acelerar a substituição de importações. Incentivou-se o planejamento governamental, indicativo e impositivo, capitalista, socialista ou misto, conforme o caso, de modo a promover a

---

[9] Isaac Deutscher, *O judeu não-judeu e outros ensaios*, trad. de Moniz Bandeira, Rio de Janeiro, Civilização Brasileira, 1970, pp. 39-40.

industrialização, diversificar a economia nacional, fortalecer centros decisórios internos e aperfeiçoar as condições de autoproteção do sistema econômico nacional. Em muitos casos, como nos que se propunham estratégias capitalistas e mistas, os próprios governos e as corporações dos países dominantes, centros de poder internacional, engajaram-se em projetos nacionais, de industrialização substitutiva de importação. Inclusive o Fundo Monetário Internacional (FMI) e o Banco Internacional de Reconstrução e Desenvolvimento (Banco Mundial) atuaram decisivamente em favor de políticas "nacionais" de industrialização. Eram os tempos da Guerra Fria, quando um dos objetivos era favorecer políticas nacionais de desenvolvimento econômico e provocar mudanças sociais que tornassem a questão social menos tensa, não-revolucionária. Simultaneamente, essa foi uma época de rearranjo das relações sociais, econômicas, políticas e culturais em escala mundial, no âmbito da Guerra Fria iniciada abertamente em 1946, com o discurso de Winston Churchill em Fulton, nos Estados Unidos. A despeito dos surtos revolucionários no que então era o Terceiro Mundo, o capitalismo desenvolveu-se extensiva e intensivamente por todo o mundo, expandindo-se em novas ondas pelas cidades e campos, inclusive revolucionando o mundo agrário. A economia política da contra-revolução mundial tinha êxitos em todos os continentes, propiciando novo surto de mundialização do capitalismo.[10]

Mas tudo isso já é passado. Aos poucos, a estratégia do desenvolvimento econômico para dentro, ou industrialização substitutiva de

---

[10] Gunnar Myrdal, *Solidariedad o desintegración*, trad. de Salvador Echavarría e Enrique González Pedrero, México, Fondo de Cultura Económica, 1956; François Perroux, *La Coexistencia pacífica*, trad. de Francisco González Aramburo, Fondo de Cultura Económica, México, 1960; Lester B. Pearson (org.), *Partners in Development*, Nova York, Praeger Publishers, 1969; Richard N. Gardner e Max F. Millikan (orgs.), *The Global Partnership* (*International Agencies & Economic Development*), Nova York, Praeger Publishers, 1968; Fernando Fajnzylber, *La Industrialización trunca de América Latina*, Editorial Nueva Imagen, México, 1983; David Horowitz (org.), *Revolução e repressão*, trad. de Genésio Silveira da Costa, Rio de Janeiro, Zahar, 1969.

importações, foi sendo abandonada pela estratégia do desenvolvimento econômico para fora, ou industrialização voltada para a exportação. Na medida em que os países capitalistas venciam a Guerra Fria, inclusive com a "colaboração" dos equívocos mais ou menos graves que se cometiam nos diversos países socialistas, em particular no bloco soviético, o neoliberalismo tornou-se progressivamente a nova ideologia, o novo discurso da economia política mundial. As empresas, corporações e conglomerados internacionais e multinacionais tornaram-se transnacionais. A nova divisão internacional do trabalho tornava obsoletos conceitos, interpretações e práticas nacionalistas. A reprodução ampliada do capital tomou conta do mundo, desenvolvendo as classes sociais e as lutas de classes em escala propriamente global.

A globalização da economia capitalista, compreendendo a formação de centros decisórios extra e supranacionais, debilita ou mesmo anula possibilidades de estratégias nacionais. "A atrofia dos mecanismos de comando dos sistemas econômicos nacionais não é outra coisa senão a prevalência de estruturas de decisões transnacionais, voltadas para a planetarização dos circuitos de decisões. A questão maior que se coloca diz respeito ao futuro das áreas em que o processo de formação do estado nacional se interrompe precocemente, isto é, quando ainda não se há realizado a homogeneização nos níveis de produtividade e nas técnicas produtivas que caracteriza as regiões desenvolvidas. (...) São muitos os indícios de evolução global orientada para a desarticulação dos sistemas econômicos nacionais, que são substituídos por espaços contidos em parâmetros políticos e culturais. (...) Ora, a partir do momento em que o *motor* do crescimento deixa de ser a formação do mercado interno para ser a integração com a economia internacional, os efeitos de sinergia gerados pela interdependência das distintas regiões do país desaparecem, enfraquecendo consideravelmente os vínculos de solidariedade entre elas. (...) Na lógica das empresas transnacionais, as relações externas, comerciais ou financeiras, são vistas, de preferência, como operações internas da empresa, e cerca de metade das transações do comércio internacional já são atualmente operações realizadas no âmbito interno de empresas. As decisões sobre o que importar e o que produzir localmente, onde completar o processo produtivo, a que mercados internos e externos se dirigir são tomadas no âmbito da empresa, que tem sua própria balança de pagamentos externos e se financia onde melhor lhe convém."[11]

Nesse contexto, não há desconexão possível, em termos de soluções nacionais, autárquicas, soberanas. Toda e qualquer tentativa de autonomização, afirmação de soberania, realização de projeto nacional capitalista, socialista ou misto está sujeita às determinações globais, que adquirem preeminência crescente sobre as nacionais. Por isso o movimento anti-sistêmico, ou a desconexão, seja qual for o projeto político, econômico ou social, revela-se difícil ou propriamente impossível. Em boa parte, essa é a história não só das últimas décadas do século XX, mas de todo esse século. Têm sido numerosos os projetos nacionais de desconexão, ou emancipação, sob diferentes regimes políticos. Floresceram e florescem nacionalismos, populismos, corporativismos, fascismos, militarismos, nasserismos, terceiro-mundismos, socialismos. Realizaram e realizam muito, mas não a desconexão, a autonominação, a internalização dos centros decisórios, o projeto nacional, a soberania.[12]

As condições para a formulação e implementação de projetos nacionais são drasticamente afetadas pela globalização. Ou melhor, os

---

[11] Celso Furtado, *Brasil (A construção interrompida)*, São Paulo, Paz e Terra, 1992, pp. 24, 25 e 32. Consultar também: Fernando Fajnzylber, *La Industrialización trunca de América Latina*, citado; James Manor (org.), *Rethinking Third World Politics*, Londres, Longman, 1991; David G. Becker, Jeff Frieden, Sayre P. Shatz e Richard L. Sklar, *Postimperialism (International Capitalism and Development in the Late Twentieth Century)*, Londres, Lynne Rienner Publishers, 1987.

[12] Samir Amin, *La Déconnexion (Pour sortir du système mondial)*, Paris, La Découverte, 1986; Immanuel Wallerstein, "Histoire et dilemmes des mouvements antisystémiques", em: S. Amin, G. Arrighi, A. G. Frank e I. Wallerstein, *Le Grand tumulte? (Les Mouvements sociaux dans l'economie-monde)*, Paris, La Découverte, 1991; *Review of Radical Political Economics*, vol. 22, n° 1, 1990, número especial sobre "Beyond the Nation State: Global Perspectives on Capitalism".

projetos nacionais somente se tornam possíveis, como imaginação e execução, desde que contemplem as novas e poderosas determinações "externas", transnacionais e propriamente globais. A partir da época em que a globalização se constitui em uma nova realidade, conformando uma nova totalidade histórica, quando as fronteiras são modificadas ou anuladas, a soberania transforma-se em figura retórica. Objetivamente, a sociedade nacional revela-se uma província da sociedade global. Por mais desenvolvida, complexa e sedimentada que seja a sociedade nacional, mesmo assim ela se transforma em subsistema, segmento ou província de uma totalidade histórica e geográfica mais ampla, abrangente, complexa, problemática, contraditória.

Quando as relações, os processos e as estruturas econômicas mundializam-se, as economias nacionais transformam-se em províncias da economia global. "A eficiência de uma economia pode ser avaliada com base no reconhecimento de que é ou não competitiva, isto é, sem recair em possíveis protecionismos nacionais. Aqui o que está em causa é a competitividade alcançada, e não a que um país naturalmente possui. A competitividade baseada em vantagens naturais pode ser, entre outras coisas, o resultado de extensas quantidades de terras férteis disponíveis, boas condições climáticas, recursos minerais de alto teor e fácil extração. Em contraste com isto, a competitividade propriamente dita é o resultado da crescente qualificação dos trabalhadores, maior produtividade do trabalho e maior eficiência científico-técnica."[13]

Visto em diferentes momentos da sua história, o estado-nação revela-se uma configuração problemática. Tanto na Europa, onde nasceu, como nas demais regiões e continentes, revela-se uma espécie de desafio permanente: ou porque se transforma, porque não se forma. Alguns se revelam mais problemáticos em certas conjunturas,

---

[13] Ulrich Menzel e Dieter Senghaas, "NICs Defined: a Proposal for Indicators Evaluating Threshold Countries", em: Kyong-Dong Kim (org.), *Dependency Issues in Korean Development (Comparative Perspectives)*, Seul, Seoul National University Press, 1987, pp. 59-87; citação da p. 79.

como tem ocorrido neste fim de século XX: União Soviética e Iugoslávia, África do Sul e Índia, Canadá e Espanha. Ao debilitar o estado-nação, devido às forças que operam no sentido da mundialização, logo emergem provincianismos, nacionalismos, regionalismos, etnicismos, fundamentalismos. São ressurgências que tanto expressam reivindicações e identidades antigas como expressam o declínio do estado-nação enquanto instituto da soberania. "Uma federação de seis repúblicas, seus cidadãos incluíam cristãos católicos (croatas e eslovenos), cristãos ortodoxos (sérvios), muçulmanos (alguns de língua servo-croata, outros falando albanês e se sentindo albaneses) e diversas outras minorias. Viviam em paz, em muitos lugares estreitamente entrelaçados, e para muitos as distinções de qualquer modo significavam pouco. Mas os grupos tinham contas históricas a ajustar entre si, algumas das piores não mais antigas do que a Segunda Guerra Mundial. E as divisões mais recentes entre comunistas e anticomunistas, embora contidas sob Tito e enfraquecidas pela reabertura do país ao Ocidente, não estavam mortas. (...) A Iugoslávia moderna situa-se sobre linhas divisórias da história européia: a divisão do Império Romano no século IV, a divisão da cristandade no século XI, a fronteira do século XVII entre os impérios Otomano e Habsburgo. Também é verdade que, na ocupação das tropas de Hitler, fascistas croatas e bósnios trucidaram sérvios, judeus e muçulmanos, freqüentemente com assentimento do clero católico."[14]

Também as nações dominantes, desenvolvidas, industrializadas, maduras ou consolidadas revelam-se problemáticas, contraditórias. A despeito de décadas e séculos de existência, defrontam dilemas básicos, que reabrem a questão nacional, relembram que a nação continua a ser um processo histórico, uma contínua ou periódica recriação. Todos os dias, vinte e quatro horas por dia, são muitos os elementos mobilizados para criar e recriar a nação, nacionalidade, identidade, pátria: discurso do poder, indústria cultural, aparelhos de repressão,

---

[14] *The Economist*, artigo transcrito pela *Gazeta Mercantil*, São Paulo, 12 de junho de 1993, p. 2.

sistema jurídico-político, código e regulamentos, símbolos, bandeira, hino, moeda, língua e dialetos, religião e seitas, território, fronteiras, tradições, heróis, santos, façanhas, monumentos e ruínas. De quando em quando, no entanto, tudo pode ser posto em causa. "Conforme caminham os experimentos, os Estados Unidos vivem um risco: uma nação de indivíduos reunidos não pelo sangue, mas pela língua, aspiração e uma idéia. Essa idéia, expressa na declaração de independência, é 'que todos os homens são criados iguais e dotados pelo seu Criador de certos direitos inalienáveis, entre eles a vida, a liberdade e a busca da felicidade'. Belas palavras, melhor filosofia; e um credo infernal para ser realizado. O próprio Lincoln perguntou se 'tal nação, tão dedicada, assim construída, pode perdurar'. E os americanos continuam inquietando-se. (...) Muitos (sintomas de dúvidas) são causados por um novo nervosismo acerca da força da própria democracia americana. A União Soviética propiciava um inimigo e um sistema com os quais os americanos podiam fazer comparações orgulhosas e inquestionáveis. Já que o império do mal se foi, os Estados Unidos começam a reconhecer as fendas no seu próprio sistema: entre elas, a violência endêmica, as desigualdades raciais e indiferença política."[15]

A nova onda são as estratégias de integração regional, os novos subsistemas do capitalismo mundial. Integração articulada por governos e empresas, setores públicos e privados, conforme as potencialidades dos mercados, dos fatores da produção ou das forças produtivas, de acordo com os movimentos do capital orquestrados principalmente pelas transnacionais. A Guerra Fria terminou, o bloco soviético está desagregado e sendo progressivamente integrado ao sistema capitalista mundial. A China, o Vietnã e Cuba abrem-se a empreendimentos capitalistas, ainda que mantendo o regime político nacional sob o signo do socialismo. Aos poucos, em diferentes regiões do mundo, de-

---

[15] *The Economist*, Londres, 5 de setembro de 1992, pp. 21-23; citação da p. 21. Consultar também: Arthur M. Schlesinger Jr., *La Désunion de l'Amérique*, trad. de Françoise Burguess, Paris, Liana Livi, 1993.

senvolvem-se estratégias de integração: Comunidade Econômica Européia (CEE), Associação de Livre Comércio da América do Norte (NAFTA), Mercado Comum do Cone Sul (Mercosul), Comunidade de Estados Independentes (CEI), Círculo do Pacífico. Aos poucos, os "atores" tradicionais das relações internacionais, os estados nacionais, são levados a organizar-se em torno de um novo e diferente "ator": a "comunidade" regional. Isto está acontecendo na Europa, nas Américas, na Rússia e no Pacífico. São várias as constelações de países nas quais o estado-nação aparece subordinado. Podem ser germes de nova cartografia geopolítica, na qual tendem a sobressair os Estados Unidos da América do Norte, a Alemanha e o Japão, ainda que logo mais a Rússia e a China possam vir a disputar posições nesse mapa. Mas também é possível constatar que todos esse "atores" podem estar sendo influenciados, ou determinados, pelos movimentos do capitalismo global: as exigências da reprodução ampliada do capital; os processos de concentração e centralização envolvendo empresas, corporações e conglomerados que ultrapassam fronteiras, culturas e civilizações; a nova divisão internacional do trabalho, compreendendo procedimentos produtivos, disponibilidades de forças de trabalho, custos relativos desta força; o planejamento regional, continental ou global das operações das transnacionais, independentemente das suas origens nacionais, colonialistas ou imperialistas.

São muitas e poderosas as forças características da globalização, tornando anacrônico o estado-nação e quimérica a soberania, ao mesmo tempo que se criam novas exigências de ordenamento mundial. Já não é suficiente o paradigma das relações internacionais que prioriza o estado-nação como figura principal, ator da soberania. No âmbito da sociedade global, vista como um universo de relações, processos e estruturas novos, próprios da globalização, o estado-nação perde boa parte do seu significado tradicional. As novas realidades, relações, instituições e estruturas, não só econômicas, mas também sociais, políticas, culturais, religiosas, lingüísticas, demográficas, geográficas e outras estabelecem condições e possibilidades de novos intercâmbios, ordenamentos, estatutos. Juntamente com a mundialização da economia, política e cultura, emergem desafios relativos aos mais diversos aspectos da sociedade propriamente global: ecologia, ambientalismo, energia nuclear, terrorismo, narcotráfico, máfia, xenofobia, etnocentrismo, racismo, mercados, patentes, convertibilidade de moedas, moeda regional, moeda global, telecomunicações, monopólios, oligopólios, produção e difusão de informações, *networks on line worldwide*, redes mundiais de comunicações funcionando todo o tempo em inglês. Nesse ambiente, surgem outros atores, outras elites, diferentes estruturas de poder, distintas polarizações de interesses, novas condições de convergência e antagonismo entre estados-nações, grupos sociais, classes sociais, movimentos de opinião pública, fundamentalismos, correntes de pensamento. Esse é o contexto em que o paradigma clássico, ou tradicional, de relações internacionais começa a ser superado, ou subordinado pelo novo. Um corresponde à dinâmica da sociedade nacional, do estado-nação, em que sobressai o suposto da soberania. Outro corresponde à dinâmica da sociedade global, compreendendo relações, processos e estruturas de dominação e apropriação peculiares, implicando movimentos de integração e antagonismo originais, possibilitando soberanias e hegemonias desconhecidas.[16]

Se é verdade que a globalização do mundo está em marcha, e tudo indica que sim, então começou o réquiem pelo estado-nação. Ele está em declínio, sendo redefinido, obrigado a rearticular-se com as forças que predominam no capitalismo global e, evidentemente, forçado a reorganizar-se internamente, em conformidade com as injunções dessas forças. É claro que o estado-nação, com sua sociedade nacional, história, geografia, cultura, tradições, língua, dialetos, religião, seitas, moeda, hino, bandeira, santos, heróis, monumentos, ruínas, continuará a existir. Mas não será mais o mesmo, isto é, já não é mais o

---

[16] Antonio Cassese, *I diritti umani nel mondo contemporaneo*, Bari, Editori Laterza, 1988; Luigi Bonanate, *Etica e politica internazionale*, Turim, Giulio Einaudi Editore, 1992; Inis L. Claude Jr., *States and the Global System*, Londres, MacMillam Press, 1988; *International Social Science Journal*, vol. XXVI, n? 1, 1974, edição especial sobre "Challenged Paradigms in International Relations".

mesmo. Ainda pode utilizar a retórica da soberania e até mesmo falar em hegemonia, mas tudo isso mudou de figura.

Em um mundo globalizado, quando se modificam, transformam, recriam ou anulam fronteiras reais e imaginárias, os indivíduos movem-se em todas as direções, mudam de país, trocam o local pelo global, diversificam seus horizontes, pluralizam as suas identidades. Os desenvolvimentos da nova divisão internacional do trabalho, do mercado mundial, da fábrica global não só abrem como criam e recriam espaços físicos, sociais, econômicos, políticos, culturais. As migrações internacionais parecem diversificar-se e agilizar-se, não somente devido aos movimentos do mercado de força de trabalho. A indústria do turismo expande-se por todos os cantos e promete as mais diferentes voltas pelo mundo dos museus, palácios e catedrais, monumentos e ruínas, imagens e simulacros. Acelera-se e generaliza-se a movimentação de funcionários, empregados, técnicos, assessores, conselheiros, gerentes, intelectuais, dirigentes de partidos, sindicatos e movimentos sociais, jornalistas, artistas, cientistas de todas as ciências e correntes. Uns e outros desterritorializam-se e reterritorializam-se no âmbito do cosmopolitismo aberto pela globalização. "O que significa universalismo? Que se relativiza a própria forma de existência, atendendo-se às pretensões legítimas das demais formas de vida; que se reconhecem iguais direitos dos outros, aos estranhos, com todas as suas idiossincrasias e tudo o que neles resulta difícil entender; que cada um não se obstina na universalização da própria identidade; que cada um não exclui e condena tudo que se desvie dela; que os âmbitos da tolerância têm que se tornar infinitamente maiores do que são hoje. Tudo isto é o que significa universalismo moral."[17]

Multiplicam-se as identidades de uns e outros, na mesma proporção em que se diversificam experiências e existências, intercâmbios culturais e formas de organização social da vida, modos de trabalhar, agir, sentir, pensar, imaginar. Além de se multiplicarem as atividades

---

[17] Jurgen Habermas, *Identidades nacionales y postnacionales*, Madri, Editorial Tecnos, 1989, p. 117.

possíveis, o que simultaneamente provoca a reelaboração de anteriores, abrem-se os horizontes do cosmopolitismo. Da mesma maneira que as coisas e as mercadorias, bem como as idéias e as fantasias, também os indivíduos se tornam cada vez mais cidadãos do mundo. Descobrem que podem ser diferentes do que têm sido. "Aqueles que estão fechados dentro de uma sociedade, de uma nação ou de uma religião tendem a imaginar que a sua própria maneira de viver e de pensar tem validade absoluta e imutável e que tudo o que contraria seus padrões é, de alguma forma, 'anormal', inferior e maligno."[18]

A sociedade global continua e continuará a ser um todo povoado de províncias e nações, povos e etnias, línguas e dialetos, seitas e religiões, comunidades e sociedades, culturas e civilizações. As diversidades que floresceram no âmbito da sociedade nacional, quando esta absorveu feudos, burgos, tribos, etnias, nacionalidades, línguas, culturas, tradições, sabedorias e imaginários, podem tanto desaparecer como transformar-se e florescer, no âmbito da sociedade global. Os horizontes abertos pela globalização comportam a homogeneização e a diversificação, a integração e a contradição.

Desde que a sociedade global começa a ser uma realidade histórica, geográfica, econômica, política e cultural, modifica-se o contraponto parte e todo, singular e universal. Também alteram-se as modalidades de espaço e tempo, pluralizadas pelo mundo afora.

---

[18] Isaac Deutscher, *O judeu não-judeu e outros ensaios*, trad. de Moniz Bandeira, Rio de Janeiro, Civilização Brasileira, 1970, p. 36.

CAPÍTULO V Regionalismo e globalismo

A globalização do capitalismo está sendo acompanhada da formação de vários sistemas econômicos regionais, nos quais as economias nacionais são integradas em todos os mais amplos, criando-se assim condições diferentes para a organização e o desenvolvimento das atividades produtivas. Em lugar de ser um obstáculo à globalização, a regionalização pode ser vista como um processo por meio do qual a globalização recria a nação, de modo a conformá-la à dinâmica da economia transnacional. O globalismo tanto incomoda o nacionalismo como estimula o regionalismo. Tantas e tais são as tensões entre o globalismo e o nacionalismo que o regionalismo aparece como a mais natural das soluções para os impasses e as aflições do nacionalismo. O regionalismo envolve a formação de sistemas econômicos que redesenham e integram economias nacionais, preparando-as para os impactos e as exigências ou as mudanças e os dinamismos do globalismo.

É claro que a globalização do capitalismo deve ser vista como um vasto e complexo processo, que se concretiza em diferentes níveis e múltiplas situações. Envolve o local, o nacional, o regional e o mundial, tanto quanto a cidade e o campo, os diferentes setores produtivos, as diversas forças produtivas e as relações de produção. E compreende simultaneamente colonialismos e imperialismos, interdependências e dependências, nova divisão transnacional do trabalho e da produção e mercados mundiais, multilateralismos e transnacionalismos, alianças estratégicas e redes de telecomunicações, cidades globais e tecnoestruturas globais.

É no âmbito do capitalismo global que se desenvolvem vários subsistemas econômicos regionais. São novas realidades, exigindo a reestruturação dos subsistemas econômicos nacionais, em conformidade com as capacidades destes, com as possibilidades da regionalização e com as potencialidades da globalização. São três totalidades que se subsumem reciprocamente, em termos históricos e lógicos, o que envolve a transfiguração de cada uma e de todas simultaneamente.

O contraponto nacionalismo, regionalismo e globalismo abala a economia e a sociedade, assim como a política e a cultura, tanto provocando distorções como abrindo horizontes. Redesenham-se fronteiras, redefinem-se políticas econômicas, rearticulam-se forças produtivas, anulam-se atividades econômicas antigas, animam-se atividades econômicas novas, criam-se outras modalidades de organização do trabalho e da produção, reforma-se o estado, modifica-se o significado da sociedade civil e da cidadania e alteram-se as condições de soberania e hegemonia.[1]

Desde o término da Segunda Guerra Mundial e o início da Guerra Fria, desenvolveram-se debates e iniciativas destinados a equacionar e implementar projetos de integração regional. Na mesma escala em que se remanejavam e dinamizavam as forças produtivas e as relações de produção nos moldes do capitalismo, de forma a bloquear e com-

---

[1] Gerald Epstein, Julie Graham e Jessica Nembhard (orgs.), *Creating a New World Economy (Forces of Change and Plans for Action)*, Filadélfia, Temple University Press, 1993; Richard Stubbs e Geoffrey R. D. Underhill (orgs.), *Political Economy and the Changing Global Order*, Londres, The MacMillan Press, 1994; Peter F. Cowhey e Jonathan D. Aronson, *Managing the World Economy (The Consequences of Corporate Alliances)*, Nova York, Council on Foreign Relations Press, 1993; Keith Cowling e Roger Sugden, *Transnational Monopoly Capitalism*, Sussex, Wheatsheaf Books, 1987; Paul Hirst e Graham Thompson, "The Problem of Globalization: International Economic Relations, National Economic Management and the Formation of Trading Blocs", *Economy and Society*, vol. 21, n.º 4, Londres, 1992, pp. 357-396; Christian Philip, *Textos constitutivos de las comunidades europeas*, trad. de Juana Bignozzi, Barcelona, Editorial Ariel, 1985; Sandra Tarte, "Regionalism and Globalism in the South Pacific", *Development and Change*, vol. 20, n.º 2, Londres, 1989, pp. 181-201; Alfredo Guerra-Borges, *La Integración de América Latina y Caribe*, México, Universidad Nacional Autónoma, 1991; Lena Lavinas, Liana Maria da Frota Carleial e Maria Regina Nabuco (org.), *Integração, região e regionalismo*, Rio de Janeiro, Bertrand Brasil, 1994.

bater as revoluções sociais de cunho socialista, nessa mesma escala desenvolveram-se debates e iniciativas empenhados em articular subsistemas econômicos nacionais, potencializar capacidades produtivas e mercados, fortalecer elos e articulações do capitalismo mundial. Em larga medida, a Guerra Fria foi uma operação de diplomacia total, conduzida pelos governantes dos Estados Unidos, de modo a bloquear a revolução social e expandir o capitalismo. E isto se realizou inclusive com amplo incentivo ao planejamento econômico estatal.[2]

O Plano Marshall, iniciado em 1947, com a finalidade de promover a recuperação econômica e social dos países da Europa Ocidental mais prejudicados pela Segunda Guerra Mundial, teve inclusive esse caráter de um primeiro esboço de projeto de integração regional. Foi acompanhado da criação da Organização para a Cooperação Econômica Européia e pelo Programa de Reconstrução Européia, contemporaneamente à criação do Tratado do Atlântico Norte (OTAN). Logo em seguida, surgem as primeiras iniciativas destinadas a institucionalizar e desenvolver a Comunidade Econômica Européia, que começava a vigorar como União Européia a partir do Tratado de Maastricht, assinado em 1992. Note-se que a União Européia integra progressivamente os seguintes países: Alemanha, Bélgica, Dinamarca, Espanha, França, Grécia, Holanda, Grã-Bretanha, Irlanda, Itália, Luxemburgo e Portugal. Desde o fim da Guerra Fria, com a desagregação do bloco soviético, a União Européia passou a exercer crescente influência não só nos países da Europa Central como também nos que compõem a região emergente com países remanescentes da União Soviética.

Note-se, no entanto, que a União Européia tem sido influenciada de modo mais ou menos notável pela Alemanha, a nação economicamente mais forte da região. Desde a sua reunificação em 1990, a

---

[2] Stephen E. Ambrose, *Rise to Globalism* (American Foreign Policy Since 1938), 7ª edição revista, Nova York, Penguin Books, 1993; Martin Walker, *The Cold War* (*And the Making of the Modern World*), London, Vintage, 1994; Albert Waterston, *Development Planning* (*Lessons of Experience*), Baltimore, The Johns Hopkins Press, 1965; Everett E. Hagen (org.), *Planeación del desarrollo económico*, trad. de Fernando Rosenzweig, México, Fondo de Cultura Econômica, 1964.

Alemanha passou a influenciar bastante os assuntos europeus; e a maneira pela qual a Europa Ocidental passou a desenvolver as suas relações econômicas com o Leste Europeu, o Japão, os Estados Unidos e outras nações e regiões.

A Comunidade de Estados Independentes (CEI) agrupa ex-repúblicas soviéticas com o objetivo de formar um mercado comum e, progressivamente, constituir um sistema regional integrado e dinâmico, sob a liderança da Rússia. São nações oriundas do bloco soviético, a rigor, da União Soviética, nas quais predominava a economia centralmente planejada, sempre sob o comando ou a influência do estado russo. Portanto, são economias que já foram ou estão sendo reestruturadas em conformidade com os princípios do mercado, compreendendo a empresa privada, a competitividade, a produtividade e a lucratividade. Realizam a transição à economia de mercado, promovendo a desestatização, a privatização e a desregulação, de acordo com os princípios do neoliberalismo.[3]

Na Ásia e Oceania desenvolvem-se dois projetos de integração regional, também bastante significativos. A Associação das Nações do Sudoeste Asiático (ASEAN) surge como proposta de integração das seguintes nações: Brunei, Cingapura, Filipinas, Indonésia, Malásia e Tailândia; sendo que Cingapura deve ser vista como uma cidade global, que prescinde de nação. E a Cooperação Econômica da Ásia e do Pacífico (APEC), que já é responsável por praticamente a metade da produção mundial, reúne os seguintes países: Austrália, Brunei, Canadá, China, Cingapura, Coréia do Sul, Estados Unidos, Taiwan, Filipinas, Hong Kong, Indonésia, Japão, Malásia, México, Nova Zelândia, Papua-Nova Guiné e Tailândia; sem esquecer que Hong Kong é uma cidade global, que prescinde de nação. E lembrando que a APEC absorve a ASEAN, ainda que haja diversos regionalismos menores dentro dos mais amplos.

De fato, o Tratado de Livre Comércio da América do Norte

---

[3] Vito Tanzi (org.), *Transition to market* (*Studies in fiscal reform*), Washington, Fundo Monetário Internacional, 1993.

(NAFTA) integra o Canadá, os Estados Unidos e o México, que também participam da APEC. O NAFTA, no entanto, parte de bases bastante desenvolvidas, já que as economias nacionais aí reunidas há muito vinham sendo integradas, sob o comando de corporações transnacionais de base norte-americana. Forma um grande mercado e um poderoso sistema produtivo, com influências em todo o mundo. Foram os debates e as iniciativas inspiradas nas negociações e realizações que resultaram no NAFTA que propiciaram as modificações mais ou menos drásticas das instituições nacionalistas e estatizantes do México. A transição do nacionalismo ao regionalismo em curso neste país pode ser vista como um ponto final em toda uma época da história do México, quando se encerra o ciclo da revolução mexicana iniciado em 1910.

O Mercado Comum do Sul (Mercosul) destina-se a propiciar a confluência de atividades econômicas, mercados e recursos de Argentina, Brasil, Paraguai e Uruguai; com possibilidades de oportunamente incorporar outros países da América do Sul. Avança devagar, mas já é uma realidade, favorecendo a dinamização de negócios, empreendimentos e alianças, além de incentivar a desestatização, a privatização e a reforma do estado. Como em todos os outros projetos e realizações de regionalismos, aí também se verifica uma reformulação do princípio da soberania nacional.

Cabe mencionar ainda outros sistemas regionais, menos notáveis, apenas incipientes ou em fase de estudos, mas indicativos de injunções "externas" e conveniências "internas". Estes são os regionalismos menos notáveis: o Grupo dos 3 reúne Colômbia, México e Venezuela; o Mercado Comum da América Central reúne Costa Rica, El Salvador, Guatemala, Honduras, Nicarágua e Panamá; a Associação de Livre Comércio do Caribe reúne boa parte dos países caribenhos; a Comunidade Econômica da África Ocidental procura integrar Benim, Burkina, Costa do Marfim, Gâmbia, Gana, Libéria, Máli, Mauritânia, Níger, Nigéria, Senegal, Serra Leoa e Togo; e o Conselho de Cooperação do Golfo reúne Arábia Saudita, Emirados Árabes e Kuwait. Voltando à América do Sul, cabe mencionar o Grupo Andino, que tem procurado integrar as economias de Bolívia, Colômbia, Equador, Peru e Venezuela.

Conforme se pode constatar, pelas características de cada um dos sistemas econômicos regionais já existentes no mundo atual, alguns são mais estruturados e dinâmicos, ao passo que outros revelam-se ainda incipientes ou pouco ativos. A despeito das muitas diferenças entre eles, cabe reconhecer, no entanto, que todos combinam nacionalismo, regionalismo e globalismo. Destinam-se a acomodar as condições e as potencialidades nacionais com as que se anunciam em âmbito regional e com as que dinamizam a economia mundial. "A cooperação regional aumentará de alcance e de importância por todo o mundo. Porém... está fadada a assumir formas muito diferentes. É um equívoco falar sobre todas elas como blocos comerciais, como se fossem todas equivalentes."[4]

Ainda que sejam com freqüência apresentadas como criações de estados nacionais, na realidade são também criações induzidas pelas corporações transnacionais, em geral com apoio e estímulo do Fundo Monetário Internacional (FMI) e do Banco Mundial (Banco Internacional de Reconstrução e Desenvolvimento, BIRD); sem esquecer o Acordo Geral de Tarifas e Comércio (GATT), que em 1993 transformou-se na Organização Mundial do Comércio (OMC).

A verdade é que as corporações transnacionais desempenham um papel básico, que pode ser decisivo na criação, institucionalização e dinamização dos sistemas econômicos regionais. "O comércio e os fluxos de investimentos privados são hoje as forças propulsoras (da nova ordem econômica mundial). São vitais para o crescimento, o progresso tecnológico e a criação de empregos. Estas forças propulsoras estão criando um ímpeto inexorável, no sentido de promover a integração de economias dentro e através das regiões. A rapidez com

---

[4] Göran Ohlin, "O sistema multilateral de comércio e a formação de blocos", *Política externa*, vol. 1, nº 2, São Paulo, 1992, pp. 55-60; citação da p. 59. Cabe lembrar que Göran Ohlin é secretário-geral adjunto das Nações Unidas, para assuntos econômicos e sociais.

que essa integração ocorre e os termos em que ela se realiza modelará a nova ordem econômica mundial. O desafio diante do qual encontram-se os governos está em reforçar essas tendências do mercado de modo a colherem os benefícios, em lugar de resistirem às pressões, para que se realizem os ajustamentos de curto prazo exigidos pelo futuro crescimento."[5]

Quando se trata de compreender os significados do regionalismo, no contraponto nacionalismo e globalismo, vale a pena examinar o fenômeno das zonas de livre comércio, ou zonas francas. São muito características do processo de globalização do capitalismo, ao mesmo tempo que contemplando algumas injunções do nacionalismo. Podem ser vistas como enclaves neoliberais inaugurando novo estilo de organização da produção, do trabalho, do comércio, da importação e da exportação. Em geral, localizam-se em países em desenvolvimento, subdesenvolvidos, periféricos ou classificados na última década do século XX como mercados emergentes. Funcionam como experimentos, ou modelos, que podem generalizar-se para toda a nação. Na realidade inserem-se dinamicamente no subsistema nacional, induzindo-o a rearranjos, reorientações e dinamismos. Promovem a articulação dinâmica de forças produtivas locais, nacionais, regionais e mundiais. Podem ser vistos como enclaves "civilizatórios", desafiando padrões tradicionais, arcaicos, obsoletos ou outros de organização social e técnica da produção, trabalho, comércio, produtividade, lucratividade, competitividade ou racionalidade. "A zona de livre comércio é como um país dentro de um país. Separado por arames eletrificados ou muros de concreto do resto do país e guardados em certos casos por cordões policiais, a zona é um enclave em termos de direitos alfandegários e possivelmente outros aspectos, tais como total ou parcial isenção no que se refere às leis e aos decretos do país em questão..."[6]

---

[5] Robert D. Hormats, "Making Regionalism Safe", *Foreign Affairs*, vol. 73, n.º 2, Nova York, 1994, pp. 97-108; citação da p. 98.
[6] Tsuchiya Takeo, "Free Trade Zones in Southeast Asia", *Monthly Review*, vol. 29, n.º 9, Nova York, 1978, pp. 29-39; citação da p. 29.

A zona de livre comércio, ou zona franca, é um fenômeno relativamente recente e pode expressar tendências muito características da forma pela qual o capitalismo ingressa em nova fase de desenvolvimento extensivo e intensivo pelo mundo. A zona de livre comércio é contemporânea da dispersão geográfica do sistema manufatureiro do capitalismo, ou da nova divisão transnacional do trabalho e da produção, o que está simbolizado na emergência dos "tigres asiáticos", compreendendo Coréia do Sul, Taiwan, Hong Kong e Cingapura. Sob certos aspectos, podem ser vistos como zonas francas ampliadas, localizadas geopoliticamente nas "fronteiras" do mundo bipolarizado em capitalismo e comunismo. São contemporâneos da reorientação das estratégias de desenvolvimento, quando se abandona a "industrialização substitutiva de importações" e adota a "industrialização orientada para a exportação", na onda da globalização do capitalismo. "Empresários são convidados para desenvolver atividades manufatureiras dentro da área da zona livre protegida. Aqui são oferecidas isenções alfandegárias à importação de meios de produção, equipamentos, matérias-primas e componentes. Além disso, garante-se tratamento preferencial no que se refere a capital e impostos, repatriação de lucros, custo de utilidades etc. Em muitos casos, vários outros tipos de incentivos fiscais e físicos são oferecidos adicionalmente, para atrair empresários interessados em estabelecer-se na zona industrial livre."[7]

Ao lado das corporações transnacionais, ainda que de maneira independente, umas vezes divergentes e outras convergentes, atuam o FMI, o BIRD e a OMC. São organizações multilaterais, com capacidade de atuação em concordância e em oposição a governos nacionais. Possuem recursos não só monetários, mas, também, jurídico-políticos suficientes para orientar, induzir ou impor políticas monetárias, fiscais e outras de cunho neoliberal. Principalmente os países menos desenvolvidos, do ex-Terceiro Mundo, periféricos, do sul ou mercados emergentes são bastante suscetíveis às orientações, induções

---

[7] United Nations Industrial Development Organization (UNIDO), *Industrial Free Zones as Incentives to Promote Export-Oriented Industries*, Nova York, 1971, p. 6. Citado por Tsuchiya Takeo, "Free Trade Zones in Southeast Asia", citação da p. 30.

ou injunções do FMI, do BIRD e da OMC, santíssima trindade do capitalismo global. Acontece que essas organizações multilaterais tornaram-se poderosas agências de privatização, desestatização, desregulação, modernização ou racionalização, sempre em conformidade com as exigências do mercado, das corporações transnacionais ou do desenvolvimento extensivo e intensivo do capitalismo no mundo.

Juntamente com a presença das corporações transnacionais e das organizações multilaterais, no contraponto nação, região e mundo, cabe reconhecer a presença de três pólos mais ou menos dominantes em termos geoeconômicos e, por implicação, geopolíticos. É inegável que os Estados Unidos, o Japão e a Europa Ocidental (leia-se principalmente a Alemanha) polarizam muito do que são as estruturas e os processos decisórios que movimentam o capitalismo, em escala mundial, regional, nacional e local. "Segundo parece, existem atualmente na economia mundial duas tendências diferentes e em parte opostas: de um lado, a internacionalização, e de outro, a regionalização. A primeira baseia-se na idéia de que o comércio entre os três centros (Estados Unidos, Comunidade Econômica Européia e Japão) se caracteriza de forma crescente pelo intercâmbio intra-industrial. Os países desenvolvidos costumam exportar e importar distintas variedades do mesmo bem (intercâmbio intra-industrial horizontal), enquanto que a relação que se estabelece entre os países avançados e outros em desenvolvimento determina que os primeiros exportem partes e componentes, que são montados nos segundos e reexportados aos países de origem (intercâmbio intra-industrial vertical). A tese da regionalização, por seu lado, funda-se na idéia de que a economia mundial está polarizando-se em núcleos regionais, com o apoio de acordos que reforçam os vínculos privilegiados entre estados que convivem no mesmo âmbito geográfico, histórico, cultural e econômico. Assim, os Estados Unidos, a Comunidade Econômica Européia e o Japão constituem três pólos, cada um dos quais tendendo a exercer certo grau de hegemonia em sua própria região."[8]

---

[8] Naciones Unidas, *Internacionalización y regionalización de la economía mundial: Sus consecuencias para América Latina,* preparado pela Cepal, Nova York,

Ao lado das corporações transnacionais, como poderosas tecnoestruturas em condições de tomar e implementar decisões capazes de influência mundial, colocam-se alguns estados nacionais mais poderosos, também capazes de tomar e implementar decisões de alcance mundial. Note-se, no entanto, que o predomínio de alguns estados nacionais, tais como os Estados Unidos, o Japão e a Alemanha (esta no âmbito da União Européia, formada desde a aprovação do Tratado de Maastricht em 1992), não se realiza sem que também estes estados nacionais passem por mudanças estruturais. Sofrem as injunções das estruturas mundiais de poder, constituídas pelas corporações transnacionais e pelas organizações multilaterais, como o Fundo Monetário Internacional, o Banco Mundial e outras.

Sob o regionalismo, a questão nacional se recoloca em outro horizonte histórico e geográfico, compreendendo as suas implicações sociais, econômicas, políticas e culturais. A dinâmica do regionalismo não só interfere na dinâmica do nacionalismo como provoca novas manifestações deste. Põe em causa realidades nacionais e abre outras possibilidades de expressão destas realidades. O todo configurado na integração regional pode tornar obsoletas algumas peculiaridades do nacionalismo que pareciam estabelecidas e indiscutíveis, assim como pode desvendar possibilidades inexploradas ou mesmo ressurgências anacrônicas.

Esse é o contexto em que se situam as ressurgências de localismos, provincianismos, nacionalismos, etnicismos, racismos, fundamentalismos e outras manifestações que se multiplicam no âmbito da globalização em curso no fim do século XX. Quando o estado-nação se debilita, simultaneamente ao declínio do princípio da soberania e à transformação da sociedade nacional em província da sociedade global, neste contexto ressurgem uma ou outra e várias daquelas mani-

---

1991, p. 1. Consultar também: Jacques Attali, *Milenio*, trad. de R. M. Bassols, Barcelona, Seix Barral, 1991; Lester Thurow, *Head to Head* (*The Coming Economic Battle Among Japan, Europe and America*), Nova York, William Morrow and Company, 1992.

festações. Na mesma medida em que a questão nacional não se havia resolvido à época do que se supunha a plena vigência do estado-nação como entidade soberana, nesta mesma medida é que de repente irrompem e multiplicam-se as mais surpreendentes manifestações de localismos, nacionalismos, racismos e outras expressões da metamorfose das diversidades em desigualdades e intolerâncias. Algumas vezes, são manifestações novas no sentido de que originadas da crise do estado-nação decorrente da globalização. Outras vezes, se não na maioria dos casos, são manifestações de pendências não resolvidas ou mal resolvidas no âmbito da questão nacional, quando se formava e desenvolvia o estado-nação.

Não é por acaso que se multiplicam os estudos e os debates sobre a questão nacional na época da globalização do capitalismo. Volta-se a refletir sobre temas tais como os seguintes: o que é a nação; como se forma e transforma; por que está em crise; como pode ou não contemplar tribos e clãs, bem como localismos e provincianismos; em que consiste a identidade nacional; e outros problemas. E descobre-se que a nação é um produto histórico europeu, desenvolvido no bojo da revolução burguesa e transformado em um modelo exportado pelo imperialismo europeu e norte-americano pelos diversos continentes, ilhas e arquipélagos. Um modelo que se concretiza às vezes muito precariamente na Ásia, Oceania, África, América Latina, no Caribe, na Europa Central e Europa do Leste. Aliás, mesmo nos países em que o estado-nação se formou originariamente, mesmo nesses países revela-se não só histórico, mas problemático.[9]

A originalidade dos estudos sobre a crise do estado-nação está em

---

[9] Eric J. Hobsbawm, *Nações e nacionalismo desde 1780*, trad. de Maria Celia Paoli e Anna Maria Quirino, São Paulo, Paz e Terra, 1991; Benedict Anderson, *Nação e consciência nacional*, trad. de Lólio Lourenço de Oliveira, São Paulo, 1989; Ernest Gellner, *Nations and Nationalism*, Oxford, Blackwell Publishers, 1992; Wolfgang Thune, *A pátria como categoria sociológica e geopolítica*, trad. de Flávio Beno Siebeneichler, Rio de Janeiro, Tempo Brasileiro, 1991; Peter Anyang Nyongo, *Estado y sociedad en el África actual*, México, El Colegio de México, 1989.

que desvendam aspectos não só econômicos e políticos, mas também sociais, culturais, demográficos, religiosos, lingüísticos e outros do nacionalismo. Demonstram, mais uma vez, que a nação é um processo histórico, uma realidade que se forma e transforma de modo contraditório, em geral sob a influência de grupos e classes, ou blocos de poder, dominantes; nem sempre contemplando reivindicações de setores sociais subalternos, subordinados ou tutelados. Mesmo nas sociedades industrializadas, centrais ou dominantes, subsistem desigualdades de todos os tipos, quando se mesclam diversidades e antagonismos, alimentando tensões e intolerâncias, estereótipos e preconceitos. Simultaneamente, os estudos demonstram que o estado-nação está sendo seriamente desafiado pelos processos e pelas estruturas que constituem o globalismo. A sociedade nacional como um todo, e em suas partes, passa a ser influenciada pelas injunções e tendências que se manifestam com a regionalização e globalização. Os mais remotos acontecimentos podem repercutir nas condições de vida e trabalho de indivíduos, famílias, grupos sociais, classes sociais, coletividades ou povos. É o que ocorre com a adoção das novas técnicas de produção e trabalho, os desenvolvimentos da nova divisão transnacional do trabalho e da produção, as combinações de fordismo, toyotismo e terceirização. A globalização da mídia impressa e eletrônica, juntamente com o *marketing*, o consumismo e a cultura de massa, tudo isso penetra e recobre as realidades nacionais, povoando o imaginário de muitos e modificando as relações que os indivíduos, grupos, classes, coletividades e povos guardam consigo mesmos e com os outros, com o seu passado e o seu futuro.

Na base da crise do estado-nação, pois, estão as relações, os processos e as estruturas dinamizados e multiplicados pela globalização do capitalismo. "As sociedades nacionais, tomadas individualmente, têm sido submetidas a uma variedade de processos de internacionalização, a partir de *cima*. Entre esses processos, estão as novas formas de organização econômica, incluindo as corporações globais, com uma nova divisão internacional do trabalho e altos índices de desintegração vertical; o declínio das especialidades das empresas produzindo mercadorias fixas para determinados mercados nacionais (...); e o crescimento de novos circuitos de dinheiro e de operações bancárias, separados daquelas indústrias e que estão literalmente fora do controle das políticas econômicas nacionais consideradas individualmente. Também têm sido importantes os desenvolvimentos de novas estruturas estatais internacionais, bem como de formas de entretenimento e cultura que transcendem as sociedades nacionais tomadas individualmente."[10]

Ao alcançar a escala global, conforme está ocorrendo no fim do século XX, o capitalismo altera, anula ou recria configurações nacionais que pareciam estabelecidas, inabaláveis. "As economias nacionais tornaram-se cada vez mais interdependentes, e os processos inter-relacionados de produção, troca e circulação adquiriram um caráter global. Muitas indústrias manufatureiras trabalho-intensivas têm sido realocadas em regiões com relativamente baixas estruturas de custo do trabalho, embora as novas tecnologias estejam exigindo a disponibilidade de força de trabalho altamente qualificada, o que tem provocado os recentes desenvolvimentos da capacidade produtiva nos países industrialmente avançados. As referidas mudanças tecnológicas e a crescente integração das finanças internacionais são dois fatores gêmeos que contribuem para a reestruturação das atividades econômicas."[11]

É óbvio que o estado-nação continua a ter um papel importante na criação e institucionalização do sistema econômico regional. Aos poucos, no entanto, as estruturas governamentais nacionais são conformadas à lógica do regionalismo. "No mapa econômico global, as linhas que agora contam são as que definem os que podem ser chamados 'estados regionais'. São desenhadas pela mão ágil mas invisível do mercado global de mercadorias e serviços."[12]

---

[10] Scott Lash e John Urry, *The End of Organized Capitalism*, Madison, The University of Wisconsin Press, 1987, p. 300.
[11] Joseph A. Camilleri e Jim Falk, *The End of Sovereignity?*, Aldershot, Inglaterra, Edward Elgar Publishing, 1992, p. 77.
[12] Kenichi Ohmae, "The Rise of the Region State", *Foreign Affairs*, Nova York, primavera de 1993, pp. 78-87; citação da p. 78.

No âmbito das polarizações envolvidas no contraponto nacionalismo, regionalismo e globalismo, logo sobressai a problemática sociedade civil e estado nacional. Tanto a sociedade civil como o estado nacional são atingidos de forma mais ou menos avassaladora pelos desenvolvimentos das forças produtivas e das relações de produção que promovem e acompanham a globalização do capitalismo. As condições e as possibilidades dos grupos e das classes sociais, dos movimentos sociais e dos partidos políticos, das controvérsias ideológicas e das correntes de opinião pública, tudo isto muda de significado se a economia nacional, a sociedade nacional e o estado-nação transformam-se em províncias da economia mundial, da sociedade civil mundial e das estruturas globais de poder.[13]

Sim, as condições e as possibilidades do projeto nacional, na maioria dos países, estão sendo alteradas. Na medida em que a sociedade civil, a economia nacional e o estado-nação transformam-se em províncias do globalismo, o projeto nacional fica posto em causa. Seja ele autoritário ou democrático, liberal ou socialista, as condições e as possibilidades de sua realização tornam-se mais difíceis.

Mais do que nunca, o projeto nacional se revela problemático, freqüentemente difícil e às vezes inclusive impossível.

Em primeiro lugar, cabe reconhecer que as forças sociais presentes no âmbito da sociedade nacional não são homogeneamente identificadas com a nação, a soberania ou a hegemonia. Uma parte delas pode estar identificada com forças sociais, econômicas, políticas, geoeconômicas ou geopolíticas centralizadas em outros países, ou em matrizes de empresas e corporações transnacionais. Há partidos políticos e correntes de opinião pública, com freqüência apoiados em

---

[13] Joseph A. Camilleri e Jim Falk, *The End of Sovereignty? (The Politics of a Shrinking and Fragmenting World)*, Aldershot, Inglaterra, Edward Elgar Publishing, 1992; Sol Picciotto, "The Internationalisation of the State", *Capital & Class*, n? 43, 1991, pp. 43-63; John B. Goodman e Louis W. Pauly, "The Obsolescence of Capital Controls? (Economic Management in an Age of Global Markets)", *World Politics*, vol. 46, n? 1, Princeton, 1993; Kenichi Ohmae, "The Rise of the Region State", *Foreign Affairs*, primavera de 1993, pp. 78-87.

meios de comunicação de massa, que operam direta, contínua e amplamente com base em suas articulações transnacionais. São em geral arautos da reforma do estado, compreendendo a desregulação, desestatização, abertura de mercados etc. Em muitos casos, são grupos e classes sociais dominantes que se inserem nesta dinâmica, situando-se direta e abertamente no âmbito do transnacionalismo. Nesse sentido é que uma parte importante da problemática da globalização do capitalismo implica o que se poderia denominar de globalização pelo alto.

Em segundo lugar, cabe reconhecer que a outra parte das forças sociais presentes no âmbito da sociedade nacional possui escassas ou nulas vinculações com as suas contrapartes em outros países. As classes e os grupos sociais subalternos em geral encontram-se limitados aos seus respectivos países, o que se expressa claramente em seus movimentos sociais, partidos políticos, correntes de opinião pública e projetos. A transnacionalização organizada das classes e dos grupos subalternos ainda é incipiente, devido à carência de recursos materiais, tecnológicos ou organizatórios; e às vezes também devido ao fato de que se encontram comprometidos com práticas e ideais nacionalistas que se tornam ou já se tornaram insustentáveis; ou simplesmente obsoletos. Está posto o desafio de dinamizar as forças sociais subalternas que poderiam fazer com que se desenvolva a globalização desde baixo.

Em conexão com esse jogo de forças sociais, e como um dos seus ingredientes essenciais, logo se coloca a problemática da cultura e do imaginário, compreendendo as condições e as possibilidades do pensamento. Intensificam-se e generalizam-se as atividades e as influências da indústria cultural, de tudo o que se relaciona com a cultura de massa, em âmbito nacional, regional e mundial. Desenvolve-se uma cultura popular de cunho direta e abertamente transnacional, na qual tudo o que é local ou nacional se recria como mundial, desterritorializado, virtual. Também as atividades e produções científicas, artísticas e filosóficas, naturalmente em diferentes gradações, são lançadas direta e abertamente em âmbito transnacional. São várias as implicações da globalização que afetam direta e indiretamente o âmbito da cultura e do imaginário, provocando desafios, debates, pesquisas e aflições relacionados com a problemática da "cultura nacional", do "patrimônio cultural nacional" ou da "identidade cultural", entre outros temas.[14] Mais uma vez, o que está em causa é o reconhecimento dos processos e estruturas que constituem a transnacionalização da cultura. Não se trata de focalizar apenas o que é "nacional", "tradição", "patrimônio" ou "identidade", mas de examinar essas e outras realidades também no âmbito da transnacionalização, da desterritorialização, da emergência de um imaginário produzido e dinamizado direta e amplamente como global e virtual.

São três, portanto, as totalidades que se subsumem reciprocamente, em termos históricos e teóricos, o que envolve a transfiguração de cada uma e de todas simultaneamente. Podem ser consideradas três polarizações particularmente decisivas, quanto ao jogo das forças sociais, às controvérsias políticas, às opções econômicas ou aos movimentos da história. Os desafios teóricos e práticos com os quais se defrontam todas e cada uma das nações da Ásia, Oceania, África, América Latina e Caribe, sem excluir as da Europa e da América do Norte, envolvem essas polarizações.

É claro que o contraponto nacionalismo, regionalismo e globalismo não esgota a problemática mundial no fim do século XX, quando já se anuncia o XXI. Há outros dilemas que expressam aspectos também fundamentais desta problemática. Entre outros, cabe mencionar os seguintes: raça, povo e nação; classe e casta; religião e política; militarismo e civilismo; centralismo e federalismo; centro e periferia; tradicional, moderno e pós-moderno; secularismo e fundamentalismo; tirania e democracia; democracia política e democracia política e social; fordismo, toyotismo e desemprego estrutural; migração, xenofobia,

---

[14] Renato Ortiz, *Mundialização e cultura*, Editora Brasiliense, São Paulo, 1994; Armand Mattelart, *La Comunication-monde* (*Histoire des idées et des stratégies*), Paris, La Découverte, 1992; Teresa Pacheco Mendez, "Modernización, cultura y desarrollo regional, un marco de referencia", *Comercio exterior*, vol. 45, n.º 2, México, 1995, pp. 152-158.

etnicismo e racismo; revolução e contra-revolução; guerra e revolução; capitalismo e socialismo. São diferentes aspectos da complexa problemática mundial, se pensamos na dinâmica de cada uma e de todas as nações, tendo em conta as suas peculiaridades, diferenças e convergências. Mas é possível reconhecer que boa parte dessa problemática está simbolizada no contraponto nacionalismo, regionalismo e globalismo. São polarizações que caracterizam o presente, expressam heranças mais fortes do passado e podem abrir perspectivas para o futuro.

O *nacionalismo* continua a ser uma força social, econômica, política e cultural decisiva. Em diferentes gradações, os diversos grupos sociais e as distintas classes sociais participam do jogo das forças que se expressam em termos de nacionalismo. Alguns são exacerbados, patriotas, autoritários ou até mesmo fundamentalistas. Outros desenvolvem atividades e idéias flexíveis, tolerantes, democráticas. Há de tudo no que se pode denominar nacionalismo, da extrema direita à extrema esquerda, com muitas variações de permeio.

Nas mais diversas épocas e conjunturas da história moderna e contemporânea, naturalmente com as peculiaridades próprias de cada país, o nacionalismo está mais ou menos presente, como prática ou ideário, como força social ou como discurso político. As estratégias ou os modelos de desenvolvimento nacional, tais como economia primária exportadora, industrialização substitutiva de importações, industrialização orientada para a exportação, revolução nacional ou revolução social, entre outras, sempre se concretizam com base em alguma prática ou discurso nacionalista. O mesmo se pode dizer das estratégias ditas liberais, populistas, fascistas, neoliberais, comunistas, social-democráticas ou socialistas. O nacionalismo impregna de modo mais ou menos aberto ou difuso o jogo das forças e das controvérsias, compreendendo suas implicações sociais, econômicas, políticas e culturais, tudo isso expresso em movimentos sociais, partidos políticos e correntes de opinião pública.

Talvez se possa dizer que as quarteladas e os golpes de estado, assim como as revoluções e as contra-revoluções, realizam-se em nome de algum tipo de nacionalismo. As práticas e os discursos sobre reforma do estado, mercado emergente ou modernização, freqüentes em países africanos, asiáticos, do Leste Europeu e latino-americanos, em geral apelam também ao nacionalismo.

Mas no fim do século XX, o nacionalismo está posto em causa, sob todas as suas modalidades. O jogo das forças sociais, as controvérsias políticas, as opções econômicas e os movimentos da história ultrapassam decisivamente as fronteiras da geografia, as condições da soberania e as possibilidades da hegemonia.

Ocorre que o *globalismo* está desatado pelo mundo afora. O jogo das forças sociais, as controvérsias políticas, as opções econômicas e os movimentos da história estão lançados em âmbito global. No fim do século XX, está em curso a globalização do capitalismo. As forças produtivas do capitalismo, tais como o capital, a tecnologia, a força de trabalho, a divisão do trabalho social, o mercado, o planejamento e a violência monopolizada pelo estado, todas essas forças estão presentes, ativas e agressivas em âmbito global. São forças cujas capacidades se intensificam e generalizam em grande escala, agilizadas pelas técnicas eletrônicas. As empresas ou corporações transnacionais mobilizam todas essas forças, além dos limites de todo e qualquer estado nacional, além das diversidades dos regimes políticos, das tradições culturais e até mesmo das inclinações de amplos setores sociais de cada nação. Ainda que haja uma evidente e múltipla diferenciação na forma pela qual cada estado nacional é alcançado, envolvido ou sobrepujado pela atividade, pelo planejamento e pela geoeconomia das transnacionais, é claro que freqüentemente se tornam indispensáveis, se impõem ou mesmo subordinam estados nacionais.

Grande parte das realizações e dos debates envolvendo os problemas da "reforma do estado" relaciona-se à expansão das forças produtivas e das relações de produção provocada pela globalização do capitalismo. Trata-se de reformar os aparelhos estatais e modificar as relações do estado com a sociedade nacional, de modo a agilizar e generalizar as condições propícias ao desenvolvimento da produção, distribuição, troca e consumo; ou à reprodução ampliada do capital, em escala mundial. Esse é o contexto em que se preconiza e promove a reforma do estado, isto é, a privatização, a desestatização, a desregulação e a abertura de mercados, de modo a intensificar a produtividade, generalizar a modernização dos processos de trabalho e produção, dinamizar a reprodução ampliada do capital. Tudo se privatiza, moderniza ou racionaliza, desde as organizações de saúde, educação e habitação às atividades relativas à cultura em geral, ao entretenimento, à fabricação de mundos virtuais. A rigor, muito do que se sintetiza na expressão "reforma do estado" diz respeito às exigências da globalização do capitalismo, de forma a ampliar os espaços e as fronteiras da reprodução ampliada do capital. Simultaneamente, a reforma do estado suscitada por essa globalização implica rearranjos às vezes profundos entre o estado e a sociedade civil.[15]

O *regionalismo* situa-se precisamente no contraponto nacionalismo e globalismo. Em um mundo povoado de nacionalismos de todos os tipos, impregnando realizações, heranças e mitos presentes na vida sociocultural de povos e coletividades, ou nações e nacionalidades, bem como grupos e classes sociais, movimentos sociais e partidos políticos, esse mundo não suporta facilmente a força mais ou menos inexorável da globalização do capitalismo. É certo que no interior de cada nação há grupos e classes sociais, da mesma forma que empresas e corporações, tanto quanto partidos políticos e correntes de opinião pública que se empenham na adequação do nacionalismo ao globalismo, e vice-versa. Mas no interior da mesma nação há grupos e classes sociais, empresas e corporações, partidos políticos e correntes de opinião pública que se identificam com a nação, o território, a pátria, a

---

[15] Lucio Oliver Costilla, "La Reforma del Estado en América Latina: Una aproximación crítica", *Estudios latinoamericanos*, n.º 2, México, 1994, pp. 3-29; John Holloway, "La reforma del Estado: Capital global y Estado nacional", *Perfiles latinoamericanos*, ano 1, n.º 1, México, Flacso, 1992, pp. 7-32; Raymond Vernon (org.), *La Promesa de la Privatización (Un Desafio para la política exterior de los Estados Unidos)*, trad. de Eduardo L. Suárez, México, Fondo de Cultura Económica, 1992; Michel Crozier, *Como reformar el estado (Tres países, tres estrategias: Suecia, Japon y Estados Unidos)*, trad. de Rosa Cusminsky Cendrero, México, Fondo de Cultura Económica, 1992.

reserva de mercado, a moeda, o hino, a bandeira, as tradições, os monumentos, as ruínas, a soberania, o projeto nacional. Esse é o contexto em que se desenvolvem tensões e atritos, simultaneamente aos arranjos e às acomodações. Esse mesmo contexto é o que uns e outros, nacionalistas e transnacionalistas, com freqüência convergem para a integração regional, a regionalização ou o regionalismo. Uns supõem que o regionalismo pode fortalecer a nação, ao passo que outros sabem que o regionalismo é a mediação indispensável entre o nacionalismo e o globalismo.

Estes são os três emblemas com os quais se defrontam uns e outros no fim do século XX, quando se anuncia o XXI: nacionalismo, regionalismo e globalismo. São totalidades que se subsumem reciprocamente, em termos históricos e teóricos. Podem ser consideradas polarizações decisivas, quanto ao jogo das forças sociais, às controvérsias políticas, às opções econômicas, às possibilidades do imaginário ou aos movimentos da história. Os desafios práticos e teóricos com os quais se enfrentam uns e outros na Ásia, Oceania, África, América Latina e Caribe, sem excluir a Europa e a América do Norte, envolvem a dinâmica e os encadeamentos destas polarizações.

CAPÍTULO VI Trabalho e capital

O que caracteriza o mundo do trabalho no fim do século XX, quando se anuncia o século XXI, é que ele se tornou realmente global. Na mesma escala em que se dá a globalização do capitalismo, verifica-se a globalização do mundo do trabalho. No âmbito da fábrica global criada com a nova divisão transnacional do trabalho e da produção, a transição do fordismo ao toyotismo e a dinamização do mercado mundial, tudo isso amplamente favorecido pelas tecnologias eletrônicas, nesse âmbito colocam-se novas formas e novos significados do trabalho. São mudanças quantitativas e qualitativas que afetam não só os arranjos e a dinâmica das forças produtivas, mas também a composição e dinâmica da classe operária. A própria estrutura social, em escala nacional, regional e mundial, é atingida pelas mudanças. Na medida em que a globalização do capitalismo, vista inclusive como processo civilizatório, implica formação da sociedade global, rompem-se os quadros sociais e mentais de referência estabelecidos com base no emblema da sociedade nacional. A globalização do mundo abre outros horizontes sociais e mentais para indivíduos, grupos, classes e coletividades, nações e nacionalidades, movimentos sociais e partidos políticos, correntes de opinião pública e estilos de pensamento. As condições e as possibilidades da cultura e da consciência já envolvem também a sociedade global. Tudo o que continua a ser local, provinciano, nacional e regional, compreendendo identidades e diversidades, desigualdades e antagonismos, adquire novos significados, a partir dos horizontes abertos pela emergência da sociedade global.

Se aceitamos que o capitalismo globalizou-se, não só pelos desenvolvimentos da nova divisão transnacional do trabalho, mas também por sua penetração nas economias dos países que compreendiam o mundo socialista, então é possível afirmar que o mundo do trabalho tornou-se realmente global. Sob as mais diversas formas sociais e técnicas de organização, o processo de trabalho e produção passou a estar subsumido aos movimentos do capital em todo o mundo. Antes da desagregação do bloco soviético, simbolizada na queda do Muro de Berlim em 1989, já havia alguma ou muita influência do capitalismo em diversos países socialistas.[1] A agressividade e a expansividade das forças sociais, econômicas, políticas e culturais do capitalismo afetavam duramente o mundo socialista como um todo. Aliás, a desagregação do bloco soviético foi provocada, em certa medida, também por essa agressividade e expansividade; o que não significa esquecer ou minimizar os desacertos internos. A realidade é que no fim do século XX, quando já se anuncia o XXI, a globalização do capitalismo carrega consigo a globalização do mundo do trabalho, compreendendo a questão social e o movimento operário.

Ainda que incipiente, esse mundo do trabalho e o conseqüente movimento operário apresentam características mundiais. É desigual, disperso pelo mundo, atravessando nações e nacionalidades, implicando diversidades e desigualdades sociais, econômicas, políticas, culturais, religiosas, lingüísticas, raciais e outras. Inclusive apresenta as peculiaridades de cada lugar, país ou região, por suas características históricas, geográficas e outras. Mas há relações, processos e estruturas de alcance global que constituem o mundo de trabalho e estabelecem as condições do movimento operário. Sem esquecer que nos países que pertenciam ao bloco soviético e ao mundo socialista como um

---

[1] Folker Frobel, Jurgen Heinrichs e Otto Kreye, *The New International Division of Labour (Structural Unemployment in Industrialised Countries and Industrialisation in Developing Countries)*, trad. de Pete Burgess, Cambridge, Cambridge University Press, 1980; András Koves, "Socialist Economy and the World-Economy", *Review*, vol. V, n° 1, 1981, pp. 113-133; Robert Kurz, *O colapso da modernização*, trad. de Karen Elsabe Barbosa, São Paulo, Paz e Terra, 1992.

todo a presença do trabalhador assalariado em geral e do operário em particular é excepcionalmente importante. Trata-se de uma categoria numerosa, diversificada e experimentada politicamente, em países nos quais as classes médias formaram-se apegadas às burocracias governamentais; e as burguesias nascentes começam a formar-se. Dentre os vários dilemas que se enfrentam nesses países, em transição do "planejamento centralizado" à "economia de mercado", está precisamente o estabelecimento das "novas" formas de organização do processo de trabalho, das relações trabalhistas, das condições jurídico-políticas de organização do movimento operário. "A redução e o possível fechamento de ramos industriais tradicionais, com alta concentração de empregados (minas, usinas siderúrgicas, fábricas), nos quais em geral havia também sindicatos razoavelmente fortes, a redução do tamanho das empresas, o caráter temporário dos empregos e a maior mobilidade dos empregados, sinergeticamente provocarão, nas sociedades pós-comunistas, mudanças nas relações entre as instituições vigentes — principalmente entre os sindicatos e as empresas, os sindicatos e os partidos políticos —, mas também entre empregadores e empregados individualmente; no futuro será bem difícil chegar-se a princípios e acordos aceitáveis e aplicáveis em geral."[2]

Esse é o contexto em que se colocam as novas formas e os novos significados do trabalho. Não se trata de afirmar que o capitalismo global nada tem a ver com o capitalismo nacional, ou que os capitalismos competitivo, monopolístico e de estado estão superados pelo global. É claro que há segmentos, instituições e estruturas de uns e outros em muitos lugares, de permeio ao global. O desenvolvimento

---

[2] Jiri Musil, "New Social Contracts: Responses of the State and the Social Partners to the Challenges of Restructuring and Privatisation", *Labour and Society*, vol. 16, n.º 4, Genebra, 1991, pp. 381-399; citação da p. 393. Consultar também: David Mandel, "The Rebirth of the Soviet Labor Movement: the Coalminers' Strike of July 1989", *Politics & Society*, vol. 18, n.º 3, Madison, 1990, pp. 381-404; Theodore Friedgut e Lewis Siegelbaum, "Perestroika from Below: the Soviet Miners' Strike and its Aftermath", *New Left Review*, n.º 181, Londres, 1990, pp. 5-32.

capitalista tem sido sempre desigual e contraditório, inclusive no sentido de que compreende articulações e tensões de tempos e espaços, contemporaneidades e não-contemporaneidades. Mas cabe reconhecer que já é realidade o capitalismo global, implicando novas formas sociais e novos significados do trabalho.

"Se, globalmente, pode-se definir a revolução industrial do século XVIII pela passagem da ferramenta à máquina-ferramenta, a automação designaria a passagem da máquina-ferramenta ao sistema de máquinas auto-reguladas — o que implica a capacidade das instalações automatizadas de substituir não somente a mão humana, mas também as funções cerebrais requisitadas pela vigilância das máquinas-ferramenta. Poder-se-ia definir, pois, a automação pela auto-regulação das máquinas em 'circuito fechado'. Noutras palavras, a máquina se vigia e se regula a si mesma.

No entanto, e em oposição absoluta ao mito da 'fábrica sem homens', a intervenção humana está longe de desaparecer. Muito ao contrário, ela nunca foi tão importante. Reduzido a apêndice da máquina-ferramenta durante a revolução industrial, o homem, a partir de agora e inversamente aos lugares-comuns, deve exercer na automação funções muito mais abstratas, muito mais intelectuais. Não lhe compete, como anteriormente, alimentar a máquina, vigiá-la passivamente: compete-lhe controlá-la, prevenir defeitos e, sobretudo, otimizar o seu funcionamento. A distância entre o engenheiro e o operário que manipula os sistemas automatizados tende a desaparecer ou, pelo menos, deverá diminuir, se se quiser utilizar eficazmente tais sistemas. Assim, novas convergências surgem entre a concepção, a manutenção e uma produção material que cada vez menos implica trabalho manual e exige cada vez mais, em troca, a manipulação simbólica."[3]

A flexibilização dos processos de trabalho e produção implica uma acentuada e generalizada potenciação da capacidade produtiva

---

[3] Jean Lojkine, *A classe operária em mutações*, trad. de José Paulo Netto, Belo Horizonte, Oficina de Livros, 1990, p. 18.

da força de trabalho. As mesmas condições organizatórias e técnicas da produção flexibilizada permitem a dinamização quantitativa e qualitativa da força produtiva do trabalho. Em lugar da racionalidade característica do padrão manchesteriano, taylorista, fordista ou stakhanovista, a racionalidade mais intensa, geral e pluralizada da organização toyotista ou flexível do trabalho e da produção.

"A *acumulação flexível*, como vou chamá-la, é marcada por um confronto direto com a rigidez do fordismo. Ela se apóia na flexibilidade dos processos de trabalho, dos mercados de trabalho, dos produtos e padrões de consumo. Caracteriza-se pelo surgimento de setores de produção inteiramente novos, novas maneiras de fornecimento de serviços financeiros, novos mercados e, sobretudo, taxas altamente intensificadas de inovação comercial, tecnológica e organizacional. A acumulação flexível envolve rápidas mudanças dos padrões do desenvolvimento desigual, tanto entre setores como entre regiões geográficas, criando, por exemplo, um vasto movimento no emprego no chamado 'setor de serviços', bem como conjuntos industriais completamente novos em regiões até então subdesenvolvidas (tais como a 'Terceira Itália', Flandres, os vários vales e gargantas do silício, para não falar da vasta profusão de atividades dos países recém-industrializados). Ela também envolve um novo movimento que chamarei de 'compressão do espaço-tempo' no mundo capitalista — os horizontes temporais da tomada de decisões privada e pública se estreitaram, enquanto a comunicação via satélite e a queda dos custos de transporte possibilitaram cada vez mais a difusão imediata dessas decisões num espaço cada vez mais amplo e variegado.

Esses poderes aumentados de flexibilidade e mobilidade permitem que os empregadores exerçam pressões mais fortes de controle do trabalho sobre uma força de trabalho de qualquer maneira enfraquecida por dois surtos selvagens de deflação, força que viu o desemprego aumentar nos países capitalistas avançados (salvo talvez no Japão) para níveis sem precedentes no pós-guerra. O trabalho organizado foi solapado pela reconstrução de focos de acumulação flexível em regiões que carecem de tradições industriais anteriores e pela reimportação para os centros mais antigos das normas e práticas regressivas estabelecidas nessas novas áreas. A acumulação flexível parece implicar níveis relativamente altos de desemprego 'estrutural' (em oposição a 'friccional'), rápida destruição e reconstrução de habilidades, ganhos modestos (quando há) de salários reais e o retrocesso do poder sindical — uma das colunas políticas do regime fordista. O mercado de trabalho, por exemplo, passou por uma radical reestruturação. Diante da forte volatilidade do mercado, do aumento da competição e do estreitamento das margens de lucro, os patrões tiraram proveito do enfraquecimento do poder sindical e da grande quantidade de mão-de-obra excedente (desempregados ou subempregados) para impor regimes e contratos de trabalho mais flexíveis."[4]

Está em curso a "revolução microeletrônica, envolvendo novas formas de automação e robótica. Multiplicam-se e intensificam-se as possibilidades de racionalização do processo produtivo. Criam-se novas especializações e alteram-se as condições de articulação entre as forças produtivas, bem como do trabalho intelectual e manual. O operário, o técnico e o engenheiro são postos em novas relações recíprocas e contínuas, diversificadas e inovadoras, no âmbito do processo produtivo. Diferentemente das megatecnologias do período industrialista, que se tornavam obstáculos ao desenvolvimento descentralizado, enraizadas em suas comunidades de base, a automação é ela mesma socialmente ambivalente. Enquanto as megatecnologias eram tecnologias rígidas, a microeletrônica é uma tecnologia-encruzilhada: não impede nem impõe um tipo de desenvolvimento. Diferentemente da eletronuclear ou da indústria espacial, ela pode servir tanto à hipercentralização como à autogestação, ou à centralização autogestionadas."[5]

---

[4] David Harvey, *Condição pós-moderna* (*Uma pesquisa sobre as origens da mudança cultural*), trad. de Adail Ubirajara Sobral e Maria Stela Gonçalves, São Paulo, Edições Loyola, 1992, pp. 140-143.
[5] André Gorz, *Les Chemins du paradis* (*L'Agonie du capital*), Paris, Éditions Galilée, 1983, p. 67.

O padrão flexível de organização da produção modifica as condições sociais e técnicas de organização do trabalho, torna o trabalhador polivalente, abre perspectivas de mobilidade social vertical e horizontal, acima e abaixo, mas também intensifica a tecnificação da força produtiva do trabalho, potenciando-a. O trabalhador é levado a ajustar-se às novas exigências da produção de mercadoria e excedente, lucro ou mais-valia. Em última instância, o que comanda a flexibilização do trabalho e do trabalhador é um novo padrão de racionalidade do processo de reprodução ampliada do capital, lançado em escala global.

"Não é, pois, de admirar que, desde os começos da década dos setenta em diante, a diversificação dos mercados, as maiores flutuações dos níveis de demanda e os índices de protesto organizado e espontâneo de trabalhadores levaram os dirigentes empresariais a experimentar formas alternativas aos métodos tradicionais de montagem. Na Europa Ocidental e nos Estados Unidos estes experimentos foram muitas vezes acompanhados de (algumas vezes sinceras) especulações sobre as compensações da humanização do trabalho: criação de empregos menos rotinizados, pela combinação de tarefas anteriormente separadas (valorização da atividade); ou, permitindo aos trabalhadores circular de um posto a outro (rotação de tarefa), seria possível provocar maior satisfação e, portanto, maior produtividade dos trabalhadores."[6] Mas logo "tornou-se claro, para observadores tais como Federico Butera, Benjamin Coriat e Norbert Altman, que as experiências dos dirigentes empresariais tinham menos relação com o bem-estar dos trabalhadores do que com a necessidade de reduzir a rigidez dos processos de montagem vigentes".[7]

Um dos segredos do trabalho social abstrato e geral é a racionalização do processo produtivo, ou a organização técnica e administrativa do processo de trabalho, compreendendo a mobilização dos ensinamentos do taylorismo, fordismo, stakhanovismo e toyotismo.

---

[6] Charles F. Sabel, *Work and Politics* (*The Division of Labor in Industry*), Cambridge, Cambridge University Press, 1985, p. 213.
[7] Charles F. Sabel, *Work and Politics*, citado, p. 213.

Também as ciências sociais, tais como a sociologia, psicologia, administração, antropologia, demografia e outras, sem esquecer a posição privilegiada da economia, combinam-se com a engenharia, eletrônica e informática, de modo a alcançar os níveis mais avançados possíveis de racionalização. "Respeito pela dignidade humana — tal como a entende a Toyota — significa eliminar da força de trabalho as pessoas ineptas e parasitas, que não deveriam estar ali; e despertar em todos a consciência de que podem aperfeiçoar o processo de trabalho por seu próprio esforço e desenvolver o sentimento de participação. Descobrir e eliminar seqüências desnecessárias de trabalho e movimentos supérfluos por parte dos trabalhadores é algo também relativo ao empenho da racionalização."[8]

A rigor, a flexibilização envolve todo um rearranjo interno e externo da classe operária, em âmbito nacional, regional e mundial. Modificam-se os seus padrões de sociabilidade, vida cultural e consciência, simultaneamente às condições de organização, mobilização e reivindicação. Os padrões de trabalho, organização e consciência que se haviam produzido e sedimentado no âmbito da sociedade nacional são reelaborados ou abandonados, já que a nova divisão transnacional do trabalho e da produção, na fábrica, estabelece outros horizontes e limites de sociabilidade, organização e consciência. "As empresas praticam uma estratégia de flexibilização em dois níveis simultâneos: o núcleo estável do pessoal da firma deve ter uma flexibilidade funcional; a mão-de-obra periférica, por seu lado, deve apresentar uma flexibilidade numérica. Em outros termos, em torno de um núcleo de trabalhadores estáveis, apresentando um amplo leque de qualifica-

---

[8] Knoth Dohse, Ulrich Jurgens e Thomas Malsch, "From Fordism to Toyotism? The Social Organization of the Labor Process in the Japanese Automobile Industry", *Politics & Society*, vol. 14, n? 2, Los Altos, 1985, pp. 115-146; citação da p. 127. Consultar também: Robert U. Ayres, *La Próxima revolución industrial*, trad. de Edith Martínez, Buenos Aires, Grupo Editor Latinoamericano, 1990; Loren Baritz, *The Servants of Power (A History of the Use of Social Science in American Industry)*, Nova York, John Wiley & Sons, 1965.

ções, flutua uma mão-de-obra periférica, de qualificações menores e mais limitadas, submetida ao acaso da conjuntura."[9]

A globalização do capitalismo provoca novo surto de desenvolvimento do mercado mundial de força de trabalho. A despeito das barreiras e preconceitos sociais, raciais, políticos, culturais, religiosos, lingüísticos e outros, cresce o movimento de trabalhadores em escala regional, continental e mundial. Aliás, uma parte importante dos movimentos de trabalhadores no interior de cada sociedade nacional é provocada pela mundialização dos mercados. Multiplicam-se as direções dos movimentos migratórios, em função do mercado de força de trabalho, da progressiva dissolução do mundo agrário, da crescente urbanização do mundo, da formação da fábrica global.

Desde que o capitalismo ingressa em novo ciclo de desenvolvimento intensivo e extensivo por todos os lugares, intensifica-se e generaliza-se o movimento mundial de trabalhadores, pelos quatro cantos do mundo. "O movimento do trabalho internacionalizou-se até certo ponto, muito embora ainda regulamentado em cada país pela ação governamental na tentativa de conformá-lo às necessidades nacionais do capital. Assim, a Europa Ocidental e os Estados Unidos agora dispõem de um vasto reservatório que se estende por ampla região da Índia e do Paquistão no Leste, passando pelo norte da África e extremo sul da Europa, por todo o Caribe e outras partes da América Latina no Ocidente. Trabalhadores hindus, paquistaneses, turcos, gregos, italianos, africanos, espanhóis, das Índias Orientais e outros suplementam a subclasse indígena na Europa Setentrional e constituem seus estratos mais baixos. Nos Estados Unidos, o mesmo papel é desempenhado pelos trabalhadores porto-riquenhos, mexicanos e outros da América Latina, que foram acrescentados ao reservatório de trabalho mais mal pago, constituído sobretudo de negros."[10]

---

[9] André Gorz, *Métamorphoses du travail* (*Critique de la raison économique*), Paris, Éditions Galilée, 1991, p. 89.
[10] Harry Braverman, *Trabalho e capital monopolista* (*A degradação do tra-*

Assim como o capital e a tecnologia, também a força de trabalho e a divisão do trabalho tecem o novo mapa do mundo. Mesclam-se raças, culturas e civilizações, nos movimentos migratórios que atravessam fronteiras geográficas e políticas, articulando nações e continentes, ilhas e arquipélagos, mares e oceanos. Muitos são os que se desterritorializam, buscando outros espaços e horizontes, reterritorializando-se aquém e além do fim do mundo. Agora o exército industrial de trabalhadores atinge dimensões mundiais, mesclando, sob novas modalidades, raças, idades, sexos, religiões, línguas, tradições, reivindicações, lutas, expectativas, ilusões.

"O desenvolvimento de um reservatório mundial de força de trabalho potencial. Este reservatório é praticamente inexaurível, já que o capital pode mobilizar várias centenas de milhões de trabalhadores potenciais, principalmente na Ásia, África e América Latina, e também, em outro sentido, nos países 'socialistas'. A maior parte desta força de trabalho consiste da superpopulação latente em áreas rurais que, devido ao emprego do capital na agricultura ('Revolução Verde' etc.), provoca um fluxo constante de indivíduos para áreas urbanas e favelas, em busca de empregos e ganho de capital, de tal modo que constitui um suprimento praticamente inesgotável de trabalho. Outro setor é composto pelos trabalhadores integrados no processo produtivo do capital, por meio de contratos em países 'socialistas', em favor de empresas capitalistas. Um exército industrial de reserva foi revelado pelo desenvolvimento das tecnologias de transporte e comunicações, bem como pela crescente subdivisão do processo de trabalho. Assim, pois, todos estes trabalhadores potenciais agora podem competir 'com êxito' no mercado de trabalho mundial com trabalhadores dos países industrializados tradicionais."[11]

---

balho no século XX), trad. de Nathanael C. Caixeiro, Rio de Janeiro, Zahar, 1977, pp. 325-6.
[11] Folker Frobel, Jurgen Heinrichs e Otto Kreye, *The New International Division of Labour*, citado, p. 34. Consultar também: Nina Glick Schiller, Linda Basch e Cristina Blanc-Szanton (orgs.), "Towards a Transnational Perspective on Mi-

Cabe reconhecer que a flexibilização do processo trabalho e produção envolve a emergência de um novo trabalhador coletivo. Agora, mais do que em qualquer época anterior, o trabalhador coletivo é uma categoria universal. O seu trabalho, enquanto trabalho social, geral e abstrato, realiza-se em âmbito mundial. É no mercado mundial que as trocas permitem a realização da mercadoria, excedente, lucro ou mais-valia. Isto significa que todo trabalho individual, concreto e privado passa a subsumir-se ao trabalho social, geral e abstrato que se expressa nas trocas mundiais, no jogo das forças produtivas em escala global.[12]

É claro que continuam a manifestar-se as mais diversas formas sociais e técnicas de trabalho, no campo e na cidade, nos setores primário, secundário e terciário, ou na produção de bens de produção e bens de consumo. Inclusive todas essas formas de trabalho guardam características socioculturais próprias de cada trabalhador e lugar, de cada grupo social e meio social, em diferentes nações e continentes, ilhas e arquipélagos. Isto significa que os trabalhadores continuam a ser mulheres e homens, crianças, adolescentes, adultos e velhos, negros, índios, brancos e asiáticos, orientais e ocidentais, manuais e intelectuais, continuando e recriando diversidades e desigualdades. Inclusive continuam, reiteram-se ou mesmo aprofundam-se as desigualdades, as intolerâncias, os preconceitos, de base racial, religiosa, lingüística, de sexo e idade. As mais diversas características, ou determinações socioculturais, políticas ou ideológicas, prevalecem e permanecem, reiteram-se e desenvolvem-se.

A despeito dessa diversidade, e precisamente por isso mesmo, é que todas as formas singulares e particulares de trabalho são subsumi-

---

gration (Race, Class, Ethnicity and Nationalism Reconsidered)", *Annals of the New York Academy of Science*, vol. 645, Nova York, 1992.

[12] Karl Marx, *El Capital*, 3 tomos, trad. de Wenceslao Roces, México, Fondo de Cultura Económica, 1946-1947. Karl Marx, *Elementos fundamentales para la crítica de la economía política (1857-1858)*, 3 vols., trad. de José Arico, Miguel Murmis e Pedro Scarón, México, Siglo Veintiuno Editores, 1971-1976.

das pelo trabalho social, geral e abstrato que se expressa no âmbito do capitalismo mundial, realizando-se aí. Da mesma maneira que as mais diferentes formas singulares e particulares do capital são levadas a subsumir-se ao capital em geral, que se expressa no âmbito do mercado mundial, algo semelhante ocorre com as mais diversas formas e significados do trabalho. É no âmbito da sociedade global que as muitas singularidades e particularidades passaram a adquirir uma parte essencial da sua forma e significado.

O mesmo processo de amplas proporções que expressa a globalização do capitalismo expressa inclusive a globalização da questão social. É claro que os problemas sociais continuam e continuarão a manifestar-se em formas locais, provincianas, nacionais e regionais. Mas também já é evidente que se manifestam em escala mundial. A dinâmica da nova divisão transnacional do trabalho, compreendendo a dinâmica das forças produtivas e a universalização das instituições que sintetizam as relações capitalistas de produção, tem recriado diferentes aspectos da questão social e, simultaneamente, engendrado novos. Estes podem ser considerados, em síntese, alguns dos aspectos mais evidentes da questão social presente na sociedade global: desemprego cíclico e estrutural; crescimento de contingentes situados na condição de subclasse; superexploração da força de trabalho; discriminação racial, sexual, de idade, política, religiosa; migrações de indivíduos, famílias, grupos e coletividades em todas as direções, através de países, regiões, continentes e arquipélagos; ressurgência de movimentos raciais, nacionalistas, religiosos, separatistas, xenófobos, racistas, fundamentalistas; múltiplas manifestações de pauperização absoluta e relativa, muitas vezes verbalizadas em termos de "pobreza", "miséria" e "fome". Esses e outros aspectos da questão social, vista em escala mundial, apresentam-se freqüentemente mesclados, combinados e reciprocamente dinamizados. Conforme o contexto social em causa, podem predominar estes ou aqueles aspectos. Há contextos sociais em que o aspecto racial se revela aguçado, preponderante, mas sem prejuízo de outras implicações também presentes. Assim como há contextos em que o aspecto religioso pode ressaltar-se. Em todos os casos, no entanto, está presente o elemento básico da questão social envolvida na dissociação entre trabalho e produto do trabalho, produção e apropriação, ou simplesmente alienação. "A globalização é um aspecto de um fenômeno mais amplo, que afeta todas as dimensões da condição humana: a demografia, a pobreza, o emprego, as doenças endêmicas, o comércio de drogas e o meio ambiente, entre outras. Assim, muitos aspectos da realidade econômica adquiriram um caráter marcadamente transnacional, em grande medida devido ao enorme auge das tecnologias de informação."[13]

O modo pelo qual diversos aspectos da questão social podem mesclar-se e dinamizar-se, seja atenuando, seja agravando tensões, logo se evidencia no fenômeno do desemprego. Este pode ser cíclico e estrutural, envolvendo nações, regiões e o mundo como um todo. Ainda que as suas manifestações ocorram desigualmente, as relações e as redes que articulam a economia e a sociedade em escala mundial fazem com que algumas dessas manifestações revelem-se típicas da nova divisão internacional do trabalho. Ocorre que a transição do fordismo ao toyotismo, ou à flexibilização, amplamente dinamizada pelas tecnologias eletrônicas e informáticas, parece acentuar e generalizar o desemprego estrutural. São trabalhadores com reduzidas ou nulas possibilidades de empregar-se. Movem-se de um lugar para outro, por diferentes cidades, províncias, nações e regiões, tecendo o seu mapa do mundo.

Em seu discurso de abertura da 48ª Assembléia Anual do Fundo Monetário Internacional/Banco Mundial, realizada em setembro de 1993, o diretor do FMI, Michel Camdessus, "apontou o desemprego como o maior problema a ser enfrentado pelos países industrializados. Ele citou a existência de 32 milhões de pessoas, três milhões a mais do que há dez anos, sem emprego no mundo rico".[14] É claro que

---

[13] Naciones Unidas, *Equidad y transformación productiva: un enfoque integrado*, Santiago do Chile, 1992, pp. 47-8.
[14] Robert Appy, "Desemprego vira maior problema mundial", *O Estado de S. Paulo*, São Paulo, 29 de setembro de 1993, p. 8.

no "mundo pobre" é mais acentuado o fenômeno do desemprego, na maioria dos casos agravado pela carência ou deficiência dos meios de proteção social. Sem esquecer que o desemprego estrutural, nos países subdesenvolvidos ou em desenvolvimento, em geral é provocado pelas políticas adotadas pelas matrizes das transnacionais. São decisões sobre as quais os estados nacionais possuem escassa ou nula influência. As exigências da reprodução ampliada do capital, envolvendo sempre a concentração e a centralização de capitais, bem como o desenvolvimento desigual e combinado, atravessam fronteiras e soberanias. Todos os países, ainda que em diferentes gradações, estão sendo alcançados pelo desemprego estrutural decorrente da automação, robotização e microeletrônica, bem como dos processos de flexibilização generalizada. "Um número surpreendentemente elevado daqueles que perderam seus empregos jamais os terá de volta", disse num discurso recente o secretário do Trabalho dos Estados Unidos, Robert Reich. "A economia está produzindo tanto quanto antes, ou mais, com muito menos mão-de-obra. Graças ao uso de novas tecnologias, baseadas na eletrônica, e à alteração das formas de trabalho, houve um notável ganho de produtividade em poucos anos... Enquanto políticos e sindicalistas discutem, as empresas cortam."[15]

Esse é o contexto do agravamento da condição operária, da redução dos salários, da superexploração da força de trabalho. "A existência de um grande contingente de trabalhadores desempregados (separados dos meios de produção, como resultado da generalização das relações capitalistas de produção), bem como a simultânea existência de pobreza acentuada em países em desenvolvimento, força o desempregado a trabalhar virtualmente a qualquer preço (isto é, a qualquer salário). No âmbito da economia mundial integrada, a força de trabalho desempregada dos países em desenvolvimento constitui um exército industrial de reserva que pode ser mobilizado a qualquer momento. O tamanho total do exército de reserva nos países em desenvolvi-

---

[15] Rolf Kuntz, "Mundo rico tem mais desemprego", O *Estado de S. Paulo*, São Paulo, 29 de agosto de 1993, p. 6.

mento... excede facilmente o total dos empregados na manufatura na Europa Ocidental, Estados Unidos e Japão."[16] Simultaneamente, acentua-se a exploração da força de trabalho empregada nos países em desenvolvimento. Fica evidente que a utilização da força de trabalho realiza-se em condições de superexploração: salários ínfimos, longas jornadas de trabalho "legitimadas" pelo instituto das horas extras, aceleração do ritmo de trabalho pela emulação do grupo de trabalho e pela manipulação da velocidade das máquinas e equipamentos produtivos, ausência ou escassez de proteção ao trabalhador em ambientes de trabalho, insegurança social. Superexploração, nesse contexto, significa que "não é garantida ou realizada a recuperação física e mental, bem como a reprodução da força de trabalho gasta no processo de trabalho. Em muitos casos, os salários não são suficientes para garantir o mínimo da subsistência física".[17]

Vários aspectos da questão social convergem no fenômeno do desemprego, o que pode acentuar a gravidade da questão social, das tensões que a constituem. Aí aparecem problemas relativos aos preconceitos de raça, idade e sexo, tanto quanto relativos a religião e língua, cultura e civilização. "A perda do emprego é um processo seletivo. A propósito disto, colocam-se dois aspectos. Primeiro, diferentes grupos sociais experienciam diferentes níveis de desemprego. Segundo, o desemprego tende a ser geograficamente desigual no interior dos países. No que se refere aos grupos sociais, as pessoas menos sujeitas ao desemprego são homens entre 25 e 54 anos, com boa educação ou boa formação profissional. Isso deixa vulnerável ao desemprego grande número de pessoas: mulheres, jovens, velhos, minorias. Muitos desses são trabalhadores não qualificados ou semiqualificados."[18]

O desemprego estrutural pode implicar a formação da subclasse,

---

[16] Folker Frobel, Jurgen Heinrichs e Otto Kreye, *The New International Division of Labour*, citado, p. 341.
[17] Idem, p. 359.
[18] Peter Dicken, *Global Shift (The Internationalization of Economic Activity)*, Londres, Paul Chapman Publishing, 1992, pp. 425-6.

uma manifestação particularmente aguda da questão social. Outra vez, o fenômeno da subclasse, como expressão prolongada do desemprego, bem como de transformações sociais mais amplas na organização da sociedade, revela vários aspectos da questão social: pauperismo, desorganização familiar, preconceito racial, guetização de coletividades em bairros das grandes cidades, preconceito sexual e de idade, desenvolvimento de uma espécie de subcultura de coletividades segregadas. O termo subclasse expressa "a cristalização de um segmento identificável da população na parte inferior, ou sob a parte inferior, da estrutura de classes".[19] Estas são algumas das características da subclasse: "minorias raciais, desemprego por longo tempo, falta de especialização e treinamento profissionais, longa dependência do assistencialismo, lares chefiados por mulheres, falta de uma ética do trabalho, droga, alcoolismo."[20] "A subclasse diz respeito a um fenômeno social observado no século XX em sociedades capitalistas avançadas... indicando uma crescente desigualdade e a emergência de uma nova fronteira separando um segmento da população do resto da estrutura de classe."[21]

Junto com a subclasse, ou em concomitância com ela, tem ocorrido uma espécie de "terceiro-mundialização" de grandes cidades de países do "Primeiro Mundo", maiores beneficiários da globalização do capitalismo. Esse fenômeno é bem uma expressão das transformações sociais, econômicas, políticas e culturais que acompanham a globalização. Mostra como as desigualdades que se encontravam, ou pareciam, represadas no "Terceiro Mundo" logo se manifestaram também no

---

[19] Barbara Schmitter Heisler, "A Comparative Perspective on the Underclass: Questions of Urban Poverty, Race and Citizenship", *Theory and Society*, vol. 20, n.º 4, 1991, pp. 455-483; citação da p. 455.
[20] Idem, citação da p. 455.
[21] Idem, citação das pp. 456-7. Consultar também: Bill E. Lawson (org.), *The Underclass Question*, Temple University Press, Filadélfia, 1992; Ralf Dahrendorf, *O conflito social moderno (Um ensaio sobre a política da liberdade)*, trad. de Renato Aguiar e Marco Antonio Esteves da Rocha, Rio de Janeiro, Zahar, 1992, esp. cap. 7.

"Primeiro Mundo". Sob certos aspectos, a vitória do capitalismo contra o "comunismo", a desagregação do bloco soviético ou a crise do mundo socialista espalharam problemas pelos quatro cantos do mundo. Em boa parte, no entanto, o que ocorre é que a questão social, que se encontrava recoberta nos países dominantes, logo apareceu à luz do dia. Quando o "diabólico" inimigo deixou de existir, muitos tiveram que reconhecer as condições sob as quais estavam vivendo, o lugar em que se encontravam, os problemas sociais que o capitalismo tem criado em todos os cantos do mundo. "Para fazer sentido, a expressão 'cidade terceiro mundo' deve referir-se a uma crescente imigração. Deve incluir o processo e o resultado da reestruturação econômica: a perda da manufatura de salários altos, sem a correspondente oportunidade de emprego para os trabalhadores desempregados; a expansão da indústria de salários baixos; a criação de condições de trabalho do Terceiro Mundo (declínio ou não-existência de padrões de trabalho e saúde, trabalho infantil, salários submínimos); a transferência de atividades produtivas das grandes empresas para pequenas, com as características de mercado de trabalho secundário: crescimento do setor informal; e a expansão das condições de vida do Terceiro Mundo (habitações superpovoadas, degradação das condições de saúde, educação inadequada) e uma reduzida capacidade do estado para controlar a crise socioeconômica; tudo isto resultando em uma marcada polarização entre a 'cidade' e o 'gueto', o que se expressa cada vez mais nas comunidades fechadas e nos populosos bairros de Los Angeles."[22]

Juntamente com os movimentos migratórios, o desemprego cíclico e estrutural, a formação da subclasse, a terceiro-mundialização de grandes cidades, não só nos países dominantes, juntamente com tudo isso desenvolve-se o racismo. As mais diversas modalidades de racis-

---

[22] Goetz Wolff, "The Making of a Third World City? Latin Labor and the Restructuring of the L. A. Economy", comunicação apresentada no XVII International Congress of the Latin American Studies Association, Los Angeles, 1992, p. 4. Consultar também: Alejandro Portes, Manuel Castells e Lauren A. Benton (orgs.), *The Informal Economy* (*Studies in Advanced and Less Developed Countries*), The Johns Hopkins University Press, Baltimore, 1989.

mos desenvolvem-se na Europa, nos Estados Unidos, no Japão, bem como nos países remanescentes do mundo socialista. O que parecia inexistente, latente ou encoberto logo se manifesta evidente nas mais diversas sociedades européias, asiáticas, africanas e americanas. Desde que se acelerou o processo de globalização do capitalismo, proliferaram os racismos de todos os tipos sociais, formas culturais, cores raciais. São ingredientes ativos da questão social, junto com o preconceito de sexo e idade, que se aguçam e generalizam em escala mundial.

Mas cabe observar que o racismo é uma face importante da questão social, visto no horizonte da globalização. Expressa os encontros e desencontros de trabalhadores de diferentes países e continentes, ilhas e arquipélagos, raças e culturas. Expressa a luta pelo emprego, contra o desemprego ou subemprego, em favor da estabilidade ou ascensão sociais. Põe em causa o nativo ou nacional, em face do imigrante, estrangeiro, outro. Hierarquiza social, econômica, política e culturalmente, reificando o traço fenotípico, o sinal da diferença transfigurado em estigma da desigualdade. Por isso é que com freqüência o racismo e uma espécie de "fundamentalismo cultural" aparecem juntos, mesclados, reforçando-se e revelando o que muitos pensavam inexistente ou guardavam encoberto. "O fundamentalismo cultural é uma ideologia de exclusão coletiva, baseada na idéia do 'outro' como estrangeiro, um estranho, como o termo xenofobia sugere, isto é, um não-cidadão. (...) O racismo se manifesta e opera com um critério particular de classificação, a 'raça', o que implica dividir a humanidade em grupos inerentemente distintos, hierarquicamente classificados, dentre os quais um se proclama único, superior."[23]

Neste ponto já se constituíram vários dos ingredientes habitualmente manipulados por alguns setores sociais dominantes no sentido

---

[23] Verena Stolcke, "The Right of Difference in an Unequal World", comunicação apresentada no seminário sobre imigração, etnicidade e identidade nacional, European University Institute, Florença, 1992, pp. 26-7. Consultar também: Nina Glick Schiller, Linda Basch e Cristina Blanc-Szanton (orgs.), *Towards a Transnational Perspective on Migration*, citado

de criminalizar as classes assalariadas, subalternas ou "perigosas", desenvolvendo xenofobias, etnicismos, racismos e fundamentalismos. A manipulação de meios de comunicação, particularmente da mídia impressa e eletrônica, pode promover a criminalização dos humilhados e ofendidos, desempregados e subempregados, membros de subclasses, habitantes de guetos, migrantes de todos os lugares tecendo o seu mapa do mundo. Mais uma vez, está em curso um processo que pode ser denominado de as metamorfoses da multidão. As mais diversas manifestações de xenofobia, etnicismo, racismo e fundamentalismo são progressivamente apresentadas à opinião pública mundial, de modo a criminalizar os desempregados e subempregados, membros de subclasses, habitantes de guetos e periferias, trabalhadores em luta por outras condições de vida e trabalho.

Sob os mais diversos aspectos, inclusive em termos pouco conhecidos, apresentando características novas junto com as antigas, a questão social revela-se produto e ingrediente da globalização do capitalismo.

Na época da globalização do capitalismo, as condições de formação da consciência social do trabalhador em geral, e do operário em particular, podem ser decisivamente influenciadas pelos horizontes da globalização. Além das condições peculiares a cada situação de vida e trabalho, em âmbito local, nacional e regional, contam-se as que se formam no âmbito da sociedade global, em suas configurações e em seus movimentos. Na medida em que a sociedade global pode ser concebida como uma totalidade complexa, dinâmica e contraditória, evidentemente pode abrir perspectivas originais para indivíduos, grupos, classes, coletividades e povos. Na mesma medida em que as realidades locais, nacionais e regionais influenciam a realidade mundial, incutindo-lhe características e movimento, também se pode afirmar que a sociedade global institui algumas condições e possibilidades de vida e trabalho, consciência e visão da realidade, por parte de indivíduos, grupos, classes, coletividades e povos. Mas é importante reconhecer (ao menos como hipótese para reflexão sobre as implicações da globalização) que as configurações e os movimentos da sociedade global constituem condições e possibilidades sem as quais já não se podem compreender as formas e os horizontes da consciência do trabalhador em geral, e do operário em particular.

Na época da globalização do capitalismo, o mundo do trabalho torna-se realmente mundial, deixando de ser uma metáfora. Agora, ele se dinamiza segundo o jogo das forças sociais que constituem, organizam, movimentam e tensionam a sociedade global. Neste instante, o mundo do trabalho está decisivamente influenciado pelo jogo das forças produtivas e relações de produção em atividade no âmbito do capitalismo como um modo de produção propriamente global.

Esse é o horizonte em que se formam as condições e as possibilidades de consciência social e de visão da realidade, não só do trabalhador e operário, mas de todos: indivíduos, famílias, grupos sociais, classes sociais e coletividades, nações e nacionalidades, mulheres e homens, jovens e adultos, negros, índios, asiáticos e brancos, orientais e ocidentais. Em alguma medida, todas as categorias sociais são postas diante das influências e dos horizontes criados com a formação da sociedade global. Já há algo de cosmopolita em cada um e em todos, nos mais diversos cantos e recantos do mundo.

É óbvio que a globalização do mundo do trabalho torna mais complexas as condições de formação da consciência social do operário. Alguns aspectos dessas condições podem ser focalizados de modo breve.

Primeiro, o trabalho entra como a força produtiva fundamental na reprodução ampliada do capital, tomado em escala global. Devido à globalização do capitalismo, compreendendo a nova divisão transnacional do trabalho, à transição do fordismo ao toyotismo, à formação da fábrica global, à desterritorialização de centros decisórios e estruturas de poder, tudo isso amplamente dinamizado pela eletrônica e informática, todo operário passa a ser parte da mão-de-obra, ou força de trabalho, de caráter global. Em alguma medida, as suas condições de trabalho e vida passam a ser determinadas pelas relações, processos e estruturas de apropriação econômica e dominação política que operam em escala global. Além das injunções locais, nacionais e regionais, contam-se também e muitas vezes decisivamente as mundiais. O jogo das forças econômicas e sociais, em escala mundial, influencia em alguma medida o modo pelo qual se organiza o processo de trabalho e as condições materiais e espirituais de vida nas mais diversas localidades, nações e regiões.

Segundo, a passagem do fordismo ao toyotismo, ou a organização flexível da produção, é simultânea à passagem da economia nacional à global. Tanto é assim que a emergência das cidades globais expressa a emergência de novos e mais abrangentes centros de poder, freqüentemente sobrepondo-se à soberania do estado-nação. A nova divisão internacional do trabalho, transformando o mundo em uma fábrica global, rompe fronteiras políticas e culturais de todos os tipos. As bases culturais nacionais do capitalismo keynesiano, no qual floresceu o fordismo, já não são suficientes para servir de base para o capitalismo global, que envolve as mais diversas culturas e civilizações, convivendo com elas, modificando-as e até mesmo provocando ressurgências. As tradições socioculturais e políticas de cada país, bem como as suas diversas formas de organização de vida e trabalho, são levadas a combinar-se com outros padrões socioculturais e políticos, correspondentes à racionalidade embutida na organização flexível da produção e do trabalho, envolvendo a dimensão mundial da nova divisão do trabalho. Simultaneamente, chegam a cada local, nação e região padrões oriundos dos centros dominantes, das cidades globais, instituindo parâmetros, modas, sistemas de referência. Isso significa que a condição operária, em cada lugar e em todos os lugares, passa a ser influenciada por padrões e valores socioculturais, políticos e outros dinamizados a partir das cidades globais que articulam o desenho do novo mapa do mundo.

Terceiro, no âmbito da fábrica global, parecem multiplicar-se as diversidades, desigualdades e tensões envolvendo raça, sexo e idade, enquanto determinações socioculturais atravessando relações, processos e estruturas. No mercado mundial, onde as forças produtivas parecem dinamizar-se e potenciar-se, pode intensificar-se o movimento de trabalhadores circulando por nações e continentes, ilhas e arquipélagos. Os fluxos migratórios expressam boa parte do funcionamento do mercado mundial de força de trabalho, do exército industrial de trabalhadores ativos e de reserva. Esse é o âmbito das multiplicidades, diversidades, desigualdades e tensões envolvendo raça, sexo e idade.

Quarto, no âmbito do capitalismo global, as metamorfoses da força de trabalho realizam-se em escala diferente das que ocorriam no âmbito do capitalismo nacional. Agora o trabalhador coletivo adquire dimensão e significado mundiais. Os inúmeros trabalhadores individuais distribuídos pelos mais diferentes lugares do novo mapa do mundo podem sintetizar-se no trabalhador coletivo formado no âmbito da economia global. O contraponto singular, particular e geral, que articula capital, tecnologia e divisão do trabalho, articula também a força de trabalho, isto é, o operário. Este deixa de ser apenas local, nacional e regional, adquirindo também a conotação global. Juntamente com a mercadoria, que é a primeira a adquirir cidadania mundial, vem o operário, que se torna cidadão do mundo antes de tomar plena consciência disto. A despeito da sua singularidade, ou da peculiaridade das condições de vida e trabalho em que se insere imediatamente, o operário já se tornou também componente do operário coletivo, do operário em geral, desterritorializado, constituindo o trabalho social, abstrato e geral que fundamenta a reprodução ampliada do capital em escala global.

Sendo assim, a classe operária se constitui como categoria simultaneamente nacional e mundial. Em muitos casos, as condições de vida e trabalho prevalecentes na sociedade nacional prevalecem no seu horizonte, nas condições e possibilidades de formação da sua consciência. Mesmo nesses casos, no entanto, sempre estão presentes relações e implicações da sociedade global, do modo pelo qual operam os fatores do mercado, as forças sociais em jogo, os horizontes e as injunções materiais e espirituais presentes no mundo.

Quinto, a sociedade global em formação com a mundialização do capitalismo envolve necessariamente o desenvolvimento da cultura em escala também mundial. Além de tudo que tem ocorrido no passado distante e recente, em termos de internacionalização da cultura, formação de correntes de pensamento, interpretações da realidade social em sentido lato, emergência e generalização de estilos artísticos, visões do mundo filosóficas e científicas, além disso tudo, com a emergência da sociedade global ocorre novo e amplo surto de mundialização de padrões e valores socioculturais, políticos, religiosos e outros. O catolicismo ingressa em novo projeto de catequese do mundo, por intermédio do Lumen 2.000. Também o protestantismo e o islamismo são dinamizados por todos os meios. Multiplicam-se e cruzam-se fundamentalismos religiosos e culturais. O *marketing* global encarrega-se de popularizar mercadorias e ideais, modas e modos, signos e símbolos, novidades e consumismos, em todos os países, culturas e civilizações.

Em boa medida, a mundialização cultural, principalmente no que se refere à cultura de massa, é grandemente realizada e orquestrada pela mídia impressa e eletrônica. Ela se organiza numa indústria cultural, inclusive como setor produtivo altamente lucrativo, de alcance mundial. Alcança os mais distantes lugares, cantos e recantos. Combinada com o *marketing* global, com o qual convive e confunde-se muitas vezes, difunde e reitera continuamente padrões e valores prevalecentes nos centros dominantes, irradiados desde as cidades globais, tecendo mercadoria e ideologia, corações e mentes, nostalgias e utopias.[24]

Para avaliar um pouco mais precisamente o significado da mídia impressa e eletrônica no âmbito da cultura e da formação das mentalidades em geral, cabe reconhecer que ela trabalha eficazmente com várias "linguagens". Em nível mais geral, estão a palavra, o som, a cor, a forma e a imagem. São recursos expressivos da maior importância, que ela opera com eficácia na notícia e análise relativas aos mais diversos assuntos da vida da sociedade local, nacional, regional e global, do norte ao sul, do Ocidente ao Oriente, do relevante ao frívolo. Talvez se possa dizer que o que predomina na mídia mundial no fim do século XX, anunciando o XXI, é a imagem. Com freqüência, as outras "lin-

---

[24] Armand Mattelart, *L'Internationale publicitaire*, Éditions La Découverte, Paris, 1989; Theodore Levitt, *A imaginação de marketing*, trad. de Auriphebo Berrance Simões, 2ª edição, São Paulo, Editora Atlas, 1991.

guagens" aparecem de maneira complementar, assessória, ou propriamente subordinada à imagem. Tanto assim que a mídia apresenta aspectos e fragmentos das configurações e movimentos da sociedade global como se fosse um vasto espetáculo de *videoclip*. Sim, esta parece ser a "multimídia" mais freqüente, caracterizando um aspecto fundamental da cultura de massa na época da globalização. Ao lado da montagem, colagem, bricolagem, simulacro e virtualidade, muitas vezes combinando tudo isto, a mídia parece priorizar o espetáculo *videoclip*. Tanto é assim que as guerras e genocídios parecem festivais *pop*, departamentos do *shopping center* global, cenas da disneylândia mundial. Os mais graves e dramáticos acontecimentos da vida de indivíduos e coletividades em geral aparecem como um *videoclip* eletrônico informático, desterritorializado entretenimento de todo o mundo.

Observada assim, nessa perspectiva, a mídia se constitui no intelectual orgânico dos grupos, classes ou centros de poder dominantes na sociedade global. Desde que alcançou envergadura mundial, a mídia impressa e eletrônica passou a monopolizar ou a influenciar decisivamente grande parte das informações e interpretações sobre o que corre pelo mundo, em todo canto e recanto do novo mapa do mundo. Isso significa que ela pode operar de modo seletivo: localizando, priorizando, desprezando, enfatizando ou interpretando fatos, situações, configurações, movimentos, entendimentos, conjunturas, rupturas. Nada lhe escapa, mas nem tudo ela passa. Devido aos limites de espaço e tempo, à definição do que é momentoso e irrelevante, aos compromissos dos diretores dos meios de comunicação com empresas e corporações, governos e partidos, igrejas e correntes de pensamento, devido a essas e outras injunções, a mídia impressa e eletrônica pasteuriza a economia e a sociedade, a política e a cultura, a geografia e a história, o indivíduo e o mundo. Revela-se um intelectual orgânico ainda pouco conhecido, surpreendente e insólito, capaz de reunir dezenas, centenas e milhares de intelectuais espalhados por todo o mundo e levados a narrar diferentemente do que narraram, ou às avessas do que narraram.

Nesse momento, coloca-se o problema da hegemonia. Desde que a mídia impressa e eletrônica passou a tecer o novo mapa do mundo, as possibilidades de construção, afirmação ou transformação de hegemonia passam a ser condicionadas, limitadas, administradas por uma espécie de intelectual orgânico não só surpreendente e insólito, mas ubíquo, desterritorializado.

CAPÍTULO VII Raças e povos

O século XX pode ser visto como um vasto cenário de problemas raciais. São problemas inseridos mais ou menos profundamente nas guerras e revoluções, nas lutas pela descolonização, nos ciclos de expansão e recessão das economias, nos movimentos do mercado de força de trabalho, nas migrações, nas peregrinações religiosas e nas incursões e tropelias turísticas, entre outras características mais ou menos notáveis da forma pela qual o século XX pode ser visto, em perspectiva geistórica ampla. São problemas raciais que emergem e se desenvolvem no jogo das forças sociais, conforme se movimentam em escala local, nacional, regional e mundial. Ainda mais que muitas vezes esses problemas pareçam únicos e exclusivos, como se fossem apenas ou principalmente "étnicos" ou "raciais", a realidade é que emergem e se desenvolvem no jogo das forças sociais, compreendendo implicações econômicas, políticas e culturais.

Tudo isso é o que também se evoca quando se mencionam emblemas tais como os seguintes: Oriente Médio, África do Sul, Índia, Rússia, Estados Unidos, Europa, América Latina, Caribe; ou Primeiro, Segundo e Terceiro Mundos; ou ainda Centro e Periferia; para não repetir Ocidente e Oriente. Em todas as nações e nacionalidades envolvidas nesses emblemas, há problemas raciais, pouco evidentes ou agudos, antigos ou recentes, que se desenvolvem mas não se resolvem. Aí mesclam-se diversidades e desigualdades de todos os tipos, compreendendo inclusive as religiosas e lingüísticas, mas sempre envolvendo alguma forma de racialização das relações sociais. São realidades sociais às vezes extremamente complexas e inextricáveis, produzidas ao longo de migrações, escravismos e outras formas de trabalho forçado, convívios pacíficos, conflitos inesperados, *pogroms*, genocídios, revoluções, guerras. São realidades carregadas de história, com marcas profundas na geografia, compostas de diversas ou inúmeras camadas "arqueológicas" de pretéritos próximos e remotos, vivos e mortos. "Hoje, por todos os lados, a etnicidade é a causa da desagregação de nações. A União Soviética, Iugoslávia, Índia, África do Sul estão todas em crise. As tensões étnicas perturbam e dividem Sri Lanka, Burma, Etiópia, Indonésia, Iraque, Líbano, Israel, Chipre, Somália, Nigéria, Libéria, Angola, Sudão, Zaire, Guiana, Trindade e outras nações. Mesmo nações estáveis e civilizadas como a Inglaterra e a França, a Bélgica, Espanha e Tchecoslováquia enfrentam crescentes perturbações étnicas e raciais. O tribalismo (...), adormecido por anos, reacende para destruir nações."[1]

Vale a pena reconhecer que os problemas raciais, parecendo multiplicados e exacerbados na segunda metade do século XX, podem ser vistos em toda a sua originalidade se examinados em perspectiva mundial. Sem prejuízo das suas manifestações e dos seus significados locais, nacionais e regionais, é inegável que a perspectiva mundial pode enriquecer e, talvez, inovar a reflexão sobre os seus significados e as suas implicações. A despeito das suas singularidades, em termos de nações e nacionalidades, xenofobias e etnicismos, nacionalismos e racismos, os problemas raciais podem ser vistos também em perspectiva ampla, geistórica, como manifestações de movimentos e configurações da sociedade global em formação. "Uma pesquisa global demonstra que a consciência étnica está realmente em ascensão, como uma força política; e que as fronteiras dos estados nacionais, conforme se acham presentemente desenhadas, estão sendo crescentemente desafiadas por essa tendência. E, o que é da maior importância, as

---

[1] Arthur M. Schlesinger Jr., *The Disuniting of America* (*Reflections on a Multicultural Society*), W. W. Norton, Nova York, 1992, pp. 10-1. Consultar também: Etienne Balibar e Immanuel Wallerstein, *Race, nation, classe* (*Les identités ambigües*), Paris, La Découverte, 1990; Daniel Patrick Moynihan, *Pandaemonium* (*Ethnicity in International Politics*), Nova York, Oxford University Press, 1994.

nações multiétnicas, em todos os níveis de modernização, têm sido afetadas. Quanto a isto, é particularmente indicativo que muitos estados nacionais, no âmbito da econômica e tecnicamente avançada região da Europa Ocidental, recentemente têm sido perturbados por inquietações étnicas."[2] Em outras nações, nas diversas partes do mundo, também multiplicam-se as manifestações de inquietação, reivindicação, tensão, perseguição, conflito e outras. "A Tailândia enfrenta hoje movimentos separatistas por parte de tribos das montanhas no norte, o Laos no nordeste e a Malásia no sul. Semelhantemente, como resultado da crescente presença do governo central, a despeito de seus três mil anos de história, a Etiópia também está enfrentando alguns movimentos étnicos separatistas."[3]

As migrações transnacionais, intensificadas e generalizadas nas últimas décadas do século XX, expressam aspectos particularmente importantes da problemática racial, visto como dilema também mundial. Deslocam-se indivíduos, famílias e coletividades para lugares próximos e distantes, envolvendo mudanças mais ou menos drásticas nas condições de vida e trabalho, em padrões e valores socioculturais. Deslocam-se para sociedades semelhantes ou radicalmente distintas, algumas vezes compreendendo culturas ou mesmo civilizações totalmente diversas. Além dos que migram pela primeira vez, realizando uma experiência difícil, traumática ou reveladora, há os migrantes descendentes de migrantes. São indivíduos, famílias ou coletividades que já possuem alguma idéia do movimento, do significado das fronteiras, das possibilidades da transculturação. Assim se diversificam e multiplicam as experiências e as vivências, as surpresas e os horizontes. Tudo o que parecia "natural", único, indiscutível ou definitivo logo se revela relativo, discutível, problemático; ou revela-se o momento em que se abre a pluralidade de perspectivas para uns e outros. "Na complexa teia das suas relações sociais, os transmigran-

---

[2] Walker Connor, "Nation-Building or Nation-Destroying?", *World Politics*, vol. XXIV, n.º 3, Princeton, 1972, pp. 319-355; citação da p. 327.
[3] Idem, citado, p. 329.

tes organizam e criam múltiplas e fluidas identidades, baseadas simultaneamente em suas sociedades de origem e nas adotivas. Enquanto que alguns migrantes identificam-se mais com uma sociedade do que com a outra, a maioria parece desenvolver várias identidades, relacionando-se simultaneamente com mais de uma nação. Ao manter muitas e diferentes identidades raciais, nacionais e étnicas, os transmigrantes tornam-se aptos para expressar as suas resistências às situações econômicas e políticas globais que os envolvem, bem como para se ajustar às condições de vida marcadas pela vulnerabilidade e a insegurança. Esses migrantes expressam esta resistência, em pequeno, em práticas cotidianas, que habitualmente não desafiam ou nem mesmo reconhecem as premissas básicas dos sistemas que os envolvem e ditam as condições de sua existência. Como os transmigrantes vivem simultaneamente em diversas sociedades, suas ações e crenças contribuem para a contínua e múltipla diferenciação. A criolização (...) não é somente um produto de uma intensificada distribuição mundial de sistemas (de referência), mas também um produto desta dinâmica envolvida na migração e diferenciação... Na economia globalizada desenvolvida ao longo das últimas décadas, há uma convicção de que nenhum lugar é verdadeiramente seguro, embora o indivíduo tenha acesso a muitos lugares. Uma forma de os migrantes manterem suas opções abertas é transladarem-se continuamente, de uma posição econômica e social conquistada em um ambiente político para outra posição política, social e econômica em outro ambiente."[4]

Note-se que as migrações transnacionais, nos moldes em que ocorrem na segunda metade do século XX, expressam vários processos importantes, além dos movimentos da força de trabalho no mer-

---

[4] Nina Glick Schiller, Linda Basch e Cristina Blanc-Szanton, "Transnationalism: A New Analytic Framework for Understanding Migration", publicado no volume organizado por Nina Glick Schiller, Linda Basch e Cristina Blanc-Szanton (orgs.), "*Towards a Transnational Perspective on Migration (Race, Class, Ethnicity and Nationalism Reconsidered)*", volume 645 de *Annals*, The New York Academy of Sciences, Nova York, 1992, pp. 1-24; citação das pp. 11-2. Consultar também: Julius Isaac, *Economics of Migration*, Londres, Kegan Paul, 1947.

cado mundial. Expressam inquietações, tensões e lutas envolvendo nações e nacionalidades, religiões e línguas, crise de regimes políticos e declínio de estados nacionais, nova divisão transnacional do trabalho e da produção e desenvolvimento extensivo e intensivo do capitalismo na cidade e no campo. A rigor, está em curso um vasto processo de urbanização do mundo, simultaneamente aos desenvolvimentos de um sistema produtivo disperso pelos continentes, ilhas e arquipélagos, tudo isso implicando crescente dissolução do mundo agrário; ou generalizada urbanização, como modo de vida. Esse é o contexto em que se inserem as migrações transnacionais, bem como a emergência e a ressurgência de problemas raciais.

As migrações transnacionais provocam reações particularmente fortes, em geral preconceituosas ou mesmo agressivas, nos países mais ricos ou dominantes, tais como os Estados Unidos e os que compõem a Europa Ocidental. Reagem negativamente à entrada de trabalhadores provenientes do antigo Terceiro Mundo e também do ex-Segundo Mundo. Apelam às tradições nacionais, aos valores morais, às identidades ou aos seus fundamentalismos culturais, para barrar, tutelar, submeter, controlar ou expulsar asiáticos, eslavos, árabes, africanos, caribenhos e outros. Falam em xenofobias e etnicismos, quando praticam fundamentalismos e racismos.

A intolerância manifesta-se nos Estados Unidos e no Japão, além da França, Inglaterra, Alemanha, Itália e outros países da Europa Ocidental. "A construção da Europa é um processo de duas faces. Assim como as fronteiras internas européias tornam-se progressivamente mais permeáveis, as fronteiras externas são cada vez mais rigidamente fechadas. Rigorosos controles legais são postos em prática para excluir os que passaram a ser chamados de imigrantes extracomunitários, com os partidos de direita pedindo apoio eleitoral à base do *slogan* 'Fora, estrangeiros!' Há a preocupação de que os europeus precisam desenvolver um sentido de cultura participada e de identidade de propósitos, a fim de fornecer o suporte ideológico para o êxito da união econômica e política européia... Em contraste com isso, os imigrantes, em especial os do Sul pobre (e mais recentemente os do

Leste) que buscam abrigo no Norte rico, têm sido vistos em toda a Europa Ocidental como indesejáveis, estrangeiros ameaçadores, estranhos... Há uma propensão crescente, no meio popular europeu, para atribuir todos os males econômicos resultantes da recessão e dos reajustes capitalistas — desemprego, escassez de habitação, crescente delinqüência, deficiências dos serviços sociais — aos imigrantes, os quais carecem dos 'nossos' valores morais e culturais..."5

É indispensável reconhecer que um dos elementos básicos das migrações transnacionais é a superpopulação. Há lugares, países ou regiões em que pode ocorrer o excedente de população, se tomamos em conta as condições reais de vida e trabalho, ou o estado das forças produtivas e das relações de produção; da mesma maneira que em outros lugares, países ou regiões pode haver insuficiência de força de trabalho. No conjunto, no entanto, se tomamos em conta a globalização do capitalismo e a nova divisão transnacional do trabalho, tanto ocorrem intercâmbios e acomodações como se revelam excedentes mais ou menos notáveis de força de trabalho. Na época da globalização do capitalismo, decisivamente dinamizada pela microeletrônica, automação, robótica, telecomunicações, informática e outras tecnologias eletrônicas, tem ocorrido uma intensa e generalizada tecnificação dos processos de trabalho e produção. Esse é o cenário em que ocorre a formação de uma superpopulação absoluta, e não apenas relativa. Esse, no entanto, é o cenário em que se formam extensos contingentes de desempregados, ou das subclasses, em decorrência do desemprego estrutural. "A tendência geral da industrialização tem sido substituir a perícia humana pela perícia da máquina, trabalho humano por forças mecânicas, expulsando assim as pessoas do trabalho... O crescente desemprego destas décadas (desde 1950) não foi meramente cíclico, mas estrutural. Os empregados perdidos em maus momentos não voltam quando os tempos melhoram: nunca voltam."6

---

5 Verena Stolcke, "Talking Culture: New Boundaries, New Rhetorics of Exclusion in Europe", *Current anthropology*, vol. 36, n° 1, 1995, pp. 1-24; citação da p. 2.
6 Eric J. Hobsbawm, *Age of Extremes* (*The short twentieth century: 1914-1991*),

Ocorre que a dinâmica da reprodução ampliada do capital faz com que o capital constante, investido em máquinas e equipamentos, cresça em escala proporcionalmente maior do que o capital variável, destinado à compra da força de trabalho. Daí resultam freqüentes surtos de superpopulação, quando uma parte dos trabalhadores se torna residual ou excedente. "É certo que ao crescer o capital total, cresce também o capital variável e, portanto, a força de trabalho absorvida por ele, mas em uma proporção constantemente decrescente... A acumulação capitalista produz constantemente, em proporção a sua intensidade e a sua extensão, uma população operária excessiva para as necessidades médias de exploração do capital, isto é, uma população operária residual ou excedente."[7]

Há conjunturas, ou ciclos, de desenvolvimento da reprodução ampliada do capital em que a superpopulação pode ser definida como relativa. Uma superpopulação que se forma e dissolve na dinâmica da reprodução. Mas pode haver conjunturas, ou ciclos, em que os desenvolvimentos da reprodução ampliada do capital produzem uma superpopulação absoluta; isto é, uma superpopulação composta de um contigente relativo, que se forma e dissolve, e um contingente que não encontra possibilidades de emprego, nunca voltam. Conforme ocorre no capitalismo globalizado, quando a microeletrônica, a automação, a robótica, a informática e as redes aceleram e multiplicam a capacidade produtiva da força de trabalho, nesta época um contingente pode tornar-se permanentemente residual ou excedente. Nesta época agrava-se a questão social. Mesclam-se e dinamizam-se as tensões sociais, umas vezes manifestando-se no âmbito do desemprego estrutural, outras aparecendo em fundamentalismos, xenofobias, etnicismos ou racismos.

Londres, Michael Joseph, 1995, p. 413. Consultar também Richard J. Barnet e John Cavanagh, *Global Dreams (Imperial Corporations and the New World Order)*, Nova York, Simon & Schuster, 1994, esp. Parte 3: "The Global Workplace".

[7] Karl Marx, *El Capital*, 3 tomos, trad. de Wenceslao Roces, México, Fondo de Cultura Econômica, 1946-1947, tomo I, p. 711; citação do cap. 23: "La Ley General de la Acumulación Capitalista".

Esta é uma longa história, começando com os grandes descobrimentos marítimos e desenvolvendo-se através do mercantilismo, colonialismo, imperialismo, transnacionalismo e globalismo. De tal modo que no fim do século XX a África, Oceania, Ásia, Europa e Américas continuam desenhadas no mapa do mundo e no imaginário de todo o mundo como uma multiplicidade de etnias ou raças distribuídas, classificadas ou hierarquizadas de formas muitas vezes extremamente desiguais.[8]

No século XX têm ocorrido várias ondas de racialização do mundo. Tanto a Primeira e a Segunda grandes Guerras Mundiais, como a Guerra Fria, são épocas de intensa e generalizada racialização das relações entre coletividades, tribos, povos, nações ou nacionalidades. Na medida em que as guerras mesclam-se e desdobram-se em revoluções nacionais ou revoluções sociais, tornam-se ainda mais acentuadas as desigualdades, divergências e tensões que alimentam os preconceitos, as intolerâncias, as xenofobias, os etnicismos ou os racismos. Ao lado dos preconceitos de classe, casta e gênero, emergem ou reaparecem os preconceitos raciais.

Ocorre que "raça", ao lado de "casta", "classe" e "nação", tornou-se uma categoria freqüentemente utilizada para classificar indivíduos e coletividades, por meio da qual procura-se distinguir uns e outros, nativos e estrangeiros, conhecidos e estranhos, naturais e exóticos, amigos e inimigos. Essa é uma história antiga. "A raça, como a classe e a nação, foi um conceito desenvolvido primeiramente na Europa para ajudar a interpretação de novas relações sociais. Todas

---

[8] E. Franklin Frazier, *Race and Culture Contacts in the Modern World*, Nova York, Alfred A. Knopf, 1957; Oliver Cromwell Cox, *Caste, Class & Race (A Study in Social Dynamics)*, Monthly Review Press, Nova York, 1970; K. M. Panikkar, *A dominação ocidental na Ásia*, trad. de Nemésio Salles, 3ª edição, Rio de Janeiro, Paz e Terra, 1977; Julius Isaac, *Economics of Migrations*, Kegan Paul, London, 1947; Eric R. Wolf, *Europe and the People Without History*, Berkeley, University of California Press, 1982; David Brion Davis, *The Problem of Slavery in Western Culture*, Londres, Penguin Books, 1970; Magnus Morner, *Race mixture in the History of Latin America*; Boston, Little, Brown and Co., 1967.

três devem ser olhadas como modos de categorização que foram sendo cada vez mais utilizados à medida que um maior número de europeus se apercebeu da existência de um crescente número de pessoas ultramarinas que pareciam ser diferentes deles. E porque o seu continente atravessou em primeiro lugar o processo de industrialização e era muito mais poderoso que os outros, os europeus impuseram inconscientemente as suas categorias sociais aos povos que em muitos casos agora as adotaram como suas. É óbvio que o contato entre os aventureiros e colonizadores europeus e os povos da África, América e Ásia foi importante para o desenvolvimento europeu das categorias raciais. É também evidente que o interesse material dos europeus na exploração desses contatos influenciou provavelmente essas categorias."[9]

Sim, essa é uma história antiga. Começa principalmente com o mercantilismo, ou a acumulação originária, e desenvolve-se pelos séculos seguintes, alcançando tribos, nações e nacionalidades. Em diferentes modalidades, conforme os conquistadores europeus sejam portugueses, espanhóis, holandeses, franceses, ingleses ou outros, as mais diversas e distantes tribos, nações e nacionalidades foram sendo alcançadas, conquistadas, associadas, subordinadas ou classificadas. Em alguns séculos, todo o mundo foi desenhado e todos os povos classificados: selvagens, bárbaros e civilizados, povos históricos e povos sem história, nações industrializadas e nações agrárias, modernas e arcaicas, desenvolvidas e subdesenvolvidas, centrais e periféricas. "Nos tempos modernos, representantes do mundo ocidental partiram para outras partes do globo armados de poderosa tecnologia, acompanhada de poderosas formas de organização do trabalho e comércio, e com a determinação de atrair recursos, terra e povos para a sua grande economia mundial. Se fossem necessárias revoluções políticas e sociais para produzir revoluções industriais, não hesitariam

---

[9] Michael Banton, *A idéia de raça*, trad. de Antonio Marques Bessa, Lisboa, Edições 70, 1979, p. 24. Consultar também: Michael Banton, *Race Relations*, Londres, Tavistock Publications, 1967; Octavio Ianni, *Escravidão e racismo*, 2ª edição, São Paulo, Hucitec, 1988.

em realizá-las. Em geral, no entanto, eles têm sido apenas parcialmente conscientes dos efeitos catastróficos do que consideram meramente 'fazer negócios'. Assim, os mais importantes contatos culturais dos tempos modernos têm produzido a revolução industrial, uma revolução nas formas de trabalho e nas instituições relativas ao trabalho, para uns e outros dos povos envolvidos. Simultaneamente, as revoluções industriais criaram fronteiras étnicas e raciais, pois em nenhuma região industrial importante do mundo um único grupo étnico forneceu o total da força de trabalho, desde os dirigentes ao trabalho não qualificado... Tudo funcionou com, e desenvolveu posteriormente, o complexo de instituições conhecidas como capitalismo. (...) Uma observação interessante e aparentemente paradoxal é que a indústria capitalista moderna, que desenvolveu uma ideologia forte e às vezes brutal de indiferença pelas pessoas, de preferência pela melhor mercadoria, pelo melhor indivíduo para a tarefa, e que tem demonstrado grande ímpeto, quase uma missão, para banir crenças, costumes e instituições que se antepõem no caminho do desenvolvimento industrial, essa indústria deveria também tornar-se — e não meramente, como seria de esperar — uma agressiva e espetacular mescladora de povos, além de um grande e às vezes teimoso agente de discriminação étnica e racial e um viveiro de doutrinas e estereótipos."[10]

Quando se combinam industrialização, urbanização, secularização da cultura e do comportamento, racionalização das ações sociais e das instituições, mercado, produtividade, competitividade, individuação e individualismo possessivo, como ocorre habitualmente no capitalismo, o resultado pode ser um ambiente social explosivo. Aí tendem a multiplicar-se as desigualdades sociais, juntamente com a divisão do trabalho social, com a hierarquização de *status* e papéis, com distribuição desigual do produto do trabalho social. Esse é o am-

---

[10] Everett Cherrington Hughes e Helen MacGill Hughes, *Where Peoples Meet* (*Racial and Ethnic Frontiers*), Glencoe, The Free Press, 1952, pp. 61-2 e 66-7. Consultar também: Guy Hunter (org.), *Industrialization and Race Relations* (*A Symposium*), Oxford University Press, Londres, 1965.

biente em que indivíduos, famílias, grupos e classes, ou maiorias e minorias, inseridos na trama das relações sociais, ou no jogo das forças sociais, podem tanto integrar-se como tensionar-se e fragmentar-se. Ocorre que a disputa no mercado, a luta para a realização de objetivos e interesses individuais ou coletivos, as possibilidades de lucros e perdas, bem como de emprego e desemprego, tudo isso incute no modo de ser de uns e outros a busca de vantagens, condições de segurança, ganhos materiais e espirituais, prerrogativas, privilégios. Esse é o ambiente dos preconceitos, intolerâncias, autoritarismos, machismos, anti-semitismos, etnicismos, racismos, fundamentalismos.

Dentre as muitas articulações e tensões que se constituem e desenvolvem com a globalização, cabe um significado particularmente importante à questão racial. Sob vários aspectos, a questão racial revela-se uma dimensão fundamental da globalização. Diz respeito às diversidades étnicas presentes em praticamente todas as nações, em todos os continentes, ilhas e arquipélagos. Envolve os movimentos de população, em termos de mercados locais, nacionais, regionais e mundiais de força de trabalho, o que aparece amplamente nas migrações que atravessam os anos, as décadas e os séculos.

Desde que se intensificam e generalizam as relações, os processos e as estruturas que constituem a globalização, logo se manifestam as articulações e as tensões relativas às diversidades e desigualdades raciais. Agravam-se e generalizam-se xenofobias, etnicismos, preconceitos, intolerâncias, autoritarismos, anti-semitismos, racismos e fundamentalismos, sempre envolvendo as diversidades e desigualdades sociais, políticas, econômicas e culturais que alimentam e desenvolvem as mais diversas formas de racismo.

Vista em perspectiva ampla, simultaneamente histórica e geográfica, a população mundial se distribui não só em muitas nações e nacionalidades, mas também em muitos grupos e coletividades, compreendendo castas, estamentos e classes; e tudo isso permeado de diversidades, identidades e antagonismos étnicos ou raciais. Trata-se de um panorama extremamente diversificado, no qual mesclam-se situações polarizadas e intermédias, estabilizadas e precárias, integrativas e conflitivas. São polarizações e mediações que obviamente envolvem não só modos de vida e trabalho como também instituições, padrões e valores socioculturais bastante diversificados. Em perspectiva ampla, simultaneamente histórica e geográfica, a população mundial está atravessada por tendências de integração e fragmentação, dentre as quais sobressaem os problemas raciais.

Neste ponto cabe um esclarecimento indispensável, ainda que em forma breve. "Etnia" é o conceito científico habitualmente utilizado para distinguir os indivíduos ou as coletividades por suas características fenotípicas, ao passo que "raça" é o conceito científico elaborado pela reflexão sobre a dinâmica das relações sociais, quando se manifestam estereótipos, intolerâncias, discriminações, segregações ou ideologias raciais. A "raça" é constituída socialmente no jogo das relações sociais. São os indivíduos, grupos ou coletividades que se definem reciprocamente como pertencentes a "raças" distintas.[11]

Sim, a questão racial deixou de ser apenas ou principalmente nacional, transbordando muitíssimo as fronteiras geográficas, sociais, políticas e culturais das nações, em todo o mundo. Ainda que prevaleçam muitas das suas características nacionais, surgiram outras de âmbito regional e mundial. Mais do que isso, as suas características nacionais mudam de significado, na medida em que estão sendo crescentemente influenciadas pelas relações, processos e estruturas que se desenvolvem em escala mundial.

Quando vistas em suas implicações sociais e culturais, as guerras e as revoluções do século XX incluem também problemas raciais. Além de envolver nações, nacionalidades, regimes políticos, geopolíticas, classes sociais, grupos sociais e religiões, com freqüência compreendem aspectos mais ou menos importantes da problemática racial. A despeito do predomínio de interesses e objetivos econômicos e

---

[11] Robert Ezra Park, *Race and Culture*, Glencoe, The Free Press, 1950; Florestan Fernandes, *A integração do negro na sociedade de classes*, 2 vols., São Paulo, Ática, 1978; Michael Banton, *A idéia de raça,* citado; Octavio Ianni, *As metamorfoses do escravo*, 2ª edição, São Paulo, Hucitec, 1988.

políticos, sempre abrangem problemas sociais, culturais e raciais, além de outros. Foi assim com a Primeira e a Segunda grandes Guerras Mundiais, bem como com a Guerra Fria. Também foi assim com as guerras e revoluções por meio das quais realizou-se a descolonização na África, Ásia, Oceania e dos remanescentes coloniais na América Latina e no Caribe. "O problema do século XX — disse o famoso líder negro americano William E. Bughardt Du Bois, em 1990 — é o problema da barreira de cor, a relação das raças mais escuras com as mais claras, dos homens na Ásia e África, na América e nas ilhas do mar. Foi uma notável profecia. A história do século atual foi marcada, simultaneamente, pelo impacto do Ocidente na Ásia e na África e pela revolta da Ásia e da África contra o Ocidente. O impacto foi o resultado, acima de tudo o mais, da ciência e indústria ocidentais, que, tendo transformado a sociedade ocidental, começaram a ter, num ritmo crescente, os mesmos efeitos criadores e deletérios sobre as sociedades de outros continentes; a revolta foi uma reação contra o imperialismo que atingira seu auge no último quartel do século XIX. Quando principiou o século XX, o poderio europeu na Ásia e na África mantinha-se no apogeu; nenhuma nação, assim parecia, estava em condições de fazer frente à superioridade das armas e do comércio europeus. Sessenta anos depois, apenas restavam alguns vestígios do domínio europeu. Entre 1945 e 1960, nada menos de quarenta países, com uma população de 800 milhões — mais de um quarto dos habitantes do mundo —, revoltaram-se contra o colonialismo e obtiveram sua independência. Jamais, em toda a história da humanidade, ocorrera uma inversão tão revolucionária, a uma tal velocidade."[12]

Esse é o contexto em que a Organização das Nações Unidas para a Educação, a Ciência e a Cultura (Unesco) desenvolveu, a partir de 1948, todos os seus programas de debates e estudos sobre as tensões e

---

[12] Geoffrey Barraclough, *Introdução à história contemporânea*, 4ª edição, trad. de Álvaro Cabral, Rio de Janeiro, Zahar, 1976. Consultar também: Aimé Césaire, *Discours sur le colonialisme*, Présence Africaine, Paris, 1995; Brian Urquhart, *Decolonization and World Peace*, Austin, University of Texas Press, 1989.

os conflitos, tendo em vista a "compreensão internacional"; e destacando o programa de estudos sobre as tensões raciais. Em vários momentos a Unesco reuniu cientistas e pensadores, originários de diferentes países e inspirados em distintas perspectivas científicas e filosóficas, de modo a refletir sobre as tensões raciais. As declarações de 1950, 1951, 1964 e 1967 sintetizam muito bem a preocupação com essa problemática e o empenho em diagnosticar e combater as manifestações de xenofobia, etnocentrismo, anti-semitismo e todas as formas de racismo presentes e ativas em escala local, nacional, regional e mundial.[13]

Note-se, no entanto, que as implicações raciais das guerras e revoluções continuam a desenvolver-se posteriormente, independentemente do desfecho das lutas travadas. Os problemas raciais, com as suas implicações sociais, econômicas, políticas e culturais, continuam a desenvolver-se na África do Sul, Índia, Indonésia, Caribe e Oriente Médio, entre outras nações e regiões. Também no Leste Europeu, na Rússia, na China e no Japão, assim como nos Estados Unidos, Canadá e Europa Ocidental, eles se criam ou ressurgem. Na trama das relações sociais, tanto se criam e recriam as diversidades e as identidades como as desigualdades. A fábrica da sociedade, em níveis micro, macro e meta, produz todo o tempo a modificação e a reiteração, a integração e a fragmentação, a complementaridade e a antinomia ou a harmonia e a contradição.

Logo que desabou o bloco soviético, quando se movimentam mais abertamente os vários setores da sociedade civil em cada nação e debilita-se o estado como núcleo e síntese da sociedade, nessa ocasião eclodem os **nacio**nalismos, localismos, provincianismos, fundamentalismos, etnicismos e racismos. O mesmo processo de desagregação política e **econômica** é também de desagregação social e cultural. Em

---

[13] O. Klineberg, *États de tension et compréhension internationale*, Librairie de Médicis, Paris, 1951; Hadley Cantril (org.), *Tensions et conflits*, Librairie de Médicis, Paris, 1951; Unesco, *Le Racisme devant la science*, Nouvelle Édition, Paris, Unesco, 1973; Jessie Bernard, T. H. Pear, Raymond Aron e Robert C. Angell, *De la nature des conflits* (*Évaluation des études sur les tension internationales*), Paris, Unesco, 1957.

pouco tempo, desintegram-se nações e nacionalidades no Leste Europeu e na Rússia. Multiplicam-se as novas repúblicas eslavas ou islâmicas, orientais ou europeizantes. É o que acontece com a Iugoslávia, a Tchecoslováquia e a Rússia, sendo que em alguns casos as novas repúblicas também são atravessadas por movimentos de desintegração mais ou menos radicais, quando se afirmam identidades e diversidades, muitas vezes com base em vivências e ilusões pretéritas. Está em curso uma nova onda de racialização no mundo.

Multiplicam-se as ressurgências de movimentos nacionais e de nacionalidades, preconizando autonomia, independência, autogoverno ou federalismo. São ressurgências que envolvem aspectos não só históricos e geográficos, mas também culturais, religiosos, lingüísticos, étnicos ou raciais, além das implicações sociais e outras. São ressurgências nas quais manifestam-se reivindicações e ressentimentos recentes e remotos, preconizando a afirmação de identidades, territórios, línguas, religiões, histórias, tradições, heróis, santos, monumentos e ruínas.

A Iugoslávia pode ser tomada como uma exceção, mas também pode ser vista como um caso emblemático, no sentido de que expressa em grau extremo algo que está presente e latente em muitas outras sociedades nacionais. "Econômica, social e culturalmente, o novo estado era um dos países mais diversificados e heterogêneos da Europa. Sua população era composta de oito mais numerosos e cerca de vinte menores grupos étnicos, sendo que os sérvios eram o maior grupo, seguidos pelos croatas; falando quatro línguas, tais como servo-croata, eslovênio, macedônio e albanês; praticando três religiões (católica, ortodoxa cristã e islâmica) e escrevendo em duas línguas (latim e cirílico), além de suas amplas diferenças sociais, culturais e econômicas. Essas diferenças desempenharam um papel importante nos acontecimentos subseqüentes e contribuíram para o aumento das rivalidades e das divisões entre as diferentes nacionalidades e regiões."[14]

---

[14] Iraj Hashi, "The Desintegration of Yugoslavia: Regional Disparities and the Nationalities Question", *Capital & Class*, n.º 48, Londres, 1992, pp. 41-2.

Na Rússia multiplicaram-se os movimentos de nações e nacionalidades reivindicando independência, autonomia, autogoverno ou federalismo. Com a mudança do regime político, a transição do planejamento econômico centralizado para a economia de mercado, a proliferação de partidos políticos e a multiplicação de correntes de opinião pública, ocorre toda uma drástica alteração do desenho do mapa, das fronteiras internas e externas, das identidades, diversidades e fidelidades. Um verdadeiro terremoto, simultaneamente social, econômico, político e cultural, por meio do qual surgiu a Rússia, ou a ex-União Soviética, assim como ocorre com os países da Europa Central, que faziam parte do Bloco Soviético; um terremoto por meio do qual ressurgem nações e nacionalidades, religiões e línguas, territórios e geografias, histórias e tradições, identidades e fundamentalismos, etnicismos e racismos.

Esse é o contexto em que se recoloca a questão nacional em toda uma vasta parte do mapa do mundo, quando emergem problemas recentes e antigos, em uma escala com freqüência abrupta e violenta, como se as nações estivessem aparecendo pela primeira vez na geografia e na história. "Tanto a gradual desagregação da União Soviética como estado como a fragmentação final desse estado em quinze novos e internacionalmente reconhecidos estados foram basicamente articuladas e estruturadas pela cristalização político-territorial de nacionalidades em repúblicas nacionais. Para que este estado pragmaticamente maciço pudesse desaparecer de forma comparativamente ordenada, deixando de existir como sujeito da lei internacional e desfazendo-se como unidade administrativa, isto foi possível principalmente porque as unidades sucessoras já existiam como quase-nações-estados internos, com territórios fixos, nomes, legislaturas, pessoal administrativo, elites culturais e políticas e — não menos importante — o direito constitucional garantido de separar-se da União Soviética. Uma das ironias da história é que a desagregação da União Soviética foi decisivamente facilitada pelo que líderes e comentaristas ocidentais há muito haviam desprezado como uma ficção constitucional."[15]

---

[15] Rogers Brubaker, "Nationhood and the National Question in the Soviet Union and post-Soviet Eurasia: An Institucionalist Account", *Theory and Society*, vol. 23,

Em pouco tempo, esboroam-se fronteiras que pareciam cristalizadas, ao mesmo tempo em que se recriam antigas ou criam novas. O que acontece de maneira mais ou menos espetacular na Rússia, na Iugoslávia e na Tchecoslováquia parece possível, evidentemente em outros termos, no Canadá, Espanha, Índia, Sri Lanka, África do Sul e outras nações. Ainda que nem sempre haja fermentos de separatismo ou de desagregação, é inegável que em muitos países há os ingredientes mais ou menos clássicos da questão nacional não resolvida. Juntamente com as diversidades, mais ou menos acentuadas e antigas, em lugar da emancipação ou integração, desenvolve-se a desigualdade ou fermenta-se a fragmentação. Muitos rebuscam identidades pretéritas ou inventam novas. "Depois da relativa estabilidade da Guerra Fria, pareceu-me que o mundo estava entrando em uma época de conflitos étnicos. Como as grandes estruturas formais se romperam e a ideologia perdeu sua influência, os povos teriam de retornar às suas identidades originais. Conflitos poderiam emergir com base nestas identidades. Na verdade o mundo já tinha sido levado a defrontar-se com a expressão 'limpeza étnica' (...) Uma vez suprimida a poderosa força da ideologia supranacional, a etnicidade atacaria. Foi uma espécie de experimento não intencional, ao estilo da ciência natural: suprima um fator em dado momento e veja o que acontece. Assista à violação da Bósnia."[16]

Acontece que a revolução burguesa raramente resolveu a questão nacional satisfatoriamente, tendo-se em conta os interesses das maiorias e minorias. Persistem e recriam-se as desigualdades sociais, culturais e raciais, além das políticas e econômicas. Em toda sociedade

---

Londres, 1994, pp. 47-78; citação da p. 61. Consultar também: Ronald Suny, "The Revenge of the Past: Socialism and Ethnic Conflict in Transcaucasia", *New Left Review*, n.º 184, Londres, 1990; Gail W. Lapidus. "The Nationality Question and the Soviet System", publicado por Erik P. Hoffmann (org.), *The Soviet Union in the 1980s*, Nova York, The Academy of Political Science, 1984, pp. 98-112.

[16] Daniel Patrick Moynihan, *Pandaemonium (Ethnicity in International Politics)*, citado p. v. Consultar também: Ronald Segal, *The Race War*, Nova York, Bantam Books, 1967.

nacional o povo é uma estranha coletividade de cidadãos de várias e desiguais categorias, com participação às vezes extremamente desigual nos produtos das atividades nacionais. São muitas as sociedades em que a população ainda não se transformou em povo, entendido como uma coletividade de cidadãos, fato que muitas vezes aparece claramente nas ideologias raciais por meio das quais também se classificam, hierarquizam e discriminam racialmente indivíduos e coletividades.[17]

O paradoxo está em que a desagregação dos blocos geopolíticos, formados com a Segunda Guerra Mundial e a Guerra Fria, em conjugação com o desenvolvimento intensivo e extensivo do capitalismo pelo mundo, está promovendo a ressurgência da questão nacional. Quando se debilitam os estados nacionais preexistentes, que pareciam sólidos e consolidados, logo ocorrem ressurgências de nacionalismos, provincianismos, localismos, fundamentalismos, etnicismos e racismos. Juntamente com o vasto processo de globalização, desenvolve-se o de fragmentação. Ao mesmo tempo que se criam outras injunções e outros horizontes, em termos de transnacionalismo e cosmopolitismo, criam-se outras injunções e outros horizontes em termos de localismos, nacionalismos, racismos, fundamentalismos.

São vários e fundamentais os problemas raciais que se inscrevem no novo mapa do mundo, quando o capitalismo se torna global, como modo de produção e processo civilizatório. Eles se inserem mais ou menos profundamente nas guerras e revoluções, nas lutas contra as desigualdades sociais, nos ciclos de expansão e recessão das economias, nos movimentos transnacionais da força de trabalho, nos surtos de desemprego estrutural, nas manifestações de fundamentalismo religioso, na teia das caravanas turísticas, nos desenhos das fronteiras que se apagam ou recriam, nas redes dos meios de comunicação, nas produções da cultura de massa de âmbito nacional e mundial, no imaginário de uns e outros sobre nações e nacionalidades, religiões e línguas, etnias e raças, culturas e civilizações.

---

[17] Walker Connor, "Nation-Building or Nation-Destroying?", citado; Arthur M. Schlesinger Jr., *The Desuniting of America*, citado; Dawa Norbu, *Culture and the Politics of Third World Nationalism*, Londres, Routledge, 1992.

É verdade que a Oceania, a Ásia, a África, a Europa e as Américas estão mudando de figura. A aceleração e a generalização dos meios de comunicação estão transfigurando as dimensões dos espaços e as durações dos tempos. Mas a Oceania, a Ásia, a África, a Europa e as Américas continuam demarcadas no mapa do mundo, como culturas e civilizações, nações e nacionalidades, línguas e religiões, etnias e raças.

No fim do século XX, são muitas as populações ou as coletividades que são discriminadas, oprimidas ou mesmo dizimadas. O que tem ocorrido ao longo de toda a história do mundo moderno, a começar pela invenção e a conquista do Novo Mundo, passando pelos povos da África, Ásia e Oceania, continua a ocorrer no fim do século XX, nos mesmos continentes, ilhas e arquipélagos. Na Índia, China, Indonésia, África do Sul, Guatemala, no Brasil, na Rússia e outros países, continuam a desenvolver-se as tensões e os conflitos entre setores sociais dominantes e setores sociais subalternos; sendo que estes podem ser subordinados, oprimidos, perseguidos ou mesmo dizimados, nos quais em geral estão presentes as mais diversas manifestações de intolerância racial.

São numerosas as tribos e as nacionalidades, envolvendo diversidades culturais, religiosas, lingüísticas, étnicas ou raciais, que continuam a lutar por melhores condições de vida e trabalho, em diferentes nações, ou que lutam pela autodeterminação: os sikhs na Índia e os tamils no Sri Lanka; os bascos e os catalães na Espanha; os quebequeneses no Canadá; as diversas nacionalidades ativas na Rússia e em outros países da Comunidade de Estados Independentes (CEI); as diversas nacionalidades ativas na ex-Iugoslávia; os problemas étnicos na China; e muitos outros. Sem esquecer as reivindicações sociais, econômicas, políticas, culturais, religiosas, lingüísticas e outras de populações nativas em muitos países da África, Ásia, Oceania, Américas e Europa. Antigas comunidades, tribos e nacionalidades continuam a manifestar a sua insistência e o seu empenho na conquista da identidade, do autogoverno ou federalismo.

Dentre os inúmeros casos que continuam a observar-se no mundo todo, cabe um exemplo. O caso do povo curdo, ou da nacionalidade curda, é particularmente ilustrativo. Ocorre no Oriente Médio, envolve várias nações, implica vários imperialismos e permanece insolúvel; isto é, o povo curdo continua discriminado, oprimido e perseguido, além de padecer contínuas operações de violência por parte de governos ou setores sociais das nações em que se encontram. Os curdos formam a quarta maior nacionalidade do Oriente Médio. Há muito lutam para ser reconhecidos como nação, mas continuam a ser controlados ou perseguidos nos vários países em que se localizam, principalmente Irã, Iraque e Turquia. Na última década do século XX continuam a lutar pela autodeterminação, mas sem êxito, dada a intransigência daqueles países e, muito provavelmente, ao modo pelo qual alguns setores dominantes europeus, russos e norte-americanos desenvolvem a sua "diplomacia" na região. O que ocorre na atualidade em outros termos também ocorria no passado. "Os ingleses ajudaram a fomentar perturbações no Curdistão turco nos anos 20; os americanos e os israelenses apoiaram os curdos contra o regime iraquiano nos anos 70; os sírios têm periodicamente ajudado os curdos contra a Turquia e o Iraque. Sob o xá e os aiatolás, o Irã mobilizou os curdos na luta geopolítica do Irã contra o Iraque. E Bagdá, por seu lado, regularmente tem apoiado os curdos iranianos contra a República Islâmica. Quase que invariavelmente, no entanto, os curdos têm sido abandonados, assim que tenham servido aos objetivos imediatos de potências estrangeiras."[18]

Em todos esses países, a nacionalidade curda continua a ser um problema importante, com freqüência dramático ou mesmo trágico. O preconceito e a intolerância, muitas vezes estimulados por motivos geopolíticos, são ingredientes ativos de um dos vários e graves problemas étnicos e raciais do Oriente Médio, problemas esses evidentemente sempre mesclados com problemas sociais, econômicos, políticos e culturais.

A despeito da prevalência do etnicismo e do racismo na questão curda, continuam as reivindicações dos curdos e continuam os movimentos de solidariedade a eles, inclusive nos países em que são discri-

---

[18] Graham E. Fuller, "The Fate of the Kurds", *Foreign Affairs*, Nova York, primavera de 1993, pp. 108-121; citação da p. 108.

minados e oprimidos. "Do mesmo modo que não pode haver um jardim com uma só flor, ou uma orquestra com um só instrumento, não podemos esperar que todos os cidadãos da Turquia pensem de uma única forma. Do mesmo modo que em um jardim as flores que têm cores diferentes podem, sob a vigilância de um jardineiro experimentado, viver na diversidade das cores e dos perfumes, os povos turco e curdo têm a possibilidade de conviver no respeito de suas respectivas identidades e culturas. Do mesmo modo que numa orquestra as dezenas de vozes e instrumentos podem, sob a direção de um maestro competente, combinar-se, os povos turco e curdo têm o direito de levar uma existência multicolorida e polifônica. Se as gentes anseiam por usar a sua língua materna nas escolas e nas televisões, não há o que temer, pois cabe reconhecer que o que está em causa é o mais natural dos direitos dos cidadãos deste estado."[19]

O transculturalismo é uma condição e um produto das migrações transnacionais, dos movimentos dos indivíduos, famílias, grupos, coletividades, sempre envolvendo diferentes etnias e distintos elementos culturais. Ao mesmo tempo em que se formam bolsões, enclaves ou guetos, também multiplicam-se os contatos, intercâmbios, mesclas, hibridações, mestiçagens ou transculturações. Criam-se novos contextos socioculturais, outras possibilidades de produção material e espiritual, contextos esses nos quais multiplicam-se as diversidades, desigualdades, intolerâncias, tensões, xenofobias, etnicismos e racismos. Em todos os níveis, sob as mais diversas e contraditórias formas, desenvolve-se a transculturação, envolvendo os mais diversos e distintos signos culturais, passando por instituições, padrões e valores, desde os religiosos aos lingüísticos, da ética do trabalho ao sistema de parentesco, do culto das tradições ao interesse pelas inovações.[20]

---

[19] Orhan Dogan, deputado que teve cassados os seus direitos políticos na sessão do dia 2 de março de 1994 da Grande Assembléia Nacional Turca, conforme "La Diversité des couleurs et des parfums", *Le Monde diplomatique*, n.º 483, Paris, junho de 1994, p. 11.
[20] Fernando Ortiz, *Contrapunteo cubano del tabaco y el azúcar*, Havana, Jesus Mon-

Essa é uma longa história. Desde os primórdios do capitalismo, está em curso um vasto processo de transculturação, envolvendo tanto tribos, nações e nacionalidades como culturas e civilizações. As grandes navegações marítimas, o descobrimento, a invenção e a conquista do Novo Mundo, a instalação de postos, feitorias, enclaves e colônias na Ásia, Oceania e África, além dos vaivéns dos contatos, tensões e lutas que ocorrem continuamente na própria Europa, tudo isso envolve sempre a transculturação. A despeito da conquista, violência e destruição de criações culturais de todos os tipos e em todo o mundo, envolvendo a cultura material e espiritual, a despeito da intensa e generalizada destruição que os europeus e outros povos espalharam pelo mundo, sempre ocorreu e continua a ocorrer a transculturação. Há sempre intercâmbios, permutas, mesclas, hibridações, mestiçagens e outras manifestações da maior importância nas configurações e nos movimentos das comunidades e sociedades, ou das tribos, nações e nacionalidades. As mais diversas culturas e civilizações que compõem o mapa do mundo são postas em contato, intercomunicam-se, tensionam-se, mutilam-se e transformam-se. Mesmo quando há reações tradicionalistas, quando procuram fechar-se aos intercâmbios mais arriscados ou agressivos, mesmo nestes casos a reafirmação de instituições, padrões e valores socioculturais implica alguma mudança.[21]

tero Editor, 1940, esp. cap. II: "Del fenómeno social de la transculturación y de su importancia en Cuba"; Bronislaw Malinowski, "Introducción", *Contrapunteo cubano del tabaco y el azúcar*, citado; Ángel Rama, *Transculturación narrativa en América Latina*, México, Siglo Veintiuno Editores, 1982; Roger Bastide, "Problèmes de l'entrecroisement des civilisations et de leurs oeuvres", publicado por Georges Gurvitch (direção), *Traité de sociologie*, 2 vols., Paris, Presses Universitaires de France, 1960, tomo 2, pp. 315-330.

[21] E. Franklin Frazier, *Race and Culture Contacts in the Modern World*, Nova York, Alfred A. Knopf, 1957; Michael Banton, *Race Relations*, Londres, Tavistok Publications, 1967; Claude Lévi-Strauss, *Raça e história*, 2ª edição, trad. de Inácia Canelas, Lisboa, Editorial Presença, 1975; Frantz Fanon, *Pele negra, máscaras brancas*, trad. de Maria Adriana da Silva Caldas, Salvador, Livraria Fator, 1983; Albert Memmi, *Retrato do colonizado precedido pelo retrato do colonizador*, trad. de Roland Corbisier e Mariza Pinto Coelho, Rio de Janeiro, Paz e Terra, 1967.

Conforme demonstra a história das numerosas tribos, nações e nacionalidades que povoam a geografia dos continentes, ilhas e arquipélagos, sempre se manifestam movimentos no sentido de afirmar a singularidade desta ou daquela coletividade, deste ou daquele povo, com as peculiaridades da sua cultura material e espiritual. O mesmo processo de transculturação gera processos de diferenciação, reafirmação de identidades, recuperação de tradições, glorificação de santos e heróis, eleição de monumentos e ruínas. Tanto é assim que o transculturalismo está atravessado de localismos, nacionalismos, etnicismos, racismos, fundamentalismos. São muitos os processos que se desenvolvem simultaneamente à transculturação, em geral indicando formas de afirmação, recuperação ou invenção de identidades. Em todas as conjunturas em que se multiplicam e intensificam os intercâmbios sociais, culturais, econômicos e políticos, há sempre manifestações de autodefesa, refúgio, isolamento ou fuga. "É verdade que, ao mesmo tempo em que o mundo se globaliza, enquanto a escala da economia e da administração dos negócios fica mais vasta e mundial, existe uma tendência psicológica das pessoas de olhar para algumas coisas com as quais elas possam se identificar, uma espécie de refúgio da globalização."[22]

Esse é o contexto em que se reabre o debate sobre identidade e alteridade, ou diversidade. Uns buscam e rebuscam a identidade pretérita ou imaginária, a caminho da nostalgia; outros, a identidade futura, possível ou imaginária, a caminho da utopia. Mas há os que reconhecem que a identidade é somente um momento da consciência social, algo presente e evidente, mas episódico, fugaz. Reconhecem que a identidade pode ser diferenciada, múltipla, contraditória, em movimento. Ao mesmo tempo que se afirma um modo de ser, mobilizam-se relações e elementos culturais, formas de agir, sentir e pensar alheios, com os quais se busca afirmar ou imaginar a identidade, individual ou coletiva. Mas sempre essa consciência-em-si está sujeita a transfigurar-se em algo diverso, quando se forma a consciência-para-

---

[22] Eric Hobsbawm, "O século radical", entrevista a Otávio Dias, *Folha de S. Paulo*, São Paulo, 30 de julho de 1995, p. 7.

si. "Aqueles que estão fechados dentro de uma sociedade, de uma nação ou de uma religião tendem a imaginar que a sua própria maneira de viver e de pensar tem validade absoluta e imutável e que tudo que contraria seus padrões é, de alguma forma, 'anormal', inferior e maligno. Aqueles que, por outro lado, vivem dentro dos limites de várias civilizações compreendem mais claramente o grande movimento..."[23] Podem conceber a realidade como dinâmica, plural, multicolorida e polifônica.

No âmbito da sociedade global, tanto se desenvolve a integração como a fragmentação. As mesmas relações, processos e estruturas que expressam a globalização produzem e reproduzem diversidades e desigualdades, convergências e tensões, interdependência e contradições. Na medida em que a globalização abala os quadros sociais e mentais de referência, os dilemas e as perspectivas parecem multiplicar-se, afetando práticas e convicções, hábitos e ilusões. O que parecia estável, definido, cristalizado ou mesmo resolvido logo se manifesta difícil, problemático ou inquietante. Em lugar do fim da geografia e da história, o choque de civilizações; em lugar da nova ordem mundial, as guerras e revoluções.

Este é o cenário em que a questão racial adquire características surpreendentes, que pareciam impossíveis. Em pouco tempo, ocorre uma nova onda de racialização do mundo. Sociedades nacionais que pareciam integradas de repente revelam-se desagregadas. Surgem etnicismos e racismos desconhecidos, além dos que estavam adormecidos. As tensões raciais atropelam as tensões de classes, complicando ainda mais as tendências de integração e as manifestações de fragmentação. Em pouco tempo, muitos se mostram preocupados, quando não literalmente assustados, com as "guerras" de raças e o "pandemônio" étnico abalando fronteiras reais e imaginárias.

---

[23] Isaac Deutscher, *O judeu não-judeu e outros ensaios*, trad. de Moniz Bandeira, Rio de Janeiro, Civilização Brasileira, 1970, p. 36. Consultar também Hannah Arendt, *The Origins of Totalitarism*, Nova York, Meridian Books, 1996, esp. Primeira Parte: "Antisemitism".

Vistos em perspectiva histórica e geográfica, os problemas raciais que se manifestam em todo o mundo logo suscitam o contraponto "raça" e "classe", além de envolver, em muitos casos, também a "casta" ou o "estamento". Essas são categorias por meio das quais têm sido taquigrafadas características reais ou imaginárias de indivíduos, famílias, grupos e povos. Aliás, a "nação", "classe", "casta", "estamento" e "raça", entre outros, são categorias freqüentes em todo o mundo, ainda que em diferentes conotações; mas sempre utilizadas para classificar as características reais e imaginárias de indivíduos, tribos, povos, nacionalidades e nações. Estas categorias sintetizam, para uns e outros, o modo pelo qual concebem a si mesmos e aos outros. É como se fosse uma "linguagem" comum, mais ou menos universalizada, que permite delimitar, localizar e classificar as diversidades e desigualdades que se constituem na dinâmica da realidade social, em escala local, nacional, regional ou mundial.

Em alguma medida, o que se pode observar mais ou menos claramente no fim do século XX, todas as sociedades nacionais estão estruturadas em classes sociais, além das diversidades étnicas, da distribuição por sexo e idade, das distintas coletividades religiosas, dos diferentes agrupamentos lingüísticos. São evidentes as diversidades que configuram as nações, as nacionalidades, as tribos, os grupos sociais, as classes sociais e outras realidades e classificações. Mas é inegável que as linhas de classe desenham mais ou menos nitidamente as estruturas e as organizações sociais, em níveis locais, nacionais, regionais e mundiais. Há configurações de classes que se desenham na escala das nações, enquanto que outras desenham-se na da sociedade mundial; da mesma forma que são evidentes as linhas de raça que desenham mais ou menos nitidamente as formas de sociabilidade, a distribuição dos indivíduos nas organizações e estruturas sociais, em qualquer nível. Há setores das classes sociais, dominantes e subalternas, que se articulam em âmbito local, nacional, regional e mundial, da mesma forma que setores das diferentes coletividades raciais. E essas duas categorias, compreendendo formas de sociabilidade, mesclam-se todo o tempo em todos os lugares. Umas vezes mesclam-se pouco, outras bastante, mas sempre mesclam-se em alguma medida. Nos Estados Unidos e no Brasil, assim como na África do Sul, pode haver empresários negros, ou professores universitários negros, mas sempre em proporções muito menores do que os coeficientes de negros no conjunto de cada uma das populações. Na Índia já se abrem alguns espaços para indivíduos oriundos de castas subalternas, mas sempre em proporção muito menor do que o seu coeficiente no conjunto da população do país. No México e no Peru, os indivíduos de origem asteca, maia ou inca podem alcançar posições no alto da hierarquia social, mas em proporção inferior à do coeficiente deles no conjunto de cada população nacional. Enfim, as linhas de classe e raça mesclam-se e às vezes confundem-se, mas não se dissolvem umas nas outras, a não ser em raros casos.

Em muitos lugares, os problemas raciais suscitam o contraponto raça, classe e casta, ou estamento. São formas de sociabilidade distintas e bastante demarcadas, por suas especificidades, por seus enraizamentos nas tradições e mentalidades. Há sociedades, como a da Índia por exemplo, nas quais mesclam-se as linhas de raça, casta e classe. São diferentes, múltiplas e contraditórias as suas combinações possíveis, na esfera da família, igreja ou templo, escola, fábrica, escritório, empresa agrícola, organização governamental, sindicato, partido político e outros círculos de convivência e atividades sociais. Mas é inegável que raça, casta e classe não se dissolvem entre si. Mais que isso, recriam-se continuamente, umas vezes enrijecendo e outras flexibilizando as diversidades e as desigualdades sociais. "A morte de 120 manifestantes que exigiam do governo indiano o reconhecimento de sua casta no mês passado (novembro de 1994) lembrou ao mundo de maneira macabra o predomínio da consciência de casta na Índia... Enquanto a Índia luta para liberalizar e modernizar sua economia, aprova, paradoxalmente, normas que estimulam as divisões sociais baseadas nas castas. Nem a propagação da educação em massa, nem a divulgação dos modernos valores através do rádio e da televisão via satélite conseguiram coibir uma notável exploração da consciência de casta... A causa das 'castas inferiores' foi levada a sério pelo dr. B. R.

Ambedkar, um intocável que chegou a ser ministro no primeiro governo da Índia independente. Sua cruzada não conseguiu acabar com os preconceitos de casta, mas garantiu um compromisso constitucional reservando 22,5% dos empregos no governo e das vagas nas escolas para os intocáveis, os mais baixos dos inferiores."[24]

Note-se, no entanto, que o contraponto raça, classe e casta, ou estamento, continua presente em muitas nações, no século XX. Algo que se iniciou no século XVI, com o mercantilismo e o colonialismo, ou a acumulação originária, continua nos séculos subseqüentes, evidentemente com modificações mais ou menos notáveis. No fim do século XX esse contraponto está na base de muitas tensões sociais. É o que se pode observar na África do Sul, no Egito, Brasil, Paraguai, México, Estados Unidos, Japão, na China, Rússia e outros países. Também em países da Europa Ocidental subsistem resquícios de tradições feudais, a despeito do amplo predomínio das classes, etnias e raças, como determinações sociais.

Tomados singularmente ou como coletividades, os indivíduos distinguem-se uns dos outros como pertencentes à mesma "raça", ou como pertencentes a raças distintas, com base na trama das relações sociais, nas quais emergem traços fenotípicos ou marcas étnicas, como signos de semelhanças, diferenças, polarizações ou propriamente oposições. Essa trama de relações sociais alimenta-se de elementos presentes e passados, continuamente incorporados, recriados, modificados, atenuados ou exacerbados. É claro que o padrão de relações raciais que se forma, desenvolve ou transforma nesta ou naquela sociedade pode ser mais ou menos influenciado pelas heranças do passado recente ou distante que se criam e recriam na trama das relações que se desenvolvem no presente. Há estereótipos raciais, positivos ou negativos, aparentemente muito remotos em termos de espaço e tempo, mas que podem ressoar no presente das relações raciais, nesta ou

---

[24] Stefan Wagstyl, "Índia: A paradoxal convivência com a modernidade numa sociedade dividida em castas", *Gazeta Mercantil*, São Paulo, 9 de dezembro de 1994, p. 2. Artigo traduzido do *Financial Times*.

naquela esfera de sociabilidade, neste ou naquele âmbito local, nacional, regional ou mundial. Em vários lugares, em países das Américas, os imigrantes poloneses e os alemães discriminam-se reciprocamente, reelaborando estereótipos ou ideologias raciais que haviam desenvolvido nos séculos de suas relações mais ou menos problemáticas na Europa. Algo semelhante repete-se entre imigrantes europeus na Ásia, Oceania e África. Na Europa e nos Estados Unidos ressoam estereótipos ou ideologias raciais que haviam germinado na atividade colonial ou imperialista desenvolvida por ingleses, franceses, holandeses, belgas, alemães, italianos e outros em diferentes territórios, tribos, feitorias, enclaves, colônias, nacionalidades ou nações.[25]

Na medida em que se inserem na trama das relações sociais, as semelhanças, diferenças, polarizações e antagonismos raciais adquirem a conotação de técnicas sociais. Entram no jogo das forças sociais, propiciando codificações ou cristalizações não só de diversidades, mas de hierarquias e desigualdades. Nesse sentido é que as ideologias raciais podem tornar-se forças sociais não só básicas mas decisivas, garantindo a reiteração e recriação de hierarquias e desigualdades que parecem "raciais", mas que na realidade são propriamente sociais, no sentido de simultaneamente econômicas, políticas e culturais. E tudo isso se manifesta nos mais diversos círculos de convivência, desde a fábrica e o escritório à escola e à igreja, templo ou terreiro, desde a fazenda, *plantation* e agroindústria à família, mídia e cultura de massa; seja na Europa, Ásia, Oceania, África, Caribe ou Américas.

---

[25] Richard Hofstadter, *Social Darwinism in American Thought*, Boston, Beacon Press, 1967; David Brion Davis, *The Problem of Slavery in Western Culture*, Londres, Penguin Books, 1970; E. Franklin Frazier, *Race and Culture Contacts in the Modern World*, Nova York, Alfred A. Knopf, 1957; Eric R. Wolf, *Europe and the People Without History*, Berkeley, University of California Press, 1982; K. M. Panikkar, *A dominação ocidental da Ásia*, 3ª edição, trad. de Nemésio Salles, Rio de Janeiro, Paz e Terra, 1977; Edward W. Said, *Orientalismo (O Oriente como invenção do Ocidente)*, trad. de Tomás Rosa Bueno, São Paulo, Companhia das Letras, 1990.

Os indivíduos, grupos, classes, coletividades ou povos estão continuamente definindo-se e redefinindo-se reciprocamente. Independentemente de suas características étnicas, desenvolvem ideologias raciais, classificando-se como diferentes ou semelhantes, iguais ou estranhos, opostos ou antagônicos. Mobilizam características étnicas ou traços fenotípicos, para distinguir, assemelhar, discriminar ou oprimir. Sempre reelaboram socialmente o "outro", de modo a transformá-lo em igual, semelhante, diferente, estranho, exótico, estrangeiro ou inimigo. Isto é o que ocorre, por exemplo, na França de 1995, no que se refere a imigrantes "árabes", ainda que haja diferenciações. "Para o homem da rua, imigrado significa integrista; para o comerciante, delinqüente; para o policial, clandestino."[26]

Esse é o modo pelo qual a "etnia" tende a ser recoberta pela "raça", no sentido de estereótipo racial, intolerância, preconceito, segregação, barreira, perseguição ou guerra raciais. Sob vários aspectos, a "raça" e o "racismo" são produzidos na trama das relações sociais e no jogo das forças sociais, quando as características étnicas ou os traços fenotípicos são transformados em estigmas. E tudo isso se articula vivamente nas ideologias raciais de uns e outros.

As ideologias raciais enraízam-se nessa complexa teia de relações sociais, nesse intricado jogo de forças sociais, envolvendo estilos de vida ou visões do mundo. A multiplicidade dos movimentos de indivíduos e coletividades, em âmbito local, nacional, regional e mundial, põe em confronto diversidades, desigualdades e contradições que se revelam a matéria-prima de xenofobias, preconceitos, intolerâncias, autoritarismos, anti-semitismos, estereótipos, estigmas, etnicismos ou racismos. Sob certos aspectos, as ideologias podem ser sínteses do complexo jogo das relações por meio das quais se encontram, acomodam, confrontam e tensionam diversidades e desigualdades, ou estilos de vida e visões do mundo. As ideologias taquigrafam, reiteram, naturalizam ou cristalizam identidades e antinomias, ou diversidades e

---

[26] Gilbert Rochu, "Du controle des frontières au racisme ordinaire", *Le Monde diplomatique*, Paris, junho de 1995, p. 19.

antagonismos. O racismo pode ser um elemento básico, freqüentemente essencial, da "identidade" com a qual se apresenta o indivíduo, grupo, coletividade ou povo. Uma parte importante da identidade do branco europeu, ou do branco norte-americano, depende da sua afirmação de superioridade em face de "outros", tais como africanos, asiáticos, latino-americanos ou outros. Há sempre certa dose de darwinismo social, latente ou explícito, na prática e no pensamento de europeus e norte-americanos em suas relações com os "outros". É óbvio que também os "outros", sejam eles japoneses, chineses, hindus, árabes, sul-americanos, caribenhos ou eslavos, também respondem ideologicamente. Ainda que em distintas gradações, todos estão inseridos no vasto processo de racialização do mundo.

Há algo de muito particular e simultaneamente de muito geral que faz com que as marcas raciais, ou fenotípicas, sejam reelaboradas socialmente como estigmas, consubstanciando e alimentando a xenofobia, o etnicismo, o preconceito ou o racismo. Este pode ser o núcleo da questão: a metamorfose da marca em estigma. É claro que essa transformação é elaborada e reelaborada socialmente, tanto em termos de senso comum como de conhecimento que se propõe científico. São várias as interpretações relativas aos desenhos do mapa do mundo, ou aos movimentos da geografia e da história, nos quais muitas coletividades e muitos povos são localizados, classificados, hierarquizados e discriminados. São interpretações que realizam a mágica de eleger o eurocentrismo, a ocidentalidade, o arianismo, a civilização judaico-cristã ou o capitalismo como parâmetro da história universal: selvagens, bárbaros e civilizados, subdesenvolvidos e desenvolvidos, agrários e industrializados, arcaicos e modernos, periféricos e centrais, ocidentais e orientais, históricos e sem história.

CAPÍTULO VIII A idéia de globalismo

A história dos povos, das nações e do mundo registra várias configurações histórico-sociais mais ou menos abrangentes, tais como o feudalismo e o escravismo antigo, tanto quanto o mercantilismo, o colonialismo e o imperialismo, ou o capitalismo e o socialismo. O globalismo é uma configuração histórico-social abrangente, convivendo com as mais diversas formas sociais de vida e trabalho, mas também assinalando condições e possibilidades, impasses e perspectivas, dilemas e horizontes. Tanto é assim que no âmbito do globalismo emergem ou ressurgem localismos, provincianismos, nacionalismos, regionalismos, colonialismos, imperialismos, etnicismos, racismos e fundamentalismos; assim como reavivam-se os debates, as pesquisas e as aflições sobre a identidade e a diversidade, a integração e a fragmentação. Mas o que se desenvolve e predomina, recobrindo e impregnando as mais diferentes situações, é o globalismo. A despeito de tudo o que preexiste e subsiste, em todas as suas peculiaridades, generalizam-se as relações, os processos e as estruturas que constituem o globalismo.

O globalismo pode ser visto como uma configuração histórico-social no âmbito da qual se movem os indivíduos e as coletividades, ou as nações e as nacionalidades, compreendendo grupos sociais, classes sociais, povos, tribos, clãs e etnias, com as suas formas sociais de vida e trabalho, com as suas instituições, os seus padrões e os seus valores, Juntamente com as peculiaridades de cada coletividade, nação ou nacionalidade, com as suas tradições ou identidades, manifestam-se as configurações e os movimentos do globalismo. São realidades sociais, econômicas, políticas e culturais que emergem e dinamizam-se com a globalização do mundo, ou a formação da sociedade global.

É óbvio que na base do globalismo, nos termos em que se apresenta no fim do século XX, anunciando o século XXI, está o capitalismo. As forças decisivas, pelas quais se dá a globalização do mundo, instituindo uma configuração histórico-social nova, surpreendente e determinante, são as forças deflagradas com a globalização do capitalismo, processo esse que adquiriu ímpetos excepcionais e avassaladoras desde a Segunda Guerra Mundial e mais ainda com a Guerra Fria, entrando em franca expansão após o término desta.

O globalismo não nasce pronto, acabado, e muito menos presente, visível, evidente. Revela-se aos poucos, seja à observação, seja ao pensamento. Aparece e desaparece, conforme o lugar, o ângulo de visão, a perspectiva ou a imaginação. Umas vezes parece inexistente, e outras se mostra evidente, estridente.

Ocorre que o globalismo é produto e condição de múltiplos processos sociais, econômicos, políticos e culturais, em geral sintetizados no conceito de globalização. Resulta de um jogo complexo de forças atuando em diferentes níveis da realidade, em âmbito local, nacional, regional e mundial. Algumas destas forças emergem com o nascimento do capitalismo, ao passo que outras surgem com o colonialismo e o imperialismo, compreendendo a formação de monopólios, trustes, cartéis, corporações transnacionais. Há raízes do globalismo que vêm de longe, ao passo que outras emergem com a Guerra Fria e desenvolvem-se com a desagregação do bloco soviético e a dissolução ou reforma dos regimes socialistas, compreendendo os países da Europa Central, a União Soviética, a China Continental, o Vietnã, Moçambique, Angola e outros.

Em uma formulação preliminar, o globalismo diz respeito a uma realidade social, econômica, política e cultural articulada em âmbito propriamente global, a despeito de suas conotações locais, nacionais, regionais ou outras. E emerge de forma particularmente evidente, em suas configurações e em seus movimentos, no fim do século XX, a partir do desabamento do mundo bipolarizado em capitalismo e comunismo. Pode ser visto como produto e condição de uma ruptura histórica de amplas proporções que ocorre nessa época. "Os historiadores não precisam mais inventar o mundo, a fim de estudar a história mundial. O mundo existe como um fato material e como prática diária na organização global da produção e da destruição."[1]

As transformações que estão ocorrendo no mundo na segunda metade do século XX, anunciando o XXI, podem ser encaradas como as manifestações de uma ruptura histórica mais ou menos drástica e geral, com implicações práticas e teóricas fundamentais. São transformações repentinas e lentas, parciais e totais, visíveis e invisíveis, surpreendendo uns e outros em todos os lugares, continentes, ilhas e arquipélagos. Ocorrem em nível local, nacional, regional e mundial, envolvendo as condições sociais, econômicas, políticas e culturais de indivíduos, famílias, grupos sociais, classes sociais, coletividades, povos, nações e nacionalidades. A geografia e a história parecem entradas em novo ciclo, adquirindo movimentos inesperados e dimensões surpreendentes. Realidades geográficas e históricas que pareciam estáveis ou ultrapassadas ressurgem de repente, ao mesmo tempo que se desenham novos mapas do mundo. São cartografias desesperadas destinadas a redesenhar os espaços e os tempos fugidos dos seus lugares inesperados. Também ideais e projetos individuais e coletivos são abalados, ou envelhecem repentinamente, quando ressurgem antigas nostalgias e criam-se novas utopias. Tudo parece continuar no mesmo lugar, inabalado, o mesmo ou evidente, quando tudo se abala, transforma, desmorona ou recria, de tal maneira que o mundo adquire outros movimentos, diferentes configurações. Abalam-se os quadros sociais e mentais de referência, gerando impasses e aflições, ou crises e conflitos, tanto quanto perspectivas e horizontes. Sob muitos aspectos, as transformações que estão ocorrendo no mundo no fim do século XX, sugerindo os primeiros lineamentos do XXI, são manifestações de uma ruptura de amplas proporções, por suas implicações práticas e teóricas. Inicia-se outro ciclo da história, talvez mais universal do que outros, e cenário espetacular de outras forças sociais e outras lutas sociais.

---

[1] Charles Bright e Michael Geyer, "For a Unified History of the World in the Twentieth Century", *Radical History Review*, n.º 39, Nova York, 1987, pp. 69-91; citação da p. 69.

A ERA DO GLOBALISMO

Na base da ruptura que abala a geografia e a história no fim do século XX está a globalização do capitalismo. Em poucas décadas, logo se revela que o capitalismo se tornou um modo de produção global. Está presente em todas as nações e nacionalidades, independentemente de seus regimes políticos e de suas tradições culturais ou civilizatórias. Aos poucos, ou de repente, as forças produtivas e as relações de produção organizadas em moldes capitalistas generalizam-se por todo o mundo. Alcançam não só as tribos e os clãs, ou as nações e as nacionalidades, mas também os países nos quais se havia criado o regime socialista ou a economia centralmente planificada.

Em praticamente todos os países que se declaravam socialistas, assim como nos que continuam a declarar-se, ocorrem inversões de capitais e inovações tecnológicas promovidas por corporações transnacionais e associações de transnacionais com empresas nacionais privadas ou estatais. Simultaneamente, realizam-se reformas institucionais, compreendendo a desestatização de empresas, a desregulação da economia, a mudança da legislação trabalhista e a abertura dos mercados. Está em curso a transição do regime da economia centralmente planificada para a economia de mercado. Um exemplo: em julho de 1995 os Estados Unidos reatam as suas relações com o Vietnã, normalizando estas relações depois da derrota norte-americana na Guerra do Vietnã, que se havia prolongado de 1964 a 1975. "Foi uma decisão basicamente econômica. O Vietnã é um dos mercados emergentes da Ásia e candidato a tigre asiático... Em Hanói, representantes do Banco Mundial firmaram ontem um empréstimo de US$ 265 milhões para obras de infra-estrutura (energia elétrica e irrigação) no Vietnã. Com isso, chegam a US$ 740 milhões os empréstimos sem juros feitos pelo banco desde novembro de 1993."[2] Está em curso o desenvolvimento extensivo e intensivo do capitalismo nas nações que se organizavam em moldes socialistas. Em pouco tempo, essas nações transformam-se em fronteiras do capitalismo mundial, com as quais este desenvolve ainda mais as suas forças produtivas e relações de produção.

---

[2] "Trinta anos depois, Clinton reata com Vietnã", *O Estado de S. Paulo*, São Paulo, 12 de julho de 1995, p. A-10.

A IDÉIA DE GLOBALISMO

Na medida em que se globaliza, o capitalismo tanto abre novas fronteiras de expansão como recria os espaços nos quais já estava presente. Além de influenciar decisivamente a desagregação e a reforma ou dissolução dos regimes socialistas em todo o mundo, o capitalismo cria e recria fronteiras de expansão das suas forças produtivas e relações de produção. Globalizam-se as relações, os processos e as estruturas que configuram a dinâmica da empresa e corporação, do mercado e planejamento, das técnicas produtivas e das formas de organização do trabalho social. Ao lado das peculiaridades socioculturais de cada tribo, clã, nação ou nacionalidade, desenvolvem-se as tecnologias e as mentalidades organizadas com base nos princípios da produtividade, competitividade. Aos poucos, ou de repente, o consumismo se generaliza e intensifica, transfigurando expectativas e comportamentos.

Sim, o capitalismo se apresenta como um modo de produção e um processo civilizatório. Além de desenvolver e mundializar as suas forças produtivas e as suas relações de produção, desenvolve e mundializa instituições, padrões e valores socioculturais, formas de agir, sentir, pensar e imaginar. Nas diferentes tribos, clãs, nações e nacionalidades, ao lado das suas diversidades culturais, religiosas, lingüísticas, étnicas ou outras, formam-se ou desenvolvem-se instituições, padrões e valores em conformidade com as exigências da racionalidade, produtividade, competitividade e lucratividade indispensáveis à produção de mercadorias, sem as quais não se realiza a mais-valia. Os princípios da liberdade, igualdade e propriedade, articulados jurídico-politicamente no contrato, aos poucos se impõem e generalizam em ambientes sociais em que prevalecem tribalismos, tradicionalismos, patriarcalismos e patrimonialismos. Aos poucos, a comunidade é recoberta pela sociedade, a sociabilidade baseada nas prestações pessoais, ou na produção de valores de uso, é recoberta ou substituída pela sociabilidade baseada no contrato, na produção de valores de troca. Simultaneamente, ocorre a secularização da cultura e do comportamento, a individuação, a emergência do individualismo possessivo e, em alguns casos, da cidadania.

É claro que os conceitos de localismo, nacionalismo, regionalismo e internacionalismo, assim como os de colonialismo e imperialismo, entre outros, continuam válidos, permitindo descrever e eventualmente interpretar situações. Há realidades que se podem caracterizar como locais, nacionais, regionais e internacionais, às quais aqueles conceitos se referem e que apreendem muito bem. Mas cabe reconhecer que eles em geral estão referidos ao "parâmetro" representado pelo nacionalismo, pela sociedade nacional ou pelo estado-nação. Mesmo na África, Ásia, Oceania, América Latina, no Caribe e em certas partes da Europa do Leste, lugares em que subsistem às vezes fortes e ativas formações "tribais", "clânicas", "étnicas', "religiosas" ou outras combinando-as, mesmo aí o parâmetro por excelência é o nacionalismo, o estado-nação. O estado-nação criado na Europa Ocidental com o capitalismo, ou com a revolução burguesa, transformou-se em "modelo" levado, imposto ou adotado nos quatro cantos do mundo. Essa é uma longa história, acompanhando o mercantilismo, o colonialismo e o imperialismo, ainda desdobrando-se no globalismo. Uma história que acompanha o desenvolvimento desigual e combinado do capitalismo pelo mundo afora, como modo de produção e processo civilizatório.

O que ocorre no fim do século XX, com o desenvolvimento intensivo e extensivo do capitalismo pelo mundo, abrindo ou reabrindo fronteiras, é a emergência de uma configuração geistórica original, dotada de peculiaridades especiais e de movimentos próprios, que se pode denominar de global, globalizante, globalizada ou globalismo. Trata-se de uma realidade social, econômica, política e cultural de âmbito transnacional. Pode recobrir, impregnar, mutilar ou recriar as mais diversas formas de nacionalismos, assim como de localismos, provincianismos, regionalismos e internacionalismos, bem como de colonialismos e imperialismos. Nem sempre anula o que preexiste, mas em geral modifica o lugar e o significado do que preexiste. O globalismo modifica as condições e as possibilidades de espaço e tempo que se haviam constituído e codificado com base no parâmetro geistórico e mental representado pelo nacionalismo. Desterritorializam-se e reterritorializam-se em outros lugares, em outras durações, as coisas, as gentes e as idéias. Também assim se transforma o mapa do mundo, não só o que pode estar na geografia e na história, mas também o que pode estar nas mentes e nos corações.

Na medida em que se desenvolve, intensifica e generaliza, o processo de globalização modifica mais ou menos radicalmente realidades conhecidas e conceitos estabelecidos. Configurações geistóricas que pareciam cristalizadas revelam-se problemáticas, insatisfatórias ou anacrônicas. De um momento para outro, torna-se difícil manter as nações de Primeiro, Segundo e Terceiro Mundos. Simultaneamente, reduzem-se as distâncias e as diferenças entre o Oriente e o Ocidente, tanto no nível do imaginário como das relações, processos e estruturas que neles predominam. Torna-se impossível manter a distinção ideológica entre "povos históricos" e "povos sem história", da mesma forma que entre "ocidentais' e "orientais". Debilitam-se as fronteiras reais e imaginárias que se haviam desenhado nas épocas do colonialismo e do imperialismo, como o liberalismo, o evolucionismo e o darwinismo social. Em poucas décadas, intensifica-se e generaliza-se a adoção das tecnologias da eletrônica na produção material e espiritual, nos meios de comunicação e informação, o que influencia a maneira pela qual as coisas, as gentes e as idéias desterritorializam-se, como errantes do novo século.

São muitas as dúvidas e os questionamentos sobre os significados, as tendências e as implicações do globalismo. Algumas vezes as dúvidas e os questionamentos estão baseados no parâmetro representado pela sociedade nacional. Ainda que se fale em localismo ou regionalismo, bem como em identidade desta ou daquela modalidade, em geral estão referidas ao parâmetro representado pela sociedade nacional, ou o estado-nação. Outros lastimam as implicações danosas do globalismo, no que se refere ao agravamento ou à criação de problemas sociais, compreendendo o desemprego estrutural, etnocentrismo, racismo, fundamentalismo e outras manifestações de intolerância ou preconceito; e pensam que assim se nega o globalismo. Também há os que se iludem com a idéia de que a globalização implica integração, ou homogeneização, compreendendo a dissolução das diversidades ou identidades. São muitos os que alegam que o globalismo é apenas uma manifestação do imperialismo desta ou daquela nação mais poderosa, por meio de suas empresas, corporações ou conglomerados. Esquecem que as transnacionais desenraízam-se progressivamente, planejando e concretizando as suas atividades em termos de geoeconomias próprias, muitas vezes alheias às peculiaridades ou idiossincrasias de governos nacionais. E há os que imaginam que o globalismo é mera fabulação do neoliberalismo, como se a ideologia fosse suficiente para engendrar a história. O globalismo não se reduz ao neoliberalismo e muito menos se expressa apenas nessa ideologia. Tanto compreende o neoliberalismo como o socialismo. Pode e tem sido inclusive o cenário de outras tendências ideológicas, tais como o social-democratismo e o nazismo. Ocorre que o globalismo expressa novos desenvolvimentos da realidade social, em termos da intensificação e da generalização das forças produtivas e das relações capitalistas de produção. Trata-se de uma formação social global, desigual e problemática, mas global; uma configuração geistórica, social, econômica, política e cultural contraditória, ainda pouco conhecida em sua anatomia e em sua dinâmica. Está impregnada de tendências ideológicas, assim como de correntes de pensamento, simultaneamente à multiplicação de formações nacionais e dos regimes políticos, à pluralidade das culturas, religiões, línguas e etnias ou raças. Compreende múltiplos e diversificados grupos sociais, classes sociais, movimentos sociais, partidos políticos e correntes de opinião pública.

O neoliberalismo é uma das correntes de opinião pública, que parece predominante nos anos pós-Guerra Fria. Mesmo nos países dominantes, nos quais o neoliberalismo chega a ser a ideologia oficial, ele se choca ou combina, conforme o caso, com o estatismo, o protecionismo, o social-democratismo ou o nazismo. São tendências ideológicas que se manifestam em todos os quadrantes; ao mesmo tempo que em todos os quadrantes manifestam-se idéias, movimentos e partidos socialistas. Não se trata, pois, de pensar que a ideologia recobre e esgota a história; que a dinâmica da realidade se conforma aos ideais da ideologia. Se é verdade que a ideologia se reduz e desenvolve no movimento do todo social, no jogo das forças que movimentam a história, também é verdade que o jogo das forças que movimentam a história compreende distintas e simultaneamente antagônicas ideologias. O que ocorre há séculos no âmbito da sociedade nacional evidentemente também ocorre no âmbito da sociedade global; ainda que em outros termos, quando se manifestam obsolescências, ressurgências e novas tendências.

A rigor, todas as dúvidas e todos os questionamentos sobre os significados, as tendências e as implicações do globalismo dizem respeito a problemas reais. O globalismo leva consigo tendências de homogeneização, simultaneamente à criação e ao agravamento de problemas sociais; põe em causa o parâmetro estado-nação; implica fragmentação e provoca a ressurgência de localismos, provincianismos, nacionalismos, racismos e fundamentalismos. Sim, o globalismo é problemático e contraditório. Engendra e dinamiza relações, processos e estruturas de dominação e apropriação, de integração e fragmentação, pelo mundo afora. Tanto é assim que provoca tensões, antagonismos, conflitos, revoluções e guerras, ao mesmo tempo que propicia a criação de movimentos sociais de vários tipos, destinados a recuperar, proteger ou desenvolver as condições de vida e trabalho das mais diversas categorias sociais e "minorias", além e por sobre localismos, provincianismos, nacionalismos e regionalismos. Também os movimentos sociais empenhados em proteger, recuperar ou desenvolver o meio ambiente, ou os ecossistemas, expressam respostas mais ou menos notáveis a algumas das implicações do globalismo. É no âmbito do globalismo que se redescobre o planeta Terra, agora como realidade geistórica, e não mais como apenas um objeto da astronomia.

No âmbito do globalismo pode florescer o multiculturalismo. A despeito das tendências mais ou menos acentuadas no sentido da integração e às vezes de uma homogeneização avassaladora, na sociedade global multiplicam-se as diversidades, as hierarquias, as desigualdades e os antagonismos. Na mesma medida em que a sociedade global pode ser vista como uma vasta e intricada formação social, compreendendo nações e nacionalidades, tribos e clãs, povos e etnias, religiões e línguas, formas sociais de vida e trabalho, culturas e civilizações, nessa mesma medida pode ser vista como o cenário das diversidades socioculturais, do desenvolvimento desigual, combinado e contraditório, das perspectivas múltiplas. A mesma dinâmica da globalização, em termos sociais, econômicos, políticos e culturais, gera e desenvolve as condições da diversificação e da fragmentação. Tudo que é local, nacional e regional recebe o impacto da transnacionalização. Isto significa que os localismos, nacionalismos e regionalismos tanto se modificam como se reafirmam, naturalmente em outros termos, com outros elementos, compreendendo outros significados. Daí as emergências e as ressurgências, assim como a recriação de tradições, a reinvenção de identidades, o rebuscar de alternativas. As fronteiras reais e imaginárias tanto se dissolvem como se recriam, assim como surgem novas. Os espaços e os tempos modificam-se, podendo adquirir outros significados, ou mesmo multiplicar-se. Transformam-se os sentidos da geografia e da história, da biografia e da memória, do passado e do presente; assim como o futuro é atravessado por outras interrogações, nostalgias e utopias. No âmbito do globalismo podem florescer a perspectiva múltipla, a pluralidade das vozes, a polifonia do transculturalismo.

Mas é óbvio que esse cenário está organizado principalmente pelas corporações transnacionais e pelas organizações multilaterais, sintetizando as estruturas de dominação e apropriação que caracterizam o globalismo. São entidades que polarizam as relações, os processos e as estruturas de dominação política e apropriação econômica que tecem, articulam, movimentam e configuram o globalismo. Esse é o âmbito em que se constituem outras e novas condições de soberania e hegemonia. Quando as estruturas globais de poder se formam, desenvolvem e generalizam, nessa época alteram-se, reduzem-se ou mesmo podem anular-se as condições de soberania e hegemonia que se haviam constituído com base no parâmetro representado pela sociedade nacional, o estado-nação ou nacionalismo. Tanto se põem em causa as condições da soberania nacional como se põem em causa as condições e as possibilidades de construção ou exercício de hegemonia. É claro que assim se criam desafios para as categorias sociais subalternas. Para fazer face a essa situação, precisam começar por diagnosticar as relações, os processos e as estruturas que configuram e movimentam o globalismo.

Sob todos os aspectos, a sociedade global em formação com o globalismo se apresenta como um cenário não só problemático, mas contraditório. Na medida em que se desenvolve com base nas forças produtivas e nas relações capitalistas de produção, revela-se simultaneamente o cenário de novas forças sociais e novas formas de lutas sociais. As mesmas forças e as mesmas lutas que se desenvolvem no âmbito do nacionalismo, do colonialismo e do imperialismo passam a desenvolver-se também no âmbito do globalismo. Mais do que isso, na medida em que o globalismo se constitui em uma nova e poderosa totalidade social, isto é, geistórica, econômica, política e cultural, em todas as suas diversidades e em todos os seus antagonismos, nessa mesma medida o globalismo se revela o novo e intricado cenário de formas sociais e de lutas sociais, conhecidas e desconhecidas, todas envolvendo desafios práticos e teóricos.

A despeito das aparências, criando a impressão de que o localismo, o nacionalismo e o regionalismo prevalecem, a verdade é que o que prevalece, em termos históricos e teóricos, é o globalismo. O globalismo tende a subsumir as outras configurações sociais, ou geistóricas, e muito do que ocorre em âmbito local, nacional e regional tende a estar mais ou menos decisivamente determinado pelas configurações e pelos movimentos do globalismo. Nesse sentido é que o globalismo pode ser importante, ou até mesmo decisivo, enquanto novo e complexo cenário de forças sociais e de lutas sociais, assim como de guerras e revoluções. Já se modificaram bastante, nessa direção, os significados e as implicações das controvérsias, negociações, tensões, lutas, guerras e revoluções que ocorrem nas últimas décadas do século XX, anunciando o século XXI. O globalismo inaugura um novo ciclo da história, quando esta se movimenta como história universal. No passado, inclusive nos tempos do Iluminismo e por todo o século XIX, a história universal podia ser vista principalmente como uma idéia, ficção ou utopia. No século XX, e cada vez mais ao longo deste século, a história universal se revela real, um imenso e impressionante cenário, ainda que como babel e labirinto.

Desde que se fala em globalismo, logo se põe em causa o imperialismo. Um e outro se contrapõem, complementam, dinamizam ou atritam, conforme a dinâmica das relações, processos e estruturas que constituem o capitalismo como modo de produção mundial. Não se trata de imaginar que um nega ou anula o outro, mas de reconhecer que ambos se determinam reciprocamente. Entretanto, o globalismo subsume histórica e teoricamente o imperialismo. Trata-se de duas configurações históricas e teóricas distintas. Podem ser vistas como duas totalidades diferentes, sendo que uma é mais abrangente que a outra. O globalismo pode conter vários imperialismos, assim como distintos regionalismos, muitos nacionalismos e uma infinidade de localismos. Trata-se de uma totalidade mais ampla e abrangente, tanto histórica como lógica.

Note-se que cada imperialismo diz respeito a um todo histórico e lógico compreendido pela metrópole e pelas nações dependentes ou colônias. Tanto é assim que o imperialismo tem sido norte-americano, japonês, inglês, alemão, russo, holandês, belga, italiano ou outro. Trata-se de um conjunto articulado de nações, nacionalidades e tribos, sob o mando da nação que exerce um poder de tipo metropolitano. Sem esquecer que os imperialismos se conjugam e opõem, além de que convivem e sucedem. Podem estar mais ou menos ativos e agressivos ou decadentes e desativados.

Na medida em que se desenvolvem as forças produtivas e as relações de produção, acelerando a concentração e a centralização do capital em escala mundial, logo se forma uma configuração mais abrangente. As empresas, corporações e conglomerados transnacionais extrapolam as fronteiras preestabelecidas e movimentam-se pelos continentes, ilhas e arquipélagos. Aos poucos, as relações, os processos e as estruturas característicos do globalismo recobrem, impregnam, modificam ou recriam os nexos de cunho imperialista; mas em outros níveis, com outra dinâmica. Acontece que a reprodução ampliada do capital adquire novos dinamismos no âmbito do capitalismo global. Neste ambiente, as forças produtivas e as relações de produção adquirem outras possibilidades de desenvolvimento intensivo e extensivo. A nova divisão transnacional do trabalho e da produção provoca todo um rearranjo das fronteiras, recobrindo ou atravessando as mais diversas formas de organização social do trabalho e da produção: tribais, locais, nacionais e regionais.

O globalismo pode ser visto como uma configuração histórica, uma totalidade complexa, contraditória, problemática e aberta. Trata-se de uma totalidade heterogênea, simultaneamente integrada e fragmentária. Parece uma nebulosa, ou uma constelação, mas revela-se uma formação histórica de amplas proporções, atravessada por movimentos surpreendentes; de tal modo que desafia categorias e interpretações que pareciam consolidadas.

É no âmbito do globalismo que se desenvolve não só o imperialismo, mas o nacionalismo e o regionalismo. Mais que isso, é no âmbito do globalismo que se movem os indivíduos e as coletividades; as nações e as nacionalidades, os grupos sociais e as classes sociais, da mesma forma que aí se movem as organizações multilaterais e as corporações transnacionais.

Não se trata de negar a vigência do estado-nação, assim como do grupo social, classe social, partido político, movimento social. Tanto o indivíduo como a coletividade, assim como a nação e a nacionalidade, continuam ativos, presentes e decisivos. Mas todos estão inseridos no âmbito do globalismo, adquirindo significados e possibilidades no âmbito das configurações e dos movimentos da sociedade global. Nesse sentido é que a sociedade global é o novo palco da história, das realizações e lutas sociais, das articulações e contradições que movimentam uns e outros: indivíduos e coletividades, nações e nacionalidades.[3]

Sim, o globalismo é uma totalidade histórica e teórica, no âmbito da qual movem-se tanto o nacionalismo como o imperialismo. Desde

---

[3] James Manor (org.), *Rethinking Third World Politics*, Londres, Longman, 1991; David G. Becker, Jeff Frieden, Sayre P. Schatz e Richard L. Sklar, *Postimperialism (International Capitalism and Development in the Late Twentieth Century)*, Boulder & London, Lynne Rienner Publishers, 1987; Giovanni Arrighi, *O longo século XX*, trad. de Vera Ribeiro, São Paulo, Unesp, 1996.

que se forma a sociedade global, com base na globalização do capitalismo, o globalismo se revela uma surpreendente nebulosa, ou constelação, no âmbito da qual tanto se desenvolvem as lutas sociais como se revelam alguns perfis e algumas possibilidades da humanidade. Esse é o momento em que se pode começar a falar em história universal, não mais apenas como metáfora. Desde os horizontes abertos pelo globalismo, são outras e novas as possibilidades e as impossibilidades de integração e fragmentação, de soberania e hegemonia, ou de alienação e emancipação.

Sob todos os aspectos, o globalismo institui um horizonte excepcional para a reflexão sobre as mais diversas realidades sociais. Seja como hipótese ainda provisória, como querem alguns, seja como configuração geistórica e categoria teórica, como querem outros, o globalismo permite refletir sobre o presente, repensar o passado e imaginar o futuro.

O globalismo tanto desafia as nações e as nacionalidades como as mais diversas correntes teóricas das ciências sociais. Todas essas ciências defrontam-se com os desafios do globalismo, pela sua originalidade como objeto de reflexão e pelas urgências da sua interpretação. Em todo o mundo, evidentemente em distintas gradações, a realidade social, econômica, política e cultural está sob a influência mais ou menos decisiva das relações, dos processos e das estruturas que caracterizam o globalismo. São tantos e tais os desafios assim gerados que em todo o mundo as ciências sociais buscam e rebuscam conceitos, categorias e interpretações.[4]

Acontece que a mesma ruptura histórica que constitui o globalismo revela-se simultaneamente uma ruptura epistemológica. Da mesma forma que se abalam os quadros sociais de referência, abalam-se os quadros mentais de referência. Abalam-se os significados e as conotações do tempo e espaço, da geografia e história, do passado e

---

[4] Octavio Ianni, *A sociedade global*, 3ª edição, Rio de Janeiro, Civilização Brasileira, 1995; Octavio Ianni, *Teorias da globalização*, 2ª edição, Rio de Janeiro, Civilização Brasileira, 1996.

presente, da biografia e memória, da identidade e alteridade, do Ocidente e Oriente. Mais ainda, porque a globalização do mundo está sendo acelerada pelos desenvolvimentos dos meios de comunicação, compreendendo as condições de informação, interpretação, decisão e implementação, devido à multiplicação e generalização das tecnologias da eletrônica. A informática, passando pelas telecomunicações, as redes e as multimídias não só influenciam decisivamente as condições da produção material e espiritual como agilizam a desterritorialização e a miniaturização das coisas, gentes e idéias. Em poucas décadas, a realidade social, em sentido lato e em âmbito mundial, tem sido mesclada ou recoberta pelas mais diversas produções da realidade virtual. O globo terrestre revela-se geistórico, transforma-se em um todo simultaneamente real e virtual, organizado em termos de uma fábrica global, um *shopping center* global e uma aldeia global. Esse é o universo em que os indivíduos e as coletividades, as nações e as nacionalidades, as culturas e as civilizações parecem distantes e próximas, distintas e semelhantes, presentes e pretéritas, reais e imaginárias.

Esse é o objeto das metateorias. Diante dos desafios gerados com a globalização, as ciências sociais se deparam com problemas desconhecidos, ou problemas conhecidos mas modificados, transfigurados. Transformam-se as condições da soberania do estado-nação, assim como as condições de construção de hegemonia. Devido à nova divisão do trabalho, em escala global, os movimentos das forças produtivas ultrapassam continuamente as fronteiras nacionais. Em concomitância, as relações de produção, decisivamente influenciadas por instituições, padrões e valores característicos do capitalismo, generalizam-se por todo o mundo, mesclando-se com as instituições, os padrões e os valores socioculturais e jurídico-políticos locais, nacionais ou regionais. Muda o significado do grupo social, da classe social, do partido político, do movimento social e da corrente de opinião pública, com a transnacionalização do capitalismo e a generalização dos meios de comunicação, informação, interpretação, decisão e implementação, em geral sob o comando das corporações transnacionais e das organizações multilaterais. O indivíduo localiza-se e movimenta-se simultaneamente em âmbito local, nacional, regional e mundial. Aos poucos, ou de repente, as coisas, as gentes e as idéias desenraízam-se parcial ou totalmente, o que multiplica as identidades e as alteridades, bem como as diversidades e as desigualdades, complicando o nacionalismo e o cosmopolitismo. Ocorre que são múltiplas as relações, o processo e as estruturas que configuram o globalismo, além do nacionalismo e do regionalismo.

No âmbito do globalismo, tudo que é local pode ser simultaneamente nacional, regional e mundial. Da mesma maneira que se produz a mercadoria global e circula uma espécie de dinheiro global, desenvolve-se uma língua global. A despeito das singularidades das mercadorias, das moedas e das línguas, devido às diversidades das nações e nacionalidades, essas mesmas mercadorias, moedas e línguas são referidas, confrontadas e subsumidas em escala mundial. Tudo isso implicando realidades micro e macro, ao mesmo tempo que propriamente globais. São realidades que suscitam interpretações simultaneamente particularizantes e globalizantes.

É evidente que essa problemática logo suscita o método comparativo. Comparam-se localidades, nações e nacionalidades, assim como relações, processos e estruturas, em suas implicações sociais, econômicas, políticas e culturais; tudo isso envolvendo geografia e história, passado e presente, demografia e etnia, religião e língua. São muitas as possibilidades e as urgências da comparação. Esse tem sido o método por excelência da pesquisa nas ciências sociais, sempre que esteve e está em causa a sociedade nacional ou o estado-nação. E esse se torna o método ainda mais indispensável, quando se trata de refletir sobre as configurações e os movimentos da sociedade global. Trata-se da mais freqüente e eficaz modalidade de experimentação possível nessas ciências. A comparação pode ser encarada como um experimento indireto, mental ou imaginário.[5]

---

[5] Charles Tilly, *Big Structures, Large Processes, Huge Comparisons*, Russel Sage Foundation, Nova York, 1984; Theda Skocpol (org.), *Vision and Method in Historical Sociology*, Cambridge, Cambridge University Press, 1986; Else Oyen (org.), *Comparative Methodology (Theory and Practice in International Social Research)*, Londres, Sage Publications, 1990.

A IDÉIA DE GLOBALISMO

Sob todos os aspectos, o globalismo é o cenário da metateoria. Tanto é assim que são várias as interpretações do globalismo realizadas em moldes metateóricos, ou nas quais há nítidas sugestões nessa direção. Em uma época em que já se torna difícil alimentar as controvérsias epistemológicas sobre o pequeno relato e o grande relato, o individualismo metodológico e o holismo metodológico ou a microteoria e a macroteoria, nessa época se abre a possibilidade de desenvolver a metateoria. São tantos e tais os desafios do globalismo, relativos aos contrapontos parte e todo, passado e presente, sincrônico e diacrônico, singular e universal, que em pouco tempo aquelas controvérsias mudaram de sentido, ou envelheceram. O pequeno relato, o individualismo metodológico e a microteoria permitem alcançar muita clareza sobre realidades individuais e particulares, tais como identidade, alteridade, cotidianidade, vivência, ação comunicativa, escolha racional e outras. Ocorre, no entanto, que essas mesmas realidades revelam-se conexões ou manifestações de relações, processos e estruturas de envergadura mais ampla, com freqüência também mundial.

São muitos os autores e muitos os seus escritos contribuindo para o esclarecimento de diferentes aspectos sociais, econômicos, políticos, culturais, geográficos, históricos, demográficos, étnicos, religiosos, lingüísticos e outros do globalismo. Ao focalizar aspectos de interdependência das nações, guerras e revoluções, transnacionalização, internacionalização do capital, economias-mundo, sistemas-mundo, três mundos, Ocidente e Oriente, islamismo e cristianismo, globalização do capitalismo, sociedade informática, planeta Terra, mundo sem fronteiras, fábrica global, *shopping center* global, aldeia global, religiões mundiais, línguas mundiais, desterritorialização, miniaturização, mundo virtual, transnacionalismo, transculturalismo e outras características da globalização, contribuem mais ou menos decisivamente para o esclarecimento das relações, dos processos e das estruturas que constituem o globalismo.[6]

---

[6] Fernand Braudel, *A dinâmica do capitalismo*, trad. de Carlos da Veiga Ferreira, 2ª edição, Lisboa, Editorial Teorema, 1986; Immanuel Wallerstein, *O capitalismo*

São principalmente três as teorias que parecem mais freqüentemente mobilizadas para interpretar aspectos muito particulares ou mais abrangentes do globalismo: a sistêmica, a weberiana e a marxiana. Revelam-se sensíveis às diferentes gradações da realidade, a despeito de distintas entre si, apesar de se apoiarem em princípios epistemológicos diversos. É claro que há outras teorias também sensíveis ao esclarecimento de aspectos, implicações e tendências da realidade global. Estas são algumas: evolucionismo, funcionalismo, estruturalismo, fenomenologia e hermenêutica. Efetivamente contribuem para esclarecimentos às vezes fundamentais. Inclusive algumas vezes ressoam naquelas. Neste ensaio, no entanto, cabe priorizar apenas aquelas, por suas contribuições já evidentes à inteligência do globalismo e pelo fato de que possuem algumas características marcantes de metateorias.

A *teoria sistêmica* é a que se encontra mais generalizada, devido a sua adoção em ambientes universitários e extra-universitários. Está bastante presente no ensino e na pesquisa, entrando como base na preparação de profissionais, administradores, gerentes, políticos, assessores, consultores, membros de *think tanks*, equipes de pesquisadores. Fundamenta amplamente diagnósticos, prognósticos, planos,

---

histórico, trad. de Denise Bottmann, Brasiliense, 1985; Christian Palloix, *Les Firmes multinationales et le procès d'internationalisation*, Paris, Maspero, 1973; Samir Amin, *L'Eurocentrisme (Critique d'une idéologie)*, Paris, Anthropos, 1988; Richard Peet, *Global Capitalism (Theories of Societal Development)*, Londres, Routledge, 1991; Anthony G. McGrew e Paul G. Lewis (orgs.), *Global Politics*, Cambridge, Polity Press, 1992; Roland Robertson, *Globalization*, Londres, Sage Publications, 1992; Leslie Sklair, *Sociology of the Global System*, Nova York, Harvester Wheatsheaf, 1991; Renato Ortiz, *Mundialização e cultura*, São Paulo, Brasiliense, 1994; Robert Kurz, *O colapso da modernização*, trad. de Karen Elsabe Barbosa, São Paulo, Paz e Terra, 1992; Serge Latouche, *A ocidentalização do mundo*, trad. de Celso Mauro Paciornick, Petrópolis, Vozes, 1994; Jean Chesneaux, *Modernidade-mundo*, trad. de João da Cruz, Petrópolis, Vozes, 1995; Armand Mattelart, *Comunicação-mundo*, trad. de Guilherme João de Freitas Teixeira, Petrópolis, Vozes, 1994; Marshall McLuhan e Bruce R. Powers, *The Global Village*, Oxford, Oxford University Press, 1989; Paul Ekins, *A New World Order (Grassroots Movements for Global Change)*, Londres, Routledge, 1992.

programas e projetos, compreendendo também decisões e realizações, em conformidade com as diretrizes de agências governamentais, organizações multilaterais e corporações transnacionais. As diversas tecnologias de comunicação, informação e decisão, com as quais se movem essas agências, organizações e corporações, em geral são operadas com base nos princípios da teoria sistêmica. Os desenvolvimentos da cibernética, traduzidos com freqüência em tecnologias eletrônicas e informáticas, também têm sido mobilizados de modo a aprimorar os requisitos lógicos e operacionais da teoria sistêmica.

O que predomina nessa teoria é a interpretação sincrônica, com a qual a realidade é apresentada como um todo orgânico, funcional e auto-regulado. Baseia-se nas técnicas eletrônicas, compreendendo a informática, telecomunicação, automação, microeletrônica, robótica, rede, infovia, multimídia, tudo isso operando em nível local, nacional, regional e mundial, e servindo a empresa, agência de governo, mercado, planejamento, escola, igreja, saúde, cultura, público, audiência. É assim que o complexo e intricado "real" transforma-se em "virtual". Mais do que em qualquer outra teoria, a sistêmica permite uma passagem mais ou menos imediata e generalizada da realidade à virtualidade. Neste nível, o todo em causa pode ser organizado, administrado, reorientado e manipulado. Não contam o indivíduo, grupo, classe, coletividade, povo, etnia, raça, religião, língua; salvo o inglês, como o idioma da sociedade informática, das tecnologias eletrônicas e das estruturas de poder que se formam no âmbito da globalização. Contam os elos e as relações funcionais do todo sistêmico, compreendendo estados nacionais, organizações multilaterais, corporações transnacionais, mercados, zonas de influência, geoeconomias, geopolíticas, estruturas de poder e técnicas de comunicação, informação, negociação, decisão e implementação. Visto nessa perspectiva, portanto, o todo sistêmico é orgânico, funcional, auto-regulado, homeostático e cibernético; ou seja, um todo suscetível de aperfeiçoamento, mudança ou reorientação, mas sempre em termos de um refinamento do *status quo*, ou das condições de auto-regulação cibernética. Assim se interpreta a realidade social, seja ela local, nacional, regional ou mundial, segundo razões governamentais, geopolíticas, das corporações transnacionais, das organizações multilaterais ou outras. Podem ser concebidas como todos orgânicos, suscetíveis de ser explicados e operados como autônomos, ao mesmo tempo que podem ser concebidos como elos ou articulações de um todo mais abrangente, tal como a sociedade global. Se é assim, a interpretação sistêmica tende a ser predominantemente a-histórica.

Tomada como um sistema complexo, a sociedade mundial pode ser vista como um produto da diferenciação crescente dos sistemas que a antecedem e compõem. "Surge uma história mundial concatenada... Em todos os lugares, eletricidade vale como eletricidade, dinheiro como dinheiro, homem como homem — com as exceções que sinalizam um estado patológico, atrasado e ameaçado. Em todos esses planos pode-se registrar um rápido crescimento de coerências em escala mundial... Na medida em que esferas funcionais como a religião, a economia, a educação, a pesquisa, a política, as relações íntimas, o turismo do lazer e a comunicação de massas se desdobram automaticamente, elas rompem as limitações de território social às quais todas estão inicialmente sujeitas... A constituição da sociedade mundial é conseqüência do princípio da diferenciação social — formulando mais precisamente: a conseqüência da estabilização eficaz desse princípio de diferenciação. Frente a esse processo, o desenvolvimento científico-econômico-técnico e a positivação do direito não são fatores autônomos, mas tornaram-se possíveis pela mudança estrutural. Essa tese está relacionada à conclusão geral da teoria de sistemas..."[7]

Sob vários aspectos, a teoria sistêmica fundamenta políticas de modernização. Isto porque a evolução do sistema pode ser influenciada. "O sistema social pode mudar as suas estruturas somente pela evolução. Evolução pressupõe reprodução auto-referenciada, e muda as condições estruturais de reprodução pelos diversos mecanismos de

---

[7] Niklas Luhmann, *Sociologia do direito*, 2 vols., trad. de Gustavo Bayer, Rio de Janeiro, Tempo Brasileiro, 1985, vol. II, pp. 154-6.

diferenciação, tais como variação, seleção e estabilização. Alimenta desvios da reprodução normal. Tais desvios são em geral acidentais, mas no caso dos sistemas sociais podem ser intencionalmente produzidos... Somente a teoria da evolução pode explicar a transformação estrutural da segmentação à estratificação e da estratificação à diferenciação funcional; o que levou à sociedade mundial de hoje."[8]

Cabe lembrar que a teoria sistêmica incorpora, desenvolve e formaliza algumas contribuições das teorias funcionalista e estruturalista, bem como da evolucionista. Os princípios de diferenciação, causação funcional e auto-reprodução presentes nessas teorias são absorvidos e refinados na sistêmica. Esta não só desenvolve e formaliza aquelas como adquire maior sofisticação lógica e operacional com as contribuições que obtém da cibernética. Sob vários aspectos, a teoria sistêmica sintetiza muito do que o evolucionismo, o funcionalismo, o estruturalismo e a cibernética propiciam para a reflexão sobre a realidade social, em nível micro, macro e meta. Opera rigorosamente com a noção de todo integrado, internamente dinâmico, tendente ao equilíbrio, à auto-suficiência ou ao estado de "normalidade". De tal maneira que as disfunções, os desajustes, os desequilíbrios ou as anomalias são desenvolvimentos que o próprio sistema tende a corrigir, acomodar ou suprimir.

São vários os autores cujos escritos inscrevem-se na perspectiva sistêmica, ainda que não se preocupem em explicitar essa filiação ou, como ocorre às vezes, nem se dêem conta da sua metodologia. Mas são autores que focalizam diferentes aspectos da globalização e com freqüência formulam diretrizes que influenciam governantes, empresários e pesquisadores. Muitas vezes parecem assessores, consultores

---

[8] Niklas Luhmann, "The World Society as a Social System", *International Journal of General Systems*, vol. 8, 1982, pp. 131-8; citação das pp. 133-4. Consultar também: Niklas Luhmann, *Sociedad y sistemas: La ambición de la teoría*, trad. de Santiago Lopes Petit e Dorothee Schmitz, Barcelona, Ediciones Paidós Ibérica, 1990; Ludwig von Bertalanffy, *Teoría general de los sistemas*, trad. de Juan Almela, México, Fondo de Cultura Económica, 1993.

ou formuladores de políticas para governos, organizações multilaterais ou corporações transnacionais.[9]

A *teoria weberiana* permite interpretar o globalismo, em termos do processo de racionalização do mundo, contemplando simultaneamente realidades locais, nacionais e regionais, em suas implicações sociais, econômicas, políticas e culturais. A racionalidade com a qual se funda e desenvolve o capitalismo generaliza-se progressivamente pelas mais diversas esferas da vida social. Ainda que a racionalização crescente das ações sociais e das formações sociais desenvolva-se principalmente no mercado, na empresa, na cidade, no estado e no direito, logo ela se estende por outros ambientes. E mais ainda na medida em que a ciência e a técnica se tornam cada vez mais básicas na organização, administração e dinâmica das instituições, organizações, corporações e outras modalidades de ordenamento das atividades de indivíduos, grupos, classes e coletividades.

Talvez se possa dizer que a racionalização crescente da vida social seja baseada principalmente na economia e no direito. Na economia predomina evidentemente o princípio da calculabilidade. Na sociedade moderna, formada com o capitalismo moderno, tendem a predominar o cálculo, a produtividade e a lucratividade, tudo isso baseado no dinheiro, como unidade quantitativa da calculabilidade. Ao passo que no direito predomina o princípio do contrato, por meio do qual se estabelecem formalmente os direitos e as obrigações de uns e outros. Em larga medida, são principalmente esses os princípios em

---

[9] George Modelski, *Long Cycles in World Politics*, Seattle, University of Washington Press, 1987; Mihajlo Mesarovic e Eduard Pestel, *Mankind at the Turning Point* (*The Second Report to the Club of Rome*), Nova York, E. P. Dutton & Co., 1974; Robert B. Reich, *The Work of Nations* (*Preparing ourselves for the 21st century capitalism*), Nova York, Alfred A. Knopf, 1991; Kenichi Ohmae, *Mundo sem fronteiras* (*Poder e estratégia em uma economia global*), trad. de Maria Cláudia O. Santos, São Paulo, Makron Books do Brasil Editora, 1991; John Naisbitt, *Paradoxo global*, trad. Ivo Korytowski, Rio de Janeiro, Campus, 1994; Marshall McLuhan e Bruce R. Powers, *The Global Village* (*Transformations in World Life and Media in the 21st Century*), Nova York, Oxford University Press, 1989.

que se baseia cada vez mais a vida social, em suas implicações econômicas, políticas e culturais.

Note-se, no entanto, que a dominação racional, legal ou burocrática, que predomina e expande-se na sociedade moderna, e cada vez mais no século XX, não impede que esta mesma sociedade esteja todo o tempo permeada por outros tipos de dominação, tais como a tradicional e a carismática. Aliás, podem irromper e têm realmente irrompido com freqüência no mundo contemporâneo, como ocorre com o nazismo, transbordando desta ou daquela nação e impregnando diferentes formas de governo.

Entretanto, a dominação legal, burocrática ou propriamente racional desenvolve-se, intensifica-se e generaliza-se. Penetra progressivamente todos os círculos da vida social, impregnando o corpo e o espírito das coisas, das gentes e das mentalidades. É o que ocorre no estado, na empresa, na escola, na igreja, na casa, na imprensa, no rádio, na televisão, no sindicato, no partido e no movimento social, assim como nas organizações multilaterais e nas corporações transnacionais. Em todos os lugares, tudo se racionaliza formalmente, com base na calculabilidade econômica e no contrato jurídico, cada vez mais intensa e generalizadamente com base nos recursos da ciência e tecnologia. Está em curso o desencantamento do mundo, alcançando nações e nacionalidades, tribos e clãs, culturas e civilizações.

À medida que se forma e expande, atravessando localidades e nacionalidades ou continentes, ilhas e arquipélagos, o capitalismo pode influenciar, recobrir ou transformar outras formas de organização das atividades produtivas e da vida sociocultural. "Existe capitalismo onde quer que se realize a satisfação de necessidades de um grupo humano com caráter lucrativo e por meio de empresas, qualquer que seja a necessidade de que se trate. Em especial, dizemos que uma exploração racionalmente capitalista é uma exploração com contabilidade de capital, é uma ordem administrativa por meio da contabilidade moderna, com base no balanço... A premissa mais geral para a existência do capitalismo moderno é a contabilidade racional do capital, como norma para todas as grandes empresas lucrativas que se ocupam da satisfação das necessidades cotidianas."[10]

Nesses termos é que se dá o desenvolvimento e a generalização da racionalidade característica do mundo moderno, processo esse que se intensifica no século XX, com a globalização do capitalismo, amplamente agilizado pelas conquistas das ciências e das tecnologias. "A racionalização tem sido a força decisiva no mundo moderno. O seu progresso no âmbito da conduta, empresa, organização, tecnologia, lei e ciência tem resultado no profundo desencantamento do cosmo que caracteriza a nossa época."[11] Globalização do capitalismo e racionalização do mundo andam de par em par, ainda que em ritmos às vezes desencontrados. "Para Weber, a força globalizante do capitalismo traduz-se na teoria da racionalização global. A combinação do capitalismo protestante com o racionalismo ocidental produziu uma força irresistível, que irá lenta mas seguramente convertendo o mundo em um sistema social regulado e organizado..."[12]

A despeito das continuidades e recorrências dos processos sociais, em nível micro e macro, o próprio processo da racionalização desenvolve-se de modo progressivo, mas irregular ou descontínuo, com retrocessos ou irradiações erráticas. Pode ser atravessado por irrupções carismáticas ou tradicionais, assim como pode saltar por diferentes sociedades, nações, nacionalidades, tribos, clãs, culturas e civilizações. Podem ocorrer desenvolvimentos excepcionais que depois se perdem ou deterioram. Também ocorrem freqüentes combinações de dominação racional com elementos da carismática e da tradicional, como ocorre com o bismarckismo, o fascismo, o nazismo e o stalinismo. Tendo-se em conta a visão da realidade desenvolvida por Weber

---

[10] Max Weber, *Historia económica general*, trad. de Manuel Sánchez Sarto, 2.ª edição, México, Fondo de Cultura Económica, 1956, pp. 236-7.

[11] Benjamin Nelson, "On Orient and Occident in Max Weber", *Social Research*, primavera 1976, Nova York, pp. 114-29; citação da p. 117.

[12] Bryan S. Turner, "The Two Faces of Sociology: Global or national?", publicado por Mike Featherston (org.), *Global Culture (Nationalism, Globalization and Modernity)*, Londres, Sage Publications, 1990, pp. 343-58; citação da p. 353.

e a sua interpretação dos tipos de dominação, em suas manifestações em diferentes sociedades e em distintas épocas, pode-se adiantar que a sua é uma teoria supra-histórica.

Nas últimas décadas do século XX, multiplicam-se os escritos inspirados no pensamento de Weber acerca das relações entre religião e economia, ética e capitalismo, modernização e racionalização, ocidentalização e racionalização do mundo. Os problemas criados com a mundialização do capitalismo, como os desenvolvimentos que ocorrem no Pacífico, e não apenas no Japão, provocam a releitura de Weber e a retomada de algumas das suas teses sobre a racionalização da economia e sociedade, particularmente em uma época em que as conquistas das ciências e das tecnologias parecem acelerar, generalizar e globalizar o capitalismo.[13]

De acordo com a *teoria marxiana*, sobre a gênese e os desenvolvimentos do capitalismo, este modo de produção e processo civilizatório nasce transnacional. Desde os seus primórdios, as relações, os processos e as estruturas que o constituem desenvolvem-se em âmbito mundial. A acumulação originária, compreendendo as grandes navegações, os descobrimentos, as conquistas, o mercantilismo, a pirataria, o tráfico de escravos, as diversas formas de trabalho forçado, é um processo que se lança em escala mundial, ainda que polarizado em algumas metrópoles e colônias. Na medida em que se desenvolve o capitalismo, dinamizam-se e generalizam-se as forças produtivas e as relações de produção, compreendendo o capital, a tecnologia, a força de trabalho, a divisão do trabalho social, o mercado, o planejamento, a violência, o direito, as instituições jurídico-políticas, as ideologias e

---

[13] Henry Jacoby, *The Bureaucratization of the World*, trad. de Eveline L. Kanes, Berkeley, University of California Press, 1976; Maxime Rodinson, *Islam y capitalismo*, trad. de Marta Rojzman, México, Siglo Veintiuno Editores, 1973; Michio Morishima, *Capitalisme et confucianisme (Technologie occidentale et éthique japonaise)*, trad. de Anne de Rufi e Pierre-Emmanuel Dauzat, Paris, Flammarion, 1986; Ralph Schroeder, *Max Weber and the Sociology of Culture*, Londres, Sage Publications, 1992; Robert Kurz, *O colapso da modernização*, trad. de Karen Elsabe Barbosa, São Paulo, Paz e Terra, 1992.

outras produções e articulações da vida social. São forças produtivas e relações de produção concretizadas nos processos de concentração do capital, ou reinversão continuada de ganhos, lucros ou mais-valia; e de centralização do capital, ou a absorção reiterada de outros capitais e empreendimentos. A concentração e a centralização fundamentam o colonialismo e o imperialismo, o que se concretiza em monopólios, trustes, cartéis, multinacionais e transnacionais. Concretizam o desenvolvimento desigual e combinado do capitalismo pelo mundo; e são indispensáveis à inteligência do globalismo.

Desde os primeiros momentos no século XVI, e cada vez mais nos seguintes, acelerando-se ainda mais no século XX com as tecnologias da eletrônica, em toda essa história o capitalismo expande-se pelo mundo afora. "Através da exploração do mercado mundial, a burguesia deu um caráter cosmopolita à produção e ao consumo de todos os países... As antigas indústrias nacionais foram destruídas e continuam a ser destruídas a cada dia. São suplantadas por novas indústrias, cuja introdução se torna uma questão de vida ou morte para todas as nações civilizadas — indústrias que não mais empregam matérias-primas locais, mas matérias-primas provenientes das mais remotas regiões, e cujos produtos são consumidos não somente no próprio país, mas em todas as partes do mundo. Em lugar das velhas necessidades, satisfeitas pela produção nacional, surgem necessidades novas, que para serem satisfeitas exigem os produtos das terras e dos climas mais distantes. Em lugar da antiga auto-suficiência e do antigo isolamento local e nacional, desenvolve-se em todas as direções um intercâmbio universal, uma universal interdependência das nações. E isso tanto na produção material quanto na intelectual. Os produtos intelectuais de cada nação tornam-se patrimônio comum. A unilateralidade e a estreiteza nacionais tornam-se cada vez mais impossíveis, e das numerosas literaturas nacionais e locais forma-se uma literatura mundial."[14]

---

[14] Karl Marx e Friedrich Engels, *Manifesto do Partido Comunista*, trad. de Marco Aurélio Nogueira e Leandro Konder, Petrópolis, Vozes, 1988, pp. 69-70; citação do cap. I. Consultar também: Karl Marx e Friedrich Engels, *Textos*, 3 vols., São

A teoria marxiana funda-se no princípio de que a realidade social é essencialmente dinâmica. É dinâmica, complexa e contraditória, já que envolve relações, processos e estruturas de dominação política e apropriação econômica, contexto no qual se produzem movimentos de integração e fragmentação. Ocorre que a mesma dinâmica social que produz identidades e diversidades produz desigualdades e contradições. Nesse sentido é que essa teoria contempla não só o movimento, a mudança e a transformação, mas também a ruptura e a revolução. Seja local, nacional, regional ou mundial, a realidade social, ou a configuração geistórica, está sempre em movimento, atravessada por contradições, envolvendo indivíduos, famílias, grupos, classes, setores de classes, etnias ou raças, religiões, línguas e outras determinações constitutivas da sociedade. Tudo isso pode significar que o globalismo se revela um imenso e fantástico palco de forças sociais e lutas sociais, algumas das quais surpreendentes, desconhecidas, carentes de interpretação; e outras conhecidas ou que se supunham conhecidas, mas que mudaram de significação.

São vários os continuadores mais originais do pensamento de Marx. Contribuem para a interpretação de diferentes aspectos da transnacionalização, mundialização ou globalização do capitalismo, como modo de produção e processo civilizatório. Seus estudos sobre colonialismo, imperialismo, capitalismo tardio, internacionalização do capital, revoluções nacionais, revoluções sociais e guerras regionais e mundiais abrem perspectivas fecundas para a inteligência do globalismo.[15]

Paulo, Edições Sociais, 1977, vol. III: "Futuros resultados do domínio britânico na Índia".

[15] Eric Hobsbawm, *Age of Extremes* (*The Short Twentieth Century: 1914-1991*), Londres, Michael Joseph, 1995; Ernest Mandel, *O capitalismo tardio*, trad. de Carlos Eduardo Silveira Matos, Regis de Castro Andrade e Dinah de Abreu Azevedo, São Paulo, Abril Cultural, 1982; Samir Amin, *L'Accumulation à l'échelle mondiale*, Paris, Anthropos, 1970; Christian Palloix, *Les Firmes multinationales et le procès d'internationalisation*, Paris, Maspero, 1973; Paul A. Baran, *A economia política do desenvolvimento econômico*, trad. de S. Ferreira da Cunha, Rio de Janeiro, Zahar, 1960; Rudolf Hilferding, *O capital financeiro*, trad. de Reinaldo Mestrinel, São Paulo, Abril Cultural, 1985.

É óbvio que as teorias sistêmica, weberiana e marxiana são bastante distintas, por seus fundamentos epistemológicos e pelas suas interpretações da realidade.

Mas elas têm em comum a envergadura de metateorias. Permitem apreender a realidade em níveis micro, macro e meta. Ajudam a refletir sobre o que é local, nacional, regional e mundial, seja desagregando cada uma dessas realidades, seja integrando-as em todos cada vez mais amplos, abrangentes. Mobilizam dados e evidências, ou relações, processos e estruturas, em suas implicações sociais, econômicas, políticas e culturais. São metateorias, no sentido de abrangentes, tanto quanto no de interdisciplinares. Ainda que esta ou aquela interpretação seja apresentada como "sociológica", "histórica', "geográfica", "política", "antropológica" ou de "economia política", é inegável que as interpretações sistêmica, weberiana e marxiana permitem apanhar a realidade social em sua complexidade.

Essas teorias não precisam ser vistas como codificações plenas e definitivas do globalismo. Podem ser vistas como códigos por meio dos quais se torna possível delimitar e apreender uma realidade que parece nova e ainda pouco conhecida. Simultaneamente, na medida em que se desenvolvem as interpretações, compreendendo aspectos muito particulares ou mais abrangentes, elas colaboram na constituição do globalismo como objeto de reflexão e ação, ou da teoria e prática. A partir da categoria "globalismo", torna-se possível elaborar e mobilizar recursos intelectuais, de maneira a delimitar e apreender as configurações e os movimentos da realidade, em níveis local, nacional, regional e mundial, buscando compreender e explicar como essa realidade se forma e transforma, cada vez mais subsumida histórica e logicamente pelo globalismo.

São várias e fundamentais as implicações do globalismo, tanto em termos históricos e teóricos como teóricos e práticos. Na mesma medida em que ele emerge no âmbito de uma ruptura histórica de amplas proporções, provoca uma ruptura epistemológica de sérias implicações.

Por um lado, o globalismo envolve um desenvolvimento novo e surpreendente do objeto das ciências sociais, desde a geografia à demografia, desde a história à economia política. A realidade social, em sentido lato, deixa de ser principalmente a sociedade nacional, ou o estado-nação, em suas características geográficas, históricas, econômicas, demográficas, étnicas, culturais, religiosas, lingüísticas, sociais e outras. Todas essas características, entre outras, apresentam-se também no que se refere à realidade transnacional, mundial ou propriamente global. Todas as realidades sociais com as quais o pensamento social já se ocupou e continua a ocupar-se adquirem novos significados e outras conotações. Modificam-se os significados de noções tais como as de identidade e alteridade, diversidade e desigualdade, próximo e remoto, presente e pretérito, Ocidente e Oriente, localismo e nacionalismo, contatos culturais e transculturação, territorializado e desterritorializado, sociedade e natureza, real e virtual, guerra e revolução. Acontece que as relações, os processos e as estruturas característicos do globalismo revelam-se presentes, ativos, influentes ou mesmo decisivos, no modo pelo qual se formam e transformam as coisas, as gentes e as idéias. Em diferentes gradações, conforme evidentemente as condições de vida e trabalho, as tradições e as identidades, as culturas e as civilizações, as determinações do globalismo passam a ser mais ou menos fundamentais, em tudo o que é local, nacional e regional. Em poucas palavras, o globalismo pode muito bem ser, simultaneamente, condição e conseqüência da ruptura histórica que se revela abertamente no fim do século XX, anunciando o XXI.

Por outro lado, o globalismo realmente envolve desafios epistemológicos. Envolve transformações nos significados de noções como as de espaço e tempo, quantidade e qualidade e outras. A geistória, a economia política, as formas de sociabilidade, as condições de comunicação e os movimentos das idéias alteram-se, reorientam-se, encontram outras limitações e novas possibilidades de realização. Na mesma escala em que se desenvolve o capitalismo em âmbito global, como modo de produção e processo civilizatório, desenvolve-se a ocidentalização do mundo e a orientalização do mundo, a modernização do mundo e a ressurgência de tradições e tradicionalismos, a desterritorialização e a reterritorialização, as condições de integração e as de fragmentação, a multiplicidade das continuidades e a das rupturas. Tudo que parecia distante se torna próximo, ou mesmo presente; e o que estava aqui mudou de lugar, perdeu significados, pode ter-se tornado estranho ou anacrônico, tanto quanto novo ou surpreendente. No âmbito do globalismo, algumas categorias básicas da reflexão científica adquirem novos significados, como ocorre com espaço e tempo, passado e presente, parte e todo, singular e universal.

Mais uma vez, as ciências sociais se dão conta de que as formas de pensamento podem ser mais ou menos contemporâneas de determinadas configurações históricas de vida e trabalho. Há épocas em que os movimentos da história e os das idéias parecem alheios, ou mesmo totalmente independentes, podendo mesmo ser contraditórios. Ao passo que há épocas em que as formas de pensamento e as configurações históricas parecem confluir, buscar-se ou rebuscar-se. Nesta época, pode haver algo de globalismo na história e no pensamento, constituindo-se reciprocamente.

CAPÍTULO IX Neoliberalismo e neo-socialismo

O globalismo tanto desafia as ciências como as ideologias e as utopias. Os mesmos processos e estruturas de alcance mundial, que abalam os quadros sociais e mentais de referência, abrem um vasto panorama de dilemas e horizontes, no qual se criam e recriam correntes de pensamento de alcance global. É evidente que as teorias sistêmica, weberiana e marxiana, assim como o neoliberalismo e o neo-socialismo, entre outras correntes, agitam-se pelos cantos e recantos do mundo. São correntes de pensamento empenhadas em explicar, transformar ou imaginar as configurações e os movimentos da sociedade global, compreendendo os indivíduos e as coletividades, as tribos e os povos, as nações e as nacionalidades. Como um todo e em suas múltiplas partes, desde o local ao nacional, do grupo social à classe social, da etnia à religião, do partido político ao movimento social, da organização multilateral à corporação transnacional, da geoeconomia à geopolítica, são muitos os segmentos da realidade social mundial que nutrem e dinamizam as mais diversas correntes de pensamento. São teorias, ideologias e utopias que expressam e influenciam a uns e outros, no modo pelo qual se autodefinem, movimentam, lutam ou imaginam o seu lugar no novo mapa do mundo.

É no âmbito dos dilemas e horizontes que se abrem com o globalismo que se formam e desenvolvem o neoliberalismo e o neo-socialismo, entre outras correntes do pensamento político. Estas são duas polarizações bastante evidentes na forma pela qual indivíduos e coletividades, grupos e classes, partidos políticos e movimentos sociais, tribos e povos, nações e nacionalidades, organizações multilaterais e corporações transnacionais procuram situar-se no âmbito da sociedade mundial. É óbvio que essas são apenas duas das múltiplas possibilidades e tendências que podem ser observadas nas controvérsias e diretrizes suscitadas pelos dilemas e horizontes do globalismo. Há vários e muito importantes surtos de neofascismo e neonazismo, assim como há intentos de formular propostas neo-social-democráticas ou outras. E é claro que essas também são correntes de pensamento político não só criadas ou recriadas no âmbito do globalismo como fundamentais para que se possa entendê-lo em sua complexidade. Mas é possível priorizar o neoliberalismo e neo-socialismo, já que essas correntes de pensamento político permitem descortinar dimensões teóricas, ideológicas e utópicas essenciais das configurações e movimentos da sociedade global.

Aqui cabe relembrar que toda configuração social de vida e trabalho compreende sempre quadros sociais e mentais de referência. As atividades dos indivíduos e das coletividades compreendem sempre modos de ser, agir, pensar e imaginar. A autoconsciência de uns e outros tende a fertilizar-se e dinamizar-se no contexto dos dilemas e horizontes que se abrem no âmbito das configurações de vida e trabalho: tribo, nação, região e mundo.

É óbvio que toda forma de pensamento pode ter raízes mais ou menos importantes no passado próximo ou remoto, assim como dialogam entre si e se lançam no futuro. Simultaneamente, no entanto, elas se fertilizam, mutilam, transformam ou recriam no jogo das relações, no contraponto das forças sociais, compreendendo indivíduos e coletividades, nações e nacionalidades, etnias e religiões, ideologias e utopias, em âmbito local, nacional, regional e mundial.

Daí por que se pode falar em globalismo, como um todo histórico-social ou geistórico, uma configuração abrangente, complexa e contraditória na qual se inserem as práticas e os imaginários de uns e outros, em todo o mundo. Daí por que se pode falar em neoliberalismo e neo-socialismo, entre outras correntes de pensamento político, que se fertilizam e dinamizam no jogo das relações sociais ou no contraponto das forças de alcance simultaneamente local, nacional, regional e mundial.

A verdade é que o mundo entrou no ciclo da história global. Algo que já se vislumbrava desde os primórdios dos tempos modernos e que se desenvolve com o mercantilismo, o colonialismo e o imperialismo, torna-se uma realidade ainda mais evidente e geral como o globalismo. No âmbito do globalismo, os indivíduos e as coletividades, assim como as nações e as nacionalidades, situam-se na história mundial. Todos, uns e outros, seja qual for a sua categoria social, etnia, religião, nacionalidade ou convicção política, independentemente do seu entendimento sobre as suas próprias vinculações, todos movem-se também no âmbito do globalismo, além do tribalismo, nacionalismo e regionalismo. Já são evidentes, reiterados ou recorrentes as relações, os processos e as estruturas que desenham as configurações e os movimentos da sociedade global, situando uns e outros, todos, no âmbito da história universal. Esse é o cenário em que se movem o neoliberalismo e o neo-socialismo, entre outras correntes do pensamento político empenhadas em explicar, orientar, aprimorar, transformar, revolucionar ou apenas imaginar as configurações e os movimentos da sociedade global.

É no contexto do globalismo que o liberalismo se transfigura em *neoliberalismo*. A nova divisão transnacional do trabalho e da produção, a crescente articulação dos mercados nacionais em mercados regionais e em um mercado mundial, os novos desenvolvimentos dos meios de comunicação, a formação de redes de informática, a expansão das corporações transnacionais e a emergência de organizações multilaterais, entre outros desenvolvimentos da globalização do capitalismo, tudo isso institui e expande as bases sociais e as polarizações de interesses que se expressam no neoliberalismo. São muitas e evidentes as interpretações, as propostas e as reivindicações que se sintetizam na ideologia neoliberal: reforma do estado, desestatização da economia, privatização de empresas produtivas e lucrativas governamentais, abertura de mercados, redução de encargos sociais relativos aos assalariados por parte do poder público e das empresas ou corporações privadas, informatização de processos decisórios, produtivos, de comercialização e outros, busca da qualidade total, intensificação da produtividade e da lucratividade da empresa ou corporação nacional e transnacional. Esses e outros objetivos e meios inspirados no neoliberalismo impregnam tanto as práticas das empresas, corporações e conglomerados transnacionais como as práticas de governos nacionais e organizações multilaterais. Além disso, estão presentes na vida intelectual em geral, dentro e fora das universidades e outras instituições de ensino e pesquisa. E traduzem-se em uma vasta produção de livros, revistas, jornais, programas de rádio e televisão, tanto quanto se traduzem em ensaios e monografias. Aí mesclam ciência, ideologia e utopia.

Entretanto, os principais guardiães dos ideais e das práticas neoliberais em todas as partes do mundo têm sido o Fundo Monetário Internacional (FMI), o Banco Mundial ou Banco Internacional de Reconstrução e Desenvolvimento (BIRD) e a Organização Mundial de Comércio (OMC), sendo que esta organização multilateral é a herdeira do Acordo Geral de Tarifas e Comércio (GATT). Três guardiães dos ideais e das práticas do neoliberalismo; ou a santíssima trindade guardiã do capital em geral, um ente ubíquo, como um deus.

"Há um processo transnacional de formação de consenso entre os guardiães oficiais da economia global. Este processo gera diretrizes consensuais, escoradas por uma ideologia da globalização, que são transmitidas aos canais de formulação das políticas de governos nacionais e grandes corporações. Parte deste processo de formação de consenso desenvolve-se em foros não-oficiais, como a Comissão Trilateral, as conferências Bilderberg ou a mais exotérica Sociedade Mont Pèlerin. Parte dele caminha através de organismos oficiais como a Organização para a Cooperação Econômica e o Desenvolvimento (OECD), o Banco Internacional de Pagamentos, o Fundo Monetário Internacional (FMI) e o Grupo dos 7 (G7). Eles dão forma ao discurso no qual as políticas são definidas, assim como os termos e os conceitos que circunscrevem o que pode ser pensado e feito. Também articulam as redes transnacionais que vinculam formuladores de políticas de país a país. O impacto estrutural desta centralização de influências nas políticas de governos nacionais pode ser denominado de internacionalização do estado. A sua influência mais comum é converter o estado em uma agência para o ajustamento das práticas e políticas da economia nacional às exigências estabelecidas pela economia global. O estado torna-se uma correia de transmissão da economia global à economia nacional, a despeito de ter sido formado para atuar como bastião de defesa do bem-estar doméstico em face dos distúrbios de origem externa. Dentro do estado, o poder se concentra nas agências mais diretamente ligadas à economia global: escritórios do presidente, do primeiro-ministro, do ministro da Fazenda e do diretor do Banco Central. As agências mais diretamente identificadas com a clientela doméstica, tais como os ministérios da Indústria, do Trabalho e outros, são subordinadas a ele."[1]

A rigor, o neoliberalismo articula prática e ideologicamente os interesses dos grupos, classes e blocos de poder organizados em âmbito mundial; com ramificações, agências ou sucursais em âmbito regional, nacional e até mesmo local, quando necessário. As estruturas mundiais de poder, tais como as corporações transnacionais e as organizações multilaterais, com freqüência agem de modo concertado ou consensual. E contam habitualmente com a colaboração ativa dos governos dos países dominantes no sistema capitalista mundial. Estes são governos, como os dos Estados Unidos da América do Norte, Japão e Alemanha, que dividem mas fortalecem as suas posições no âmbito de blocos regionais, tais como a União Européia (UE), a Associação das Nações do Sudoeste Asiático (ASEAN), a Cooperação Econômica da Ásia e do Pacífico (APEC), o Acordo de Livre Comércio da América do Norte (NAFTA) e o Mercado Sul-Americano (Mercosul), entre outros regionalismos.

Sob todos os aspectos, seja proposta teórica ou ideológica, o neoliberalismo revela como se desenvolve a globalização pelo alto, ou de cima para baixo. Sempre privilegia a propriedade privada, a

---

[1] Robert W. Cox, "Global Restructuring: Making Sense of the Changing International Political Economy", Richard Stubbs e Geoffrey R. D. Underhill (orgs.), *Political Economy and the Changing Global Order*, Londres, MacMillan, 1994, pp. 45-59; citação da p. 49.

grande corporação, o mercado livre de restrições políticas, sociais ou culturais, a tecnificação crescente e generalizada dos processos de trabalho e produção, a produtividade e a lucratividade. Ressuscita a metáfora da "mão invisível", que estaria cada vez mais presente e ativa em todo o mundo. São várias as metáforas nas quais se expressam alguns dos ideais mais específicos e mais gerais característicos do neoliberalismo: nova ordem econômica mundial, mundo sem fronteiras, aldeia global, fim da geografia, fim da história e outras. São elementos essenciais do discurso ideológico sob o qual reiteram-se e agravam-se desigualdades e contradições estruturais: o trabalho subordinado ao capital, o trabalhador à máquina ou computador, o consumidor à mercadoria, o bem-estar à eficácia, a qualidade à quantidade, a coletividade à lucratividade.

A superioridade do "mercado" sobre o "planejamento" tem sido um argumento freqüente entre os neoliberais. Procuram explicar a força e a persistência do capitalismo com base nesse argumento. Alegam que o mercado é o espaço por excelência do intercâmbio entre compradores e vendedores. Baseados nos princípios da liberdade e da igualdade econômicas, nas relações entre proprietários de mercadorias, uns e outros beneficiam-se do intercâmbio, da troca, da competição, da emulação, da produtividade, da lucratividade, da escolha racional do individualismo. Aí todos tendem a comportar-se racionalmente com relação a fins, realizando na prática a metáfora do *homo economicus*. Tudo que é capitalismo estaria apoiado nesse espaço, nessa instituição. E quanto mais livre o mercado, maior o seu dinamismo, maiores os seus benefícios, melhores os seus resultados. Chega-se a afirmar, ou sugerir, que a prosperidade e a crescente generalização do capitalismo pelo mundo se devem à fecundidade dessa instituição.

Simultaneamente, os neoliberais argumentam que o "planejamento econômico" centralizado, estatal ou governamental é nocivo, distorcivo ou limitativo, no que se refere à dinâmica e à multiplicação dos negócios, das atividades econômicas, do progresso tecnológico, da generalização do bem-estar etc.

Entretanto, os neoliberais deixam em segundo plano, ou mesmo esquecem, vários aspectos fundamentais da controvérsia, tanto no que se refere às suas implicações práticas como às teóricas.

Primeiro, é uma ficção jurídico-política, ou propriamente ideológica, a alegação de que compradores e vendedores de força de trabalho e outras mercadorias se apresentam no mercado sob as mesmas condições de liberdade e igualdade. Freqüentemente são desproporcionais ou, melhor, descomunais as diferenças entre as condições sob as quais os compradores e os vendedores de força de trabalho se defrontam no mercado. A empresa, a corporação ou o conglomerado dispõem de poderes excepcionais de barganha, quando comparados com o sindicato, a união operária ou a confederação.

Segundo, os maiores benefícios do jogo das forças no mercado em geral concentram-se nas mãos da empresa, da corporação ou do conglomerado. Os proprietários do capital e da tecnologia aumentam e alargam os seus ganhos desenvolvendo a concentração e a centralização do capital, ampliando os seus negócios além de todas as fronteiras. Em geral, estão direta ou indiretamente presentes nas agências governamentais, entendem-se com os seus funcionários, dispõem de fácil acesso às tecnoestruturas estatais.

Terceiro, a verdade é que a empresa, a corporação ou o conglomerado sempre operam com base em um rigoroso e sofisticado sistema de planejamento. Essas organizações mobilizam ciência e técnica, sob todas as formas, para diagnosticar, definir fins e meios, estabelecer prioridades e pôr em prática os seus projetos. Elaboram os seus mapas do mundo, as suas geoeconomias, à revelia dos assalariados e governantes; ou subordinando-os. Tanto é assim que se desenvolvem como poderosos centros mundiais de poder. Muitas vezes, são capazes de se impor a governos nacionais, influenciar as suas políticas ou até mesmo podem provocar a sua desestabilização. E assim levam o planejamento da corporação às últimas conseqüências, econômicas, políticas ou sociais.

Quarto, o planejamento estatal, tanto quanto o das organizações privadas, pode ser bem ou mal elaborado e executado. E a experiência dos governos socialistas, em vários quadrantes do mundo, revela que tem havido planejamento centralizado com bom desempenho, tanto quanto os que tiveram desempenho precário. Note-se que os países socialistas, nos quais se realizou a experiência do planejamento econômico centralizado, avançaram bastante na resolução de problemas sociais como os de saúde, educação, transporte, habitação e outros. Sim, podem-se apontar equívocos na formulação de políticas e erros na execução destas cometidos por governos socialistas. Mas cabe reconhecer que o boicote, o bloqueio e a guerra sem fim, não só ideológica, desenvolvida por governos de países capitalistas e por corporações transnacionais, tiveram um papel decisivo na crise dos regimes socialistas. Será muito difícil explicar como e por que todos os regimes socialistas entraram em crise simultaneamente, se não se levar em conta a guerra do capitalismo contra o socialismo; uma espécie de contra-revolução permanente mundial.

Quinto, por fim, a controvérsia "mercado ou planejamento" adquire outros significados quando os seus termos são colocados em âmbitos mundiais, e não apenas nacionais. São cada vez mais evidentes os processos de concentração da riqueza, por um lado, e de empobrecimento, por outro. É crescente a distância entre os que detêm cada vez mais poder e os que detêm cada vez menos poder. São muitos os que reconhecem que o poder econômico e político de uma minoria é excessivamente desproporcional, ou descomunal, em comparação com o reduzido poder econômico e político da grande maioria, em todo o mundo. Daí por que, mais uma vez, a controvérsia "mercado ou planejamento" continua a envolver prática e teoricamente a controvérsia capitalismo ou socialismo.[2]

Ao mesmo tempo que se desenvolve o predomínio do neoliberalismo, continuam a manifestar-se e agravar-se as mais diversas tensões

---

[2] John Kenneth Galbraith, *A sociedade justa*, trad. de Ivo Korytowski, Rio de Janeiro, Campus, 1996; Tom Bottomore, *The Socialist Economy*, Nova York, Harvester Wheatsheaf, 1990; Jan Tinbergen, "Wanted: A World Development Plan", Richard N. Gardner e Max F. Millikan (orgs.), *The Global Partnership (International Agencies and Economic Development)*, Nova York, Frederick A Praeger, 1968, pp. 417-31.

e fragmentações. O desemprego estrutural envolve o pauperismo e a lumpenização; as xenofobias, os etnicismos e os racismos atingem principalmente os setores sociais assalariados, desempregados, pauperizados ou migrantes; as intolerâncias relativas a sexo e idade também permeiam principalmente esses mesmos setores. Generaliza-se e intensifica-se a privatização da terra, do mar e do ar, do rio, do lago e do oceano, dos campos, das florestas e das plantações, das ilhas, dos arquipélagos e dos continentes. O ecologismo, ou ambientalismo, é também outra manifestação do agravamento das tensões e fragmentações que atravessam a crescente e reiterada privatização dos recursos naturais, principalmente pelas corporações transnacionais.

Há algo de uma guerra civil difusa por todos os cantos e recantos do mundo. O que a Guerra Fria parecia controlar, ou encobrir, logo se revela à luz do dia sob o neoliberalismo. A nova ordem econômica mundial apenas contempla os interesses das corporações transnacionais, ou as diretrizes das organizações multilaterais, que administram a economia mundial e os interesses da maioria dos governos nacionais atrelados às condições e às exigências do neoliberalismo. Grande parte da população mundial, compreendendo grupos e classes, tribos e nações, empregados e desempregados, migrantes e refugiados, esses em geral padecem carências elementares, vivem a questão social em escala global. Compõem os grupos e as classes subalternos, que os neoliberais denominam "pobreza", "miséria", "marginalizados", "massas", "multidões" ou "classes perigosas". Trata-se de categorias sociais formuladas por aqueles que se autodefinem como "elites esclarecidas", ou "inovadoras". A rigor, estas "elites" são a parte mais visível de grupos, classes ou forças sociais que detêm a maior parcela do poder econômico e político, em âmbito nacional e transnacional. Compõem os blocos de poder dominantes em escala mundial. Enquanto isso, na base da sociedade civil mundial, manifestam-se as tensões e as fragmentações, as carências e as contradições, que contradizem o discurso neoliberal na prática.

Esse é o contexto em que floresce e generaliza-se uma espécie de guerra civil difusa, latente ou aberta, por todo o mundo. "Lancemos um olhar sobre o mapa-múndi. Podemos localizar as guerras em regiões longínquas, principalmente no Terceiro Mundo. Falamos de subdesenvolvimento, anacronismo, fundamentalismo. Parece-nos que a incompreensível luta transcorre a grande distância. Mas isso é engano. Há muito que a guerra civil penetrou nas metrópoles. Suas metástases pertencem ao cotidiano das grandes cidades, não só de Lima e Johannesburgo, de Bombaim e Rio de Janeiro, mas de Paris e Berlim, Detroit e Birmingham, Milão e Hamburgo. Dela não participam apenas terroristas e agentes secretos, mafiosos e *skinheads*, traficantes de drogas e esquadrões da morte, neonazistas e seguranças, mas também cidadãos discretos que à noite se transformam em *hooligans*, incendiários, dementes violentos e *serial killers*... A guerra civil não vem de fora; não é um vírus adquirido, mas um processo endógeno... Em nível mundial trabalha-se no fortalecimento de fronteiras contra os bárbaros. Mas no interior das metrópoles formam-se também arquipélagos de segurança rigorosamente guardados. Nas grandes cidades americanas, africanas e asiáticas já existem há tempos os *bunkers* dos felizardos, cercados por altos muros e arame farpado. Às vezes são bairros inteiros, nos quais se pode entrar apenas com permissões especiais. A passagem é controlada por barreiras, câmeras eletrônicas e cães treinados. Guardas armados de metralhadoras complementam de suas torres a segurança da região. O paralelo com os campos de concentração é evidente, com apenas a diferença de que aqui é o mundo exterior que é visto como zona potencial de extermínio. Os privilegiados pagam pelo luxo com o total isolamento: eles se tornaram presas de sua própria segurança."[3]

Acontece que o globalismo é uma expressão desenvolvida do capitalismo, como economia e sociedade, história e civilização. "Vivemos num mundo conquistado, desenraizado e transformado pelo titânico processo econômico e tecnocientífico do desenvolvimento do capitalismo, que dominou os dois ou três últimos séculos."[4]

---

[3] Hans Magnus Enzensberger, *Guerra civil*, trad. de Marcos B. Lacerda e Sergio Flaksman, São Paulo, Companhia das Letras, 1995, pp. 15 e 40.
[4] Eric Hobsbawm, *Era dos extremos (O breve século XX: 1914-1991)*, trad. de

NEOLIBERALISMO E NEO-SOCIALISMO

Um aspecto particularmente grave da nova ordem econômica neoliberal está sintetizado na expressão "desemprego estrutural". Ao contrário do desemprego conjuntural, relativo ao metabolismo regular da economia, o desemprego estrutural, ou tecnológico, implica expulsão mais ou menos permanente das atividades produtivas. Decorre principalmente da contínua e generalizada tecnificação dos processos de trabalho e produção. Decorre da crescente potenciação da capacidade produtiva da força de trabalho, pela adoção de tecnologias eletrônicas e informáticas. E isto tudo acelerado e generalizado pelos processos de contínua concentração e centralização do capital, em escala mundial. As freqüentes associações de capitais, bem como as reiteradas reinversões dos ganhos no mesmo empreendimento ou em outros, agilizam a força do capital e fragilizam a força de trabalho. Assim o desemprego se mundializa.

Em larga medida, o desemprego estrutural está relacionado ao computador, como expressão e síntese das técnicas eletrônicas incorporadas aos processos de trabalho e produção. Como realidade e metáfora, o computador ocupa o lugar do trabalhador, de uma parcela da força de trabalho. Com o agravante de que o trabalhador pode ser desempregado em caráter mais ou menos permanente; vai compor as subclasses que se formam em todo o mundo. Em outros termos, e desenvolvendo a metáfora, começa a ser possível dizer que os computadores estão devorando os homens. Na forma pela qual os computadores estão sendo utilizados nos processos de trabalho e produção, isto é, servindo exclusiva ou principalmente aos interesses daqueles que detêm o controle do capital e da tecnologia, fica evidente que os computadores estão realmente devorando os homens por todos os cantos e recantos do mundo.[5]

Marcos Santarrita e Maria Célia Paoli, São Paulo, Companhia das Letras, 1995, p. 562.
[5] Jeremy Rifkin, *O fim dos empregos (O declínio inevitável dos níveis dos empregos e a redução da força global de trabalho)*, trad. de Ruth Gabriela Bahr, São Paulo, Makron Books do Brasil Editora, 1995.

A ERA DO GLOBALISMO

O modo pelo qual o neoliberalismo se instala, difunde, prolifera e enraíza pelo mundo, ao mesmo tempo provoca o desenvolvimento de desigualdades de todos os tipos. Em lugar do fim da geografia e do fim da história, o que há é um novo mapa do mundo, atravessado pelos fluxos do capital, da tecnologia e da mercadoria, envolvendo a produtividade, a reengenharia, a engenharia genética, a qualidade total e, principalmente, a lucratividade, sempre em benefício da grande corporação transnacional. O mesmo desenvolvimento do capitalismo em escala mundial desenvolve as desigualdades sociais, econômicas, políticas e culturais. São as mesmas desigualdades que alimentam e agravam as intolerâncias de todos os tipos, formas, cores e credos, do racismo ao fundamentalismo. As multidões de migrantes, retirantes, refugiados e desempregados povoam todo o mundo. Em todos os lugares, o individualismo mercantil, a reiteração da propriedade privada capitalista, a fúria consumista, a expansão da indústria cultural, o monopólio das mentes e corações pelas corporações transnacionais da mídia, em todos os lugares destrói-se o espaço público, desenvolve-se a massificação, criam-se as multidões de solitários. Simultaneamente, formam-se os blocos regionais, operações claramente geoeconômicas, com sérias implicações geopolíticas.

Daí a guerra civil difusa, latente ou aberta, visível ou invisível. Uma guerra sem fim, evidente em muitas partes do mundo, mesclada nas relações entre as nações, nacionalidades, tribos, coletividades, grupos sociais, classes sociais, famílias e indivíduos. Daí o predomínio de estruturas mundiais de poder, tais como as corporações transnacionais, o Grupo dos 7 (G7), a Organização para a Cooperação Econômica e o Desenvolvimento (OECD), o Fundo Monetário Internacional (FMI), o Banco Mundial ou o Banco Internacional de Reconstrução e Desenvolvimento (BIRD), entre outras, que operam de cima para baixo, à revelia dos povos e coletividades que compõem a maioria da população mundial.

Esse é o reino da intolerância, do autoritarismo, do neofascismo, do neonazismo e de outras manifestações políticas enraizadas nas graves desigualdades sociais, econômicas, políticas e culturais que se desenvolvem por todo o mundo. O clima mental criado com as realizações e os impasses gerados com o neoliberalismo propiciam o clima sob o qual irrompem surtos de neofascismo e neonazismo, entre outras manifestações enlouquecidas do individualismo que se implanta, generaliza e legitima com o neoliberalismo.

Por isso muitos têm medo, intimidam-se, escondem-se ou refugiam-se na ilusão da privacidade. Cercam-se de todo o tipo de aparelhos, equipamentos, parafernálias, *gadgets* e outras mercadorias, de modo a sentirem-se situados, protegidos, seguros, isolados, solitários e prisioneiros; na mesma gaiola de ferro que construíram e na qual não fizeram nem porta nem janela.[6]

É no contexto do globalismo que o socialismo se transfigura em *neo-socialismo*. O neo-socialismo nasce direta e imediatamente das configurações e dos movimentos da sociedade civil mundial. Forma-se no jogo das relações sociais, ou no contraponto das forças sociais, que caracterizam as tensões e as contradições dessa sociedade; com a peculiaridade de que, desde o início, tem raízes no globalismo. É uma expressão do globalismo, quando os grupos sociais e as classes sociais subalternos expressam o seu protesto, as suas reivindicações, as suas formas de luta e os seus ideais, além das fronteiras estabelecidas, consolidadas, estratificadas, opressivas.

São muitos os movimentos sociais criados no âmbito do globalismo. Alguns são totalmente novos, característicos dos impasses e dos horizontes que se abrem com o globalismo; ao passo que outros são recriações de experiências anteriores, de cunho local ou nacional. Mas são movimentos característicos de uma realidade social mundial problemática. "Na base da emergente estrutura da ordem mundial, encontram-se forças sociais... Novos movimentos sociais, convergentes com

---

[6] Max Weber, *A ética protestante e o espírito do capitalismo*, trad. de M. Irene de Q. F. Szmrecsanyi e Tamás J. M. K. Szmrecsanyi, São Paulo, Livraria Pioneira Editora, 1967, esp. 130-2; Franz Kafka, "Na colônia penal", publicado em: Franz Kafka, *O veredicto & na colônia penal*, trad. de Modesto Carone, 2ª edição, São Paulo, Brasiliense, 1988.

relação a questões específicas, tais como o ambientalismo, o feminismo e o pacifismo, surgiram em diferentes escalas em distintas partes do mundo. Alguns movimentos, um tanto vagos e amorfos, relativos ao 'poder popular' e à democratização, estão presentes sempre que as estruturas políticas revelam-se repressivas ou frágeis. Estes movimentos evocam identidades particulares, podendo ser étnicas, nacionais, religiosas ou de gêneros. Manifestam-se no âmbito de estados nacionais, mas são transnacionais em essência. E os movimentos indígenas reivindicam direitos anteriores à existência do estado-nação."[7]

Já são muitas as organizações não-governamentais (ONGs) que expressam as inquietações e as reivindicações dos mais diversos setores sociais, combinando diferentes países. Mobilizam e conscientizam amplos segmentos da opinião pública, a propósito de problemas sociais relativos a crianças e adolescentes, mulheres, indígenas, migrantes, refugiados, desempregados, ecologia e outros problemas. São movimentos que expressam o outro lado da formação da sociedade global, o outro lado do globalismo. E esboçam alguns lineamentos básicos de um novo contrato social, de uma nova cidadania. Traduzem algo de uma carta de direitos e deveres dos indivíduos e das coletividades em âmbito mundial, além de tudo o que é local, nacional e regional. Algo de cidadão do mundo está presente não só nos que se mobilizam em movimentos sociais transnacionais, mas também naqueles pelos quais se preocupam, pelos quais lutam. "O modo predominante de pensar-se a propósito das organizações não-governamentais (ONGs) nos assuntos mundiais é tomá-las como grupos de interesses transnacionais. São politicamente relevantes, já que influenciam as políticas dos estados nacionais tanto quanto as relações entre estes."[8] É possível dizer que todos, os militantes dos movimentos e aqueles pelos quais estes lutam, estão desenhando os primeiros traços de um contrato social possível, quando se forma a sociedade civil mundial.

[7] Robert W. Cox, "Global Restructuring: Making Sense of the Changing International Political Economy", citado, pp. 52-3.
[8] Paul Wagner, "Politics Beyond the State: Environmental Activism and World Ci-

NEOLIBERALISMO E NEO-SOCIALISMO

É óbvio que a organização, mobilização e conscientização dos mais diferentes setores da sociedade mundial busca e rebusca as suas experiências e os seus ideais passados, próximos ou remotos. Recriam-se conquistas e frustrações, realizações e ilusões. Há sempre algo de recriação crítica do vivido naquilo que é a atividade e a imaginação do presente. Experiências, vivências e ideais podem entrar mais ou menos decisivamente no modo pelo qual uns e outros situam-se e movem-se, ou lutam, no presente. Sob vários aspectos, no entanto, os dilemas e os horizontes do presente entram como determinações decisivas.

Simultaneamente, o neo-socialismo tem raízes no balanço crítico dos experimentos socialistas realizados ou em realização em todo o mundo. Alguns mais avançados e outros incipientes, mas todos significativos, como realizações e conquistas, ao mesmo tempo que equívocos e frustrações. Muito do que tem sido o experimento socialista em vários continentes, em termos de trabalho e emprego, saúde e educação, cultura e criação, tudo isso representa um patrimônio destinado a alimentar as novas propostas do neo-socialismo. Faz tempo que o socialismo é um processo civilizatório presente na história do mundo moderno.[9]

É evidente que uma das matrizes do neo-socialismo são as desigualdades geradas, reiteradas e desenvolvidas com a exploração da força de trabalho pelo capital; exploração essa intensificada e generalizada com os desenvolvimentos da "revolução" tecnológica em curso no fim do século XX. A nova divisão transnacional do trabalho e da produção implica um novo ciclo de globalização das forças produtivas, destacando-se o capital, a tecnologia, a força de trabalho, a divi-

---

vic Politics", *World Politics*, nº 47, Princeton, abril de 1995, pp. 311-40: citação da p. 336.

[9] Robin Blackburn (organizador), *Depois da queda (O fracasso do comunismo e o futuro do socialismo)*, trad. de Luis Krausz, Maris Inês Rolin e Susan Semler, São Paulo, Paz e Terra, 1992; Emir Sader (org.), *O mundo depois da queda*, trad. de Jamary França, São Paulo, Paz e Terra, 1995; Bogdan Denitch, *Más allá del rojo y del verde (Tiene futuro el socialismo?)*, trad. de Lorenzo Aldrete Bernal, México, Siglo Veintiuno Editores, 1991; Boris Kagarlitsky, *A desintegração do monolito*, trad. de Flávia Villas-Boas, São Paulo, Unesp, 1993.

são do trabalho social, o planejamento e o mercado; sem esquecer o monopólio da violência pelo estado, em geral em conformidade com os interesses de corporações transnacionais, grupos e classes dominantes, ou blocos de poder predominantes no mundo. Esses são os interesses resguardados por palavras de ordem tais como as seguintes: mundo sem fronteiras, aldeia global, fábrica global, mercadoria global, *shopping center* global ou nova ordem econômica neoliberal. Esses são os interesses que influenciam a reforma do estado em muitas nações, em todos os continentes, ilhas e arquipélagos: desregulação da economia, privatização das empresas produtivas governamentais, redução dos encargos sociais relativos aos assalariados, abertura dos mercados, reforma dos sistemas de ensino de primeiro, segundo e terceiro graus. São muitas as mudanças institucionais, ou melhor, das relações de produção, que estão ocorrendo nos países de todo o mundo. Implicam aperfeiçoamento e agilização das forças produtivas e das relações de produção, em conformidade com os requisitos do modo capitalista de produção; sempre implicando reiteração ou agravamento das desigualdades sociais em escala mundial.

É claro que o capital se alimenta da força de trabalho potenciada pela tecnologia e pela divisão do trabalho social, em escala local, nacional, regional e mundial. A reprodução ampliada do capital, simbolizada na expansão das corporações transnacionais, apóia-se amplamente na organização e dinamização das forças produtivas, sem esquecer que a força produtiva por excelência é a força de trabalho.

Mas cabe reconhecer que a força de trabalho é múltipla, diferenciada e complexa, distribuindo-se por todo o mundo. A fábrica global e a mercadoria global expressam muito bem o caráter transnacional ou propriamente mundial da força de trabalho; assim como do capital, da tecnologia, da divisão do trabalho, do planejamento econômico governamental e empresarial e do mercado. Na mesma medida que se globaliza o capitalismo, globalizam-se as forças produtivas e as relações de produção.[10]

---

[10] Jeremy Rifkin, *O fim dos empregos*, citado; Paul Thompson, *The Nature of Work* (*An Introduction to Debates on the Labour Process*), Londres, MacMillan,

Esse é o contexto em que a força de trabalho, individual e coletiva, implica o trabalhador individual e coletivo. Esse é o contexto em que os muitos trabalhadores individuais, nos mais diversos locais de trabalho, nos mais diferentes setores produtivos e nas mais distintas nações, formam o trabalhador coletivo transnacional. Assim como o capital leva consigo a formação de grupos, classes, ou blocos de poder dominantes transnacionais ou mundiais, assim também a força de trabalho leva consigo a formação de grupos, classes ou amplos setores assalariados transnacionais, ou propriamente mundiais.

Por sob o discurso relativo às maravilhas da fábrica global, da mercadoria global, do mundo sem fronteiras, da aldeia global, da nova ordem econômica neoliberal, do fim da geografia ou do fim da história, está a contradição trabalho e capital, ou classes subalternas e classes dominantes. Por sob o discurso relativo às maravilhas das tecnologias eletrônicas e o fim do trabalho está a potenciação crescente e generalizada da força de trabalho, a sofisticação dos meios de produção que intensificam a subordinação do trabalhador às exigências da reprodução ampliada do capital.

Sim, o neo-socialismo tem raízes nessas desigualdades, vistas assim, em âmbito local, nacional, regional e mundial. Mas sem esquecer de que esses níveis da realidade social estão todo o tempo reciprocamente referidos, determinados. Conforme o contexto, um deles pode adquirir importância maior ou excepcional. Mesmo assim, não pode ser isolado de todo. E sem esquecer que o todo mundial já se tornou uma determinação importante, muitas vezes excepcional.

Para que se possa articular, movimentar e concretizar, o neo-socialismo depende do reconhecimento de que o lugar da política deslocou-se. A política adquiriu outra complexidade, ainda mais multipolarizada. Além de tudo, o que pode ser pensado ou realizado em

---

1989; Ricardo Antunes, *Adeus ao trabalho?* (*Ensaio sobre as metamorfoses e a centralidade do mundo do trabalho*), São Paulo, Cortez Editora e Editora da Unicamp, 1995; Terry Collingsworth, F. William Goold e Pharis F. Harvey, "Labor and Free Trade: Time for a Global New Deal", *Foreign Affairs*, vol. 73, n.º 1, 1994, pp. 8-13.

âmbito local e nacional, mais do que nunca coloca-se o desafio de pensar e realizar em âmbito regional e mundial. Na medida em que os processos e as estruturas de poder que se desenvolvem em escala global se tornam predominantes, cabe buscar sempre, todo o tempo, os significados práticos e teóricos das determinações globais, em tudo o que é local, nacional ou regional.

Portanto, coloca-se o desafio de superar as inibições subjetivas ou objetivas, antigas ou recentes, reais ou imaginárias. "Todavia, é verdade que, ao mesmo tempo em que o mundo se globaliza, enquanto a escala da economia e da administração dos negócios fica mais vasta e mundial, existe uma tendência psicológica das pessoas de olhar para algumas coisas com as quais elas possam se identificar, uma espécie de refúgio da globalização."[11] Essa tem sido uma das reações freqüentes, em face do terremoto que está abalando as bases sociais e mentais de referência, em todo o mundo. "Nosso drama — qualquer que seja nosso papel nele — está sendo encenado num teatro que conhecemos pouco, num palco que não conseguimos reconhecer bem e em meio a mudanças de cenário imprevisíveis, inesperadas e insuficientemente compreendidas."[12]

Sim, as determinações constituídas no âmbito do globalismo são fundamentais para a inteligência, o equacionamento e a realização das condições e das possibilidades do neo-socialismo. As determinações locais, nacionais e regionais, todas sempre reciprocamente referidas, têm sido mais ou menos decisivamente influenciadas pelas mundiais. Esse é o horizonte do neo-socialismo. "Trata-se de saber se e sob qual forma continuam a desenvolver-se contradições, necessidades, conflitos e aspirações que exigem o ultrapassar do capitalismo, contendo em germe uma concepção anticapitalista das relações sociais e das relações com a natureza. É a maneira pela qual esses con-

---

[11] Eric Hobsbawm, "O século radical", entrevista a Otavio Dias, *Folha de S. Paulo*, São Paulo, 30 de julho de 1995, p. 5-7.
[12] Eric Hobsbawm, "A crise das ideologias", *O Estado de S. Paulo*, São Paulo, 12 de agosto de 1995, p. D-11.

flitos e essas contradições serão interpretadas que decidirá o que o socialismo pode ou deverá ser."[13]

Sim, o socialismo não é apenas um modo de organizar a economia e a vida social, mas um processo civilizatório de amplas proporções. Transforma mais ou menos profundamente as condições de existência e consciência, o modo de ser, pensar, agir e imaginar. Tem raízes em outros processos civilizatórios, principalmente o capitalista, visto criticamente. Tem raízes no balanço crítico das condições de existência e consciência que prevalecem no capitalismo, também visto como modo de produção e processo civilizatório. Mas abre outras possibilidades e outros horizontes de emancipação e realização, na medida em que busca a globalização a partir de baixo, dos grupos e classes sociais subalternos, que compõem a grande maioria da humanidade.

"O socialismo deve ser visto como parte de um movimento democrático que surgiu muito antes dele, mas que só através dele pôde alcançar seu significado pleno... Assim concebido, o socialismo é parte da luta para o aprofundamento e para a extensão da democracia a todas as áreas da vida. Seu avanço não está inscrito em nenhum processo histórico preordenado, mas é o resultado de uma pressão constante de baixo pela expansão dos direitos democráticos; e essa pressão baseia-se no fato de que a grande maioria localizada no ponto mais baixo da pirâmide social precisa desses direitos para resistir e limitar o poder ao qual está sujeita... O socialismo tem de ser percebido como um processo cujo desenvolvimento ocorre em sociedades com organização interna complexa, cuja história deve ser levada em cuidadosa consideração e cujas complexidades precisam ser estudadas. O socialismo não pode descartar tudo o que foi entrelaçado ao longo dos anos na textura da ordem social, a maior parte como resultado de lutas

---

[13] André Gorz, *Capitalisme, socialisme, écologie*, Paris, Éditions Galilée, 1991, p. 99. Consultar também: Pablo González Casanova, *O colonialismo global e a democracia*, trad. de Márcia C. Cavalcanti, Rio de Janeiro, Civilização Brasileira, 1995; David Held, *Democracy and the Global Order*, Cambridge, Polity Press, 1995; Anthony Giddens, *Beyond Left and Right*, Cambridge, Polity Press, 1994.

amargas de baixo. Mas também não se pode permitir atolar no 'esterco das eras'. Trata-se de uma nova ordem social, mas uma nova ordem social que será marcada pelas continuidades, bem como pelas descontinuidades. Está arraigada na realidade do presente e esforça-se continuamente por superá-la... O socialismo representa a liberação da sociedade das restrições impostas pelos imperativos do capitalismo."[14]

Ocorre que o neo-socialismo tem raízes na formação da sociedade civil mundial. Implica a busca da emancipação individual e coletiva no âmbito dessa sociedade. A partir das realidades dadas, presentes, próximas e remotas, locais, nacionais, regionais e mundiais, implica o descortino de outras e novas possibilidades de emancipação, realização, criação e imaginação, desconhecidas ou extremamente limitadas no âmbito do neoliberalismo.

É claro que a superação do capitalismo pelo socialismo envolve um processo histórico-social de amplas proporções, atravessado por rupturas e acomodações, progressos e retrocessos, guerras e revoluções, revoluções e contra-revoluções. Trata-se de uma revolução simultaneamente lenta e pacífica, parcial e geral, abrupta e violenta, dependendo das condições prevalecentes no lugar, sempre no contraponto das forças sociais movendo-se em escala nacional, regional e mundial. Aos poucos, ou de repente, atinge todas as esferas da vida social, compreendendo a economia, a política, a cultura, a religião e a língua, bem como as relações raciais, de gênero e com a natureza.

As teorias, as ideologias e as utopias estão sempre presentes nessa revolução, simultaneamente local, nacional, regional e mundial. Elas fascinam as mentes e os corações de muitos, contra e a favor, mais ou menos ou com indiferença. Povoam o imaginário de partidos políticos, sindicatos, associações, movimentos sociais e correntes de opinião pública de todos os tipos, em todos os lugares.

Mas a superação do capitalismo pelo socialismo depende muito e também da maneira pela qual os indivíduos e as coletividades, os gru-

---

[14] Ralph Miliband, "A plausibilidade do socialismo", Emir Sader (org.), *O mundo depois da queda*, citado, pp. 123-39; citações das pp. 123, 124 e 136.

pos sociais e as classes sociais, as etnias e os gêneros compreendem a si mesmos e aos outros, localizam-se na trama das relações sociais, movem-se no âmbito de suas condições sociais de vida e trabalho, imaginam-se na sociedade, situam-se na máquina do mundo.

Sim, o neo-socialismo é um desenvolvimento do socialismo, se entendemos que este está marcado pelos dilemas e horizontes da sociedade nacional e aquele pelos dilemas e horizontes da sociedade global. O neo-socialismo tem raízes na história das lutas sociais nacionais, da mesma forma que nas interpretações relativas à dinâmica da sociedade nacional. Mas enraiza-se, simultaneamente, nas lutas sociais que se desenvolvem em âmbito global e nas interpretações relativas à dinâmica da sociedade global. O neo-socialismo pode ser visto como uma forma histórica nova da idéia e prática do socialismo, na época do globalismo. É um desenvolvimento novo do socialismo como processo civilizatório. Um processo civilizatório que se forma e transforma no largo da geografia, no longo da história, no curso das lutas sociais e no contraponto das forças sociais que agitam as configurações e os movimentos da sociedade global.

Bibliografia

Abramovay, Ricardo, *Paradigmas do capitalismo agrário em questão*, São Paulo, Hucitec, 1992.
Africa, vol. XLIV, nº 2, Londres, 1974.
Ambrose, Stephen E., *Rise to Globalism* (American Foreign Policy Since 1938), 7ª edição, Nova York, Penguin Books, 1993.
Amin, Samir, *La Déconnexion* (*Pour sortir du système mondial*), Paris, La Découverte, 1986.
—— *L'Eurocentrisme* (*Critique d'une idéologie*), Paris, Anthropos, 1988.
—— *L'Accumulation à l'échelle mondiale*, Paris, Anthropos, 1970.
Anderson, Benedict, *Nação e consciência nacional*, trad. de Lólio Lourenço de Oliveira, São Paulo, Ática, 1989.
Antunes, Ricardo, *Adeus ao trabalho?*, São Paulo, Cortez Editora e Editora da Unicamp, 1995.
Appadurai, Arjun, "Disjunture and Difference in the Global Cultural Economy", *Public Culture*, vol. 2, nº 2, 1990.
Appy, Robert, "Desemprego vira maior problema mundial", *O Estado de S. Paulo*, São Paulo, 29 de setembro de 1993, p. 8.
Arendt, Hannah, *The Origin of Totalitarianism*, Nova York, Meridian Books, 1966.
Argan, Giulio Carlo, *História da arte como história da cidade*, trad. de Pier Luigi Cabra, São Paulo, Martins Fontes, 1992.
Arrighi, G., Amin, S., Frank, A. G. e Wallerstein, *Le Grand tumulte?* (*Les mouvements sociaux dans l'economie-monde*), Paris, La Découverte, 1991.
Arrighi, Giovanni, *O longo século XX*, trad. de Vera Ribeiro, São Paulo, Unesp, 1996.
Attali, Jacques, *Milenio*, trad. de R. M. Bassols, Barcelona, Seix Barral, 1991.
Ayres, Robert U., *La Próxima revolución industrial*, trad. de Edith Martínez, Buenos Aires, Grupo Editor Latinoamericano, 1990.

Balibar, Etienne e Wallerstein, Immanuel, *Race, nation, classe*, Paris, La Découverte, 1990.
Banton, Michael, *A idéia de raça*, trad. de Antonio Marques Bessa, Lisboa, Edições 70, 1979.
—— *Race Relations*, Londres, Tavistock Publications, 1967.
Baran, Paul A., *A economia política do desenvolvimento econômico*, trad. de S. Ferreira da Cunha, Rio de Janeiro, Zahar, 1960.
Baritz, Loren, *The Servants of Power*, Nova York, John Wiley & Sons, 1965.
Barnet, Richard J. e Cavanagh, John, *Global Dreams*, Nova York, Simon and Schuster, 1994.
Barraclough, Geoffrey, *Introdução à história contemporânea*, 4ª edição, trad. de Álvaro Cabral, Rio de Janeiro, Zahar, 1976.
Bastide, Roger, "Problèmes de l'entrecroisement des civilisations et de leurs oeuvres", em Georges Gurvitch (direção), *Traité de Sociologie*, 2 vols., Paris, Presses Universitaires de France, 1970.
Baudrillard, Jean, *América*, trad. de Álvaro Cabral, Rio de Janeiro, Rocco, 1986.
Bauman, Zygmunt, *Culture as Praxis*, Londres, Routledge and Kegan Paul, 1973.
Becker, David G., Frieden, Jeff, Shatz, Sayre P. e Sklar, Richard L., *Postimperialism*, Londres, Lynne Rienner Publications, 1987.
Bernard, Jessie, Pear, T. H., Aron, Raymond e Angell, Robert C., *De la nature des conflits*, Paris, Unesco, 1957.
Bertalanffy, Ludwig von, *Teoria general de los sistemas*, trad. de Juan Almela, México, Fondo de Cultura Económica, 1993.
Beyer, Glenn H., *La Explosión urbana en América Latina*, Buenos Aires, Aguilar, 1970.
Bird, Graham, *Managing Global Money*, Londres, MacMillan Press, 1988.
Blackburn, Robin (organizador), *Depois da queda*, trad. de Luis Krausz, Maria Inês Rolin e Susan Semler, São Paulo, Paz e Terra, 1992.
Bonanate, Luigi, *Etica e politica internazionale*, Turim, Giulio Einaudi Editore, 1992.
Bonanno, Alesandro e outros (organizadores), *From Columbus to ConAngra*, Lawrence, University Press of Kansas, 1994.
Bottomore, Tom, *The Socialist Economy*, Nova York, Harvester Wheatsheaf, 1990.

Braudel, Fernand, *A dinâmica do capitalismo*, trad. de Carlos da Veiga Ferreira, 2ª edição, Lisboa, Teorema, 1986.
Braverman, Harry, *Trabalho e capital monopolista*, trad. de Nathaniel C. Caixeiro, Rio de Janeiro, Zahar, 1977.
Bright, Charles e Geyer, Michael, "For a Unified History of the World in the Twentieth Century", *Radical History Review*, nº 39, Nova York, 1987, pp. 69-91.
Brubaker, Rogers, "Nationhood and the National Question in the Soviet Union and post-Soviet Eurasia", *Theory and Society*, vol. 23, Londres, 1994, pp. 47-78.
Burbach, Roger e Flynn, Patricia, *Agroindústria nas Américas*, trad. de Waltensir Dutra, Rio de Janeiro, Zahar, 1982.
Busch, Lawrence, "The State of Agricultural Science and the Agricultural Science of the State", em Alesandro Bonanno e outros (organizadores), *From Columbus to ConAngra*, citado.

Calvino, Ítalo, *As cidades invisíveis*, trad. de Diogo Mainardi, São Paulo, Companhia das Letras, 1990.
Camilleri, Joseph e Falk, Jim, *The End of Sovereignity?*, Aldershot, Inglaterra, Edward Elgar Publishing, 1992.
Canevacci, Massimo, *A cidade polifônica*, trad. de Cecília Prada, São Paulo, Studio Nobel, 1993.
Cantril, Hadley (org.), *Tensions et conflits*, Paris, Librairie de Médicis, 1951.
Capital & Class, nº 48, Londres, 1992.
Capitalismo natura socialismo, nº 6, Roma, 1992.
Casanova, Pablo González, *O colonialismo global e a democracia*, trad. de Márcia C. Cavalcanti, Rio de Janeiro, Civilização Brasileira, 1995.
Cassese, Antonio, *I diritti umani nel mondo contemporaneo*, Bari, Editori Laterza, 1988.
Césaire, Aimé, *Discours sur le colonialisme*, Paris, Présence Africaine, 1995.
Chang, Pei-Kang, *Agricultura e indústria*, trad. de Juan F. Noyola e Edmundo Flores, México, Fondo de Cultura Económica, 1951.
Chesneaux, Jean, *Modernidade-mundo*, trad. de João da Cruz, Petrópolis, Vozes, 1995.
Claude Jr., Inis L., *States and the Global System*, Londres, MacMillan Press, 1988.
Collingsworth, Terry, Goold, F. William e Harvey, Pharis F.,

"Labor and Free Trade: Time for a Global New Deal", *Foreign Affairs*, vol. 73, n° 1, 1994, pp. 8-13.
Comercio exterior, vol. 32, n° 7, México, 1982; e vol. 45, n° 2, México, 1995.
Comparitive Urban and Comunity Research, vol. 2, New Brunswick e Londres, Transaction Publishers, 1989.
Connor, Walker, "Nation-Building or Nation-Destroying?", *World Politics*, vol. XXIV, n° 3, Princeton, 1972.
Costilla, Lucio Oliver, "La Reforma del estado en América Latina: Una aproximacíon crítica", *Estudios Latinoamericanos*, n° 2, México, 1994, pp. 3-29.
Cowhey, Peter F. e Aronson, Jonathan D., *Managing the World Economy*, Nova York, Council of Foreign Relations Press, 1993.
Cowling, Keith e Sugden, Roger, *Transnational Monopoly Capitalism*, Sussex, Wheatsheaf Books, 1987.
Cox, Oliver Cromwell, *Caste, Class & Race*, Monthly Review Press, Nova York, 1970.
Cox, Robert W., "Global Restructuring: Making Sense of the Changing International Political Economy", em Richard Stubbs e Geoffrey R. D. Underhill (editores), *Political Economy and the Changing Global Order*, Londres, MacMillan, 1994, pp. 45-59.
Crozier, Michel, *Cómo reformar al estado*, trad. de Rosa Cusminsky Cendrero, México, Fondo de Cultura Económica, 1992.
Current Anthropology, vol. 36, n° 1, 1995.

Dahrendorf, Ralf, *O conflito social moderno*, trad. de Renato Aguiar e Marco Antonio Esteves da Rocha, Rio de Janeiro, Zahar, 1992.
Davis, David Brion, *The Problem of Slavery in Western Culture*, Londres, Penguin Books, 1970.
Denitch, Bogdan, *Más allá del rojo y del verde*, trad. de Lorenzo Aldrete Bernal, México, Siglo Veintiuno Editores, 1991.
Development and Change, vol. 20, n° 2, Londres, 1989.
Deutscher, Isaac. *O judeu não-judeu e outros ensaios*, trad. de Moniz Bandeira, Rio de Janeiro, Civilização Brasileira, 1970.
Dicken, Peter, *Global hift*, Paul Chapman Publishing, Londres, 1992.
Documentação européia, *Uma política agrícola comum para os anos noventa*, Luxemburgo, Serviço das Publicações Oficiais das Comunidades Européias, 1989.

Dohse, Knoth, Jurgens, Ulrich e Malsch, Thomas, "From fordism to Toyotism?", *Politics & Society*, vol. 14, n? 2, Los Altos, 1985.
Dumont, Renè, *Un Monde intolérable*, Paris, Seuil, 1988.

Economy and Society, vol. 21, n? 4, Londres, 1992.
Ekins, Paul, *A New World Order*, Londres, Routledge, 1992.
Enzensberger, Hans Magnus, *Guerra civil*, trad. de Marcos B. Lacerda e Sérgio Flaksman, São Paulo, Companhia das Letras, 1995.
Epstein, Gerald, Graham, Julie e Nembhard, Jessica (editores), *Creating a New World Economy*, Filadélfia, Temple University Press, 1993.
Estudios latinoamericanos, n? 2, México, 1994.

Fajnzylber, Fernando, *La Industrialización trunca de América Latina*, México, Editorial Nueva Imagem, 1983.
Fanon, Frantz, *Os condenados da terra*, trad. de José Laurênio de Melo, Rio de Janeiro, Civilização Brasileira, 1968.
—— *Pele negra, máscaras brancas*, trad. de Maria Adriana da Silva Caldas, Salvador, Livraria Fator, 1983.
Featherstone, Mike, *Consumer Culture & Postmodernism*, Londres, Sage Publications, 1991.
—— (editor), *Global Culture*, Londres, Sage Publications, 1990.
Fernandes, Florestan, *A integração do negro na sociedade de classes*, 2 vols., São Paulo, Ática, 1978.
Folha de S. Paulo, São Paulo, 30 de julho de 1995.
Foreign Affairs, primavera, Nova York, 1993; vol. 73, n? 1, 1994; n? 73, n? 2, 1994.
Frazier, E. Franklin, *Race and Culture Contacts in the Modern World*, Nova York, Alfred A. Knopf, 1957.
Friedmann, Harriet, "The Political Economy of Food: a Global Crisis", *New Left Review*, n? 197, Londres, 1993.
Friedmann, John e Wolff, Goetz, "World City Formation: an Agenda for Research and Action", *International Journal of Urban and Regional Research*, vol. 6, n? 3, Nova York, 1982, pp. 309-344.
Friedgut, Theodore e Siegelbaum, Lewis, "Perestroika from Below: the Soviet Miners' Strike and its Aftermath", *New Left Review*, n? 181, Londres, 1990, pp. 5-32
Frobel, Folker, Heinrichs, Jurgen e Kreye, Otto, *The New Inter-*

national Division of Labour, trad. de Pete Burgess, Cambridge University Press, Cambridge, 1980.

Fujita, Kuniko, "A World City and Flexible Specialization: Restructuring of the Tokyo Metropolis", *International Journal of Urban and Regional Research*, vol. 15, n? 2, Oxford, 1991, pp. 269-284.

Fuller, Graham E., "The Fate of the Kurds", *Foreign Affairs*, Nova York, primavera de 1993, pp. 108-121.

Furtado, Celso, *Brasil (A construção interrompida)*, São Paulo, Paz e Terra, 1992.

Galbraith, John Kenneth, *A sociedade justa*, trad. de Ivo Korytowski, Rio de Janeiro, Campus, 1996.

Gardner, Richard N. e Millikan, Max F. (editores), *The Global Partnership*, Nova York, Frederick A. Praeger, 1968.

Gazeta Mercantil, São Paulo, 12/6/1993; 9/12/1994.

Gellner, Ernest, *Nations and Nationalism*, Oxford, Blackwell Publishers, 1992.

George, Pierre, *La Ville*, Paris, Presses Universitaires de France, 1952.

Giddens, Anthony, *Beyond Left and Right*, Cambridge, Polity Press, 1994.

Gorz, André, *Les Chemins du paradis*, Paris, Editions Galilée, 1983.

—— *Métamorphoses du travail*, Paris, Editions Galilée, 1991.

—— *Capitalisme, socialisme, écologie*, Paris, Editions Galilée, 1991.

Grunwald, Joseph e Flamm, Kenneth, *The Global Factory*, Washington, The Brookings Institution, 1985.

Gurra-Borges, Alfredo, *La Integración de América Latina y Caribe*, México, Universidad Nacional Autónoma, 1991.

Gurvitch, Georges (direção), *Traité de sociologie*, 2 vols., Paris, Presses Universitaires de France, 1960.

Habermas, Jurgen, *Identidades nacionales y postnacionales*, Madri, Editorial Tecnos, 1989.

Hagen, Everett E. (organizador), *Planeación del desarrollo económico*, trad. de Fernando Rosenzweig, México, Fondo de Cultura Económica, 1964.

Halliday, John, "Hong Kong: Britain's Chinese Colony", *New Left Review*, nos 87/88, Londres, 1974.

Harvey, David, *Condição pós-moderna*, trad. de Adail Ubirajara Sobral e Maria Stela Gonçalves, São Paulo, Edições Loyola, 1992.

Hashi, Iraj, "The Desintegration of Yugoslavia", *Capital & Class*, n? 48, Londres, 1992, pp. 41-88.

Heffernan, William D. e Constance, Douglas H., "Transnational Corporations and the Globalization of the Food System", em Alesandro Bonanno e outros (organizadores), *From Columbus to ConAngra*, citado, pp. 29-51.

Heisler, Barbara Schmitter, "A Comparative Perspective on the Underclass", *Theory and Society*, vol. 20, n? 4, 1991, pp. 455-83.

Held, David, *Democracy and the Global Order*, Cambridge, Polity Press, 1995.

Hertz, Frederick, *Nationality in History and Politics*, Londres, Kegan Paul, Trench, Trubneer & Co., 1945.

Hilferding, Rudolf, *O capital financeiro*, trad. de Reinaldo Mestrinel, São Paulo, Abril Cultural, 1985.

Hirst, Paul e Thompson, Graham, "The Problem of Globalization", *Economy and Society*, vol. 21, n? 4, Londres, 1992, pp. 357-96.

Hobsbawm, Eric J., *Era dos extremos*, trad. de Marcos Santarrita, São Paulo, Companhia das Letras, 1995.

—— *Nações e nacionalismo desde 1870*, trad. de Maria Célia Paoli e Anna Maria Quirino, São Paulo, Paz e Terra, 1990.

Hoffmann, Erik P. (editor), *The Soviet Union in the 1980s*, Nova York, The Academy of Political Science, 1984, pp. 98-112.

Hofstadter, Richard, *Social Darwinism in American Thought*, Boston, Beacon Press, 1967.

Holloway, John, "La Reforma del Estado: Capital global y Estado nacional", *Perfiles Latinoamericanos*, ano 1, n? 1, Flacso, México, 1992, pp. 7-32.

Hormats, Robert D., "Making Regionalism Safe", *Foreign Affairs*, vol. 73, n? 2, Nova York, 1994, pp. 97-108.

Horowitz, David (org.), *Revolução e repressão*, trad. de Genésio Silveira da Costa, Rio de Janeiro, Zahar, 1969.

Hughes, Everett C. e MacGill, Helen, *Where Peoples Meet (Racial and Ethnic Frontiers)*, Glencoe, The Free Press, 1952.

Hunter, Guy (editor), *Industrialization and Race Relations*, Londres, Oxford University Press, 1965

Ianni, Octavio, *Escravidão e racismo*, 2? edição, São Paulo, Hucitec, 1988.

Ianni, Octavio, *As metamorfoses do escravo*, 2ª edição, São Paulo, Hucitec, 1998.
—— *A sociedade global*, 4ª edição, Rio de Janeiro, Civilização Brasileira, 1996.
—— *Teorias da globalização*, 2ª edição, Rio de Janeiro, Civilização Brasileira, 1996.
International Journal of Urban and Regional Research, vol. 6, nº 3, 1982; vol. 13, nº 1, 1989; vol. 15, nº 2, 1991.
International Social Science Journal, vol. XXVI, nº 1, 1974.
Isaac, Julius, *Economics of Migration*, Londres, Kegan Paul, 1947.

Jacoby, Henry, *The Bureaucratization of the World*, trad. de Eveline L. Kanes, Berkeley, University of California Press, 1976.
Jameson, Frederic, *El Posmodernismo o la lógica cultural del capitalismo avanzado*, trad. de José Luis Pardo Torio, Barcelona, Ediciones Paidos, 1991.

Kafka, Franz, *O veredicto & Na colonia penal*, trad. de Modesto Carone, 2ª edição, São Paulo, Brasiliense, 1988.
Kagarlitsky, Boris, *A desintegração do monolito*, trad. de Flávia Villas-Boas, São Paulo, Unesp, 1993.
Kautsky, Karl, *La Cuestion agraria*, trad. de Carlos Altamirano, Juan José Real e Delia Garcia, México, Siglo Veintiuno Editores, 1980.
Kayanak, Erdener (editor), *World Food Marketing Systems*, Londres, Butterworths, 1986.
Kennedy, Paul, *Preparing for the Twentieth-First Century*, Nova York, Random House, 1993.
Kim, Kyong-Dong, *Dependency Issues in Korean Development*, Seul, Seoul National University Press, 1987.
King, Anthony D., *Global Cities*, Londres, Routledge, 1991.
—— "Colonialism, Urbanism and the Capitalist World Economy", *International Journal of Urban and Regional Research*, vol. 13, nº 1, Londres, 1989.
Klineberg, O., *États de tension et compréhension internationale*, Paris, Librairie de Médicis, 1951.
Koves, András, "Socialist Economy and the World-Economy", *Review*, vol. V, nº 1, 1981, pp. 113-33.
Kurz, Robert, *O colapso da modernização*, trad. de Karen Elsabe Barbosa, São Paulo, Paz e Terra, 1992.
Kuntz, Rolf, "Mundo rico tem mais desemprego", *O Estado de S. Paulo*, São Paulo, 29 de agosto de 1993, p. 6.

Lapidus, Gail W., "The Nationality Question and the Soviet System", em Hoffmann, Erik P. (editor), *The Soviet Union in the 1980s*, Nova York, The Academy of Political Science, 1984, pp. 98-112.

Latouche, Serge, *A ocidentalização do mundo*, trad. de Celso Mauro Paciornik, Petrópolis, Vozes, 1994.

Lash, Scott e Urry, John, *The End of Organized Capitalism*, Madison, The University of Wisconsin Press, 1987.

Lavinas, Lena, Carleial, Liana Maria da Frota e Nabuco, Maria Regina (organização), *Integração, região e regionalismo*, Rio de Janeiro, Bertrand Brasil, 1994.

Lawson, Bill E. (editor), *The Underclass Question*, Filadélfia, Temple University Press, 1992.

Le Monde diplomatique, Paris, junho de 1994 e junho de 1995.

Lefebvre, Henri, *La Revolución urbana*, 4ª edição, trad. de Mario Nola, Madri, Alianza Editorial, 1983.

Lévi-Strauss, Claude, *Raça e história*, 2ª edição, trad. de Inácia Canelas, Lisboa, Editorial Presença, 1975.

Levitt, Theodore, *A imaginação de marketing*, trad. de Auriphebo Berrance Simões, 2ª edição, São Paulo, Editora Atlas, 1991.

Lévy, Pierre, *As tecnologias da inteligência*, trad. de Carlos Irineu da Costa, Rio de Janeiro, Editora 34, 1993.

Lo, Fu-Chen, "The Emerging World City System", *Work in Progress*, United Nations University, vol. 13, nº 3, Tóquio, 1991.

Labour and Society, vol. 16, nº 4, Genebra, 1991.

Lojkine, Jean, *A classe operária em mutações*, trad. de José Paulo Netto, Belo Horizonte, Oficina de Livros, 1990.

Luhmann, Niklas, *Sociologia do direito*, 2 vols., trad. de Gustavo Bayer, Rio de Janeiro, Edições Tempo Brasileiro, 1985.

—— "The World Society as a Social System", *International Journal of General Systems*, vol. 8, 1982, pp. 131-8.

Magris, Claudio, "Praga, capitale del paese senza nome", *Corriere della Sera*, Roma, 13 de fevereiro de 1993, p. 27.

Mandel, David, "The Rebirth of the Soviet Labor Movement". *Politics and Society*, vol. 18, nº 3, 1990, pp. 381-404.

Mandel, Ernest, *O capitalismo tardio*, trad. de Carlos Eduardo Silveira Matos, Regis de Castro Andrade e Dinah de Abreu Azevedo, São Paulo, Abril Cultural, 1982.

Manor, James (editor), *Rethinking Third World Politics*, Londres, Longman, 1991.

Mansur, Fatma, *Process of independence*, Londres, Routledge & Kegan Paul, 1962.
Marcos, Luis Rojas, *La Ciudad y sus desafios*, Madri, Espasa Calpe, 1992.
Marx, Karl, *Elementos fundamentales para la crítica de la economía política*, 3 vols., trad. de José Arico, Miguel Murmis e Pedro Scaron, México, Siglo Veintiuno Editores, 1971-1976.
—— *El capital*, 3 tomos, trad. de Wenceslao Roces, México, Fondo de Cultura Económica, 1946-47.
—— e Engels, Friedrich, *Manifesto do Partido Comunista*, trad. de Marco Aurélio Nogueira e Leandro Konder, Petrópolis, Vozes, 1988.
Matterlart, Armand, *Comunicação-mundo*, trad. de Guilherme João de Freitas Teixeira, Petrópolis, Vozes, 1994.
—— *L'Internationale publicitaire*, Paris, La Découverte, 1989.
McGrew, Anthony G. e Lewis, Paul G. (editores), Polity Press, *Global Politics*, Cambridge, 1992.
McLuhan, Marshall e Powers, Bruce R., *The Global Village*, Oxford, Oxford University Press, 1989.
Mellor, John W., "Global Food Balances and Food Security", *World Development*, vol. 16, n° 9, Oxford, 1998.
Memmi, Albert, *Retrato do colonizado precedido pelo retrato do colonizador*, trad. de Roland Corbisier e Mariza Pinto Coelho, Rio de Janeiro, Paz e Terra, 1967.
Mendez, Teresa Pacheco, "Modernización, cultura y desarrollo regional, un marco de referência", *Comercio Exterior*, vol. 45, n° 2, México, 1995, pp. 152-8.
Menzel, Ulrich e Senghaas, Dieter, "NICs Defined", em Kyong-Dong Kim (org.), *Dependency Issues in Korean Development*, Seul, Seoul National University Press, 1987, pp. 59-87.
Mesarovic, Mihajlo e Pestel, Eduard, *Mankind at the Turning Point*, Nova York, E. P. Dutton & Co., 1974.
Miliband, Ralph, "A plausibilidade do socialismo", em Emir Sader (organizador), *O mundo depois da queda*, trad. de Jamary França, São Paulo, Paz e Terra, 1995, pp. 123-39.
Modelski, George, *Long Cycles in World Politics*, University of Seattle, Washington Press, 1987.
Monthly Review, vol. 29, n° 9, Nova York, 1978.
Moraes, Vinicius de, *Antologia poética*, 12ª edição, Rio de Janeiro, José Olympio, 1975.

Morishima, Michio, *Capitalisme et confucianisme*, trad. de Anne de Rufi e Pierre-Emmanuel Dauzat, Paris, Flammarion, 1986.
Morner, Magnus, *Race Mixture in the History of Latin America*, Boston, Little, Brown and Co., 1967.
Morus, Thomas, *A utopia*, trad. de Anah Melo Franco, Brasília, UnB, 1980.
Moynihan, Daniel Patrick, *Pandaemonium (Ethnicity in International Politcs)*, Nova York, Oxford University Press, 1994.
Musil, Jiri, "New Social Contracts", *Labour and Society*, vol. 16, n? 4, Genebra, 1991.
Myrdal, Gunnar, *Solidariedad o desintegración*, trad. de Salvador Echavarría e Enrique Gonzales Pedrero, México, Fondo de Cultura Económica, 1956.

Naciones Unidas, *Internacionalización y regionalización de la economia mundial: Sus consecuencias para América Latina*, preparado pela Cepal, Nova York, 1991.
—— *Equidad y tranformación productiva: Un enfoque integrado*, Santiago do Chile, 1992.
Naipul, V.S., *India: a Wounded Civilization*, Nova York, Vintage Books, 1978.
Naisbitt, John, *Paradoxo global*, trad. de Ivo Korytowski, Rio de Janeiro, Campus, 1994.
Nelson, Benjamin, "On Orient and Occident in Max Weber", *Social Research*, primavera 1976, Nova York, pp. 114-29.
New Left Review, n?s 87/88, 1974; n? 181 e n? 184, 1990; n? 197 e n? 199, 1993.
Norbu, Dawa, *Culture and the Politics of Third World Nationalism*, Londres, Routledge, 1992.
Nyongo, Peter Anyang, *Estado y sociedad en el Africa actual*, México, El Colegio de México, 1989.

O Estado de S. Paulo, São Paulo, 7 de agosto de 1993; 29 de agosto de 1993; 29 de setembro de 1993; 12 de julho de 1995.
O'Brien, Richard, *Global Financial Integration: The End of Geography*, Nova York, The Royal Institute of International Affairs, 1992.
O'Connor, James, "La seconda contraddizione del capitalismo: cause e conseguenze", *Capitalismo Natura Socialismo*, n? 6, Roma, 1992, pp. 1-19.

Ohlin, Göran, "O sistema multilateral de comércio e a formação de blocos", *Política externa*, vol. 1, n? 2, São Paulo, 1992, pp. 55-60.
Ohmae, Kenichi, "The Rise of the Region State", *Foreign Affairs*, Nova York, primavera 1993, pp. 78-87.
—— *Mundo sem fronteiras*, trad. de Maria Cláudia O. Santos, São Paulo, Makron Books do Brasil Editora, 1991.
Olsen, Donald J., *The City as a Work of Art*, New Haven e Londres, Yale University Press, 1986.
Oommen, "Sociology for One World: A Plead for an Authentic Sociology", *Sociological Bulletin*, vol. 39, n?s 1 e 2, Nova Delhi, 1990, pp. 1-13.
Ortiz, Fernando, *Contrapunteo cubano del tabaco y el azúcar*, Havana, Jesús Montero Editor, 1940.
Ortiz, Renato, *Mundialização e cultura*, São Paulo, Brasiliense, 1994.
Oyen, Else (editor), *Comparative Methodology (Theory and Practice in International Social Research)*, Londres, Sage Publications, 1990.

Palloix, Christian, *Les Firmes multinationales et le procès d'internationalisation*, Paris, François Maspero, 1973.
Panikkar, K. M., *A dominação ocidental na Ásia*, trad. de Nemésio Salles, 3ª edição, Rio de Janeiro, Paz e Terra, 1977.
Park, Robert Ezra, *Race and Culture*, Glencoe, The Free Press, 1950.
Peet, Richard, *Global Capitalism*, Londres, Routledge, 1991.
Perfiles latinoamericanos, ano 1, n? 1, México, Flacso, 1992.
Perroux, François, *La Coexistencia pacífica*, trad. de Francisco González Aramburo, México, Fondo de Cultura Económica, 1960.
Pearson, Lester B. (org.), *Partners in Development*, Nova York, Praeger Publishers, 1969.
Philip, Christian, *Textos constitutivos de las comunidades Europeas*, trad. de Juana Bignozzi, Barcelona, Editorial Ariel, 1985.
Política externa, vol. 1, n? 2, São Paulo, 1992.
Politics and Society, vol. 18, n? 3, 1990; vol. 14, n? 2, 1985.
Portes, Alejandro, Castells, Manuel e Benton, Lauren A. (editorees), *The Informal Economy*, Baltimore, The Johns Hopkins University Press, 1989.
Public Culture, vol. 2, n? 2, 1990.

Radical History Review, n? 39, Nova York, 1987.
Rama, Ángel, *Transculturación narrativa en América Latina*, México, Siglo Veintiuno Editores, 1982.
Rayfield, J. R., "Theories of Urbanization and the Colonial City in West Africa", *Africa*, vol. XLIV, n? 2, Londres, 1974.
Reich, Robert B., *The Work of Nation*, Nova York, Alfred A. Knopf, 1991.
Review, vol. V, n? 1, Nova York, 1981.
Review of Radical Political Economics, vol. 22, n? 1, 1990.
Rifkin, Jeremy, *O fim dos empregos*, trad. de Ruth Gabriela Bahar, São Paulo, Makron Books do Brasil Editora, 1995.
Robertson, Roland, *Globalization*, Londres, Sage Publications, 1992.
Rochu, Gilbert, "Du contrôle des frontières au racisme ordinaire", *Le Monde Diplomatique*, Paris, junho de 1995.
Rodinson, Maxime, *Islam y capitalismo*, trad. de Marta Rojzman, México, Siglo Veintiuno Editores, 1973.
Romero, José Luis, *Latinoamerica: las ciudades y las ideas*, México, Siglo Veintiuno Editores, 1976.

Sabel, Charles F., *Work and Politics*, Cambridge, Cambridge University Press, 1985.
Sader, Emir (org.), *O mundo depois da queda*, trad. de Jamary França, São Paulo, Paz e Terra, 1995.
Said, Edward W., *Orientalismo (O Oriente como invenção do Ocidente)*, trad. de Tomás Rosa Bueno, São Paulo, Companhia das Letras, 1990.
Santos, Milton, *A cidade nos países subdesenvolvidos*, Rio de Janeiro, Civilização Brasileira, 1965.
—— *Técnica espaço tempo*, Editora Hucitec, São Paulo, 1994.
Sassen, Saskia, *The Global City: New York, London, Tokyo*, Nova York, Princeton University Press, 1988.
Schlesinger Jr., Arthur, *The Disuniting of America (Reflections on a Multicultural Society)*, Nova York, W. W. Norton, 1992.
Schiller, Nina Glick, Basch, Linda e Blanc-Szanton, Cristina (orgs.), "Towards a Transnational Perspective on Migration", *Annals of the New York Academy of Science*, vol. 645, Nova York, 1992.
Schroeder, Ralph, *Max Weber and the Sociology of Culture*, Londres, Sage Publications, 1992.
Segal, Ronald, *The Race War*, Nova York, Bantam Books, 1967.

Serres, Michel, *O contrato natural*, trad. de Beatriz Sidoux, Rio de Janeiro, Nova Fronteira, 1991.
Skocpol, Theda (editor), *Vision and Method in Historical Sociology*, Cambridge, Cambridge University Press, 1986.
Smith, Richard, "The Chinese Road to Capitalism", *New Left Review*, n? 199, Londres, 1993, pp. 55-99.
Sociological Bulletin, vol. 39, n?* 1 e 2, Nova Delhi, 1990.
Stolcke, Verena, "The Right of Difference in an Unequal World", Mimeo, European University Institute, Florença, 1992.
—— "Talking Culture: New Boundaries, New Rhetorics of Exclusion in Europe", *Current Anthropology*, vol. 36, n? 1, 1995, pp. 1-24.
Stubbs, Richard e Underwhill, Geoffrey R. D. (editores), *Political Economy and the Changing Global Order*, Londres, MacMillan, 1994.
Suárez, Blanca, "Dos modalidades de penetración transnacional en América Latina: el caso del complejo de carnes", *Comercio exterior*, vol. 32, n? 7, México, 1982, pp. 786-794.
Suny, Ronald, "The Revenge of the Past: Socialism and Ethnic Conflict in Transcaucasia", *New Left Review*, n? 184, Londres, 1990.

Takeo, Tsuchiya, "Free Trade Zones in Southeast Asia", *Monthly Review*, vol. 29, n? 9, Nova York, 1978, pp. 29-39.
Tanzi, Vito (editor), *Transition to Market*, Washington, Fundo Monetário Internacional, 1993.
Tarte, Sandra, "Regionalism and Globalism in the South Pacific", *Development and Change*, vol. 20, n? 2, Londres, 1989, pp. 181-201.
Taylor, P. J. e Johnston, R. J. (orgs.), *A World in Crisis? (Geographical Perspectives)*, Oxford, Basil Blackwell, 1986.
The Economist, Londres, 5 de setembro de 1992; 19 de setembro de 1992; 30 de outubro de 1993.
The Group of Green Economists, *Ecological Economics*, Londres, Zed Books, 1992.
Theory and Society, vol. 20, n? 4, Londres, 1991; vol. 23, 1994.
Thrift, Nigel, "The Geography of International Economic Disorder", R. J. Johnston e P. J. Taylor (editores), *A World in Crisis? (Geographical Perspectives)*, Oxford, Basil Blackwell, 1986, cap. 2.
Thune, Wolfgang, *A pátria como categoria sociológica e geopolí-*

tica, trad. de Flavio Beno Siebeneichler, Rio de Janeiro, Tempo Brasileiro, 1991.

Thurow, Lester, *Head to Head (The Coming Economic Battle among Japan, Europe and America)*, Nova York, William Morrow and Co., 1992.

Tilly, Charles, *Big Structures, Large Processes, Huge Comparisons*, Nova York, Russel Sage Foundation, 1984.

Turner, Bryan S., "The Two Faces of Sociology: Global or National?", Mike Featherstone (org.), *Global Culture*, Londres, Sage Publications, 1990, pp. 343-358.

Unesco, *Le Racisme devant la science*, Nouvelle Édition, Paris, Unesco, 1973.

United Nations Industrial Development Organization (UNIDO), *Industrial Free Zones as Incentives to Promote Export-Oriented Industries*, Nova York, 1971.

Urquhart, Brian, *Decolonization and World Peace*, Austin, University of Texas Press, 1989.

Vernon, Raymond (compilador), *La Promesa de la privatización*, trad. de Eduardo L. Suárez, México, Fondo de Cultura Económica, 1992.

Wagstyl, Stefan, "Índia: A paradoxal convivência com a modernização numa sociedade dividida em castas", *Gazeta Mercantil*, São Paulo, 9 de dezembro de 1994, p. 2; traduzido do *Financial Times*.

Walker, Martin, *The Cold War*, Londres, Vintage, 1994.

Wallerstein, Immanuel, "Histoire et dilemmes des mouvements antisystémiques", em S. Amin, G. Arrighi, A. G. Frank e I. Wallerstein, *Le Grand tumulte?*, Paris, La Découverte, 1991.

—— "Beyond the Nation State: Global Perspectives on Capitalism", *Review of Radical Political Economics*, vol. 22, n? 1, 1990.

—— *O capitalismo histórico*, trad. de Denise Bottmann, São Paulo, Brasiliense, 1985.

Walter, Andrew, *World Power and World Money*, Nova York, St. Martin Press, 1991.

Wagner, Paul, "Politics Beyond the State: Environmental Activism and World Civic Politics", *World Politics*, n? 47, Princeton, abril de 1995, pp. 311-40.

Waterston, Albert, *Development Planning*, Baltimore, The Johns Hopkins Press, 1965.
Weber, Max, *História económica general*, trad. de Manuel Sánchez Sarto, 2ª edição, México, Fondo de Cultura Económica, 1956.
—— *A ética protestante e o espírito do capitalismo*, trad. de M. Irene de Q. F. Szmrecsanyi e Tamás J. M. K. Szmrecsanyi, São Paulo, Livraria Pioneira Editora, 1967.
Wilson, William Julius, "The Ghetto Underclass: Social Science Perspectives", número especial de *The Annals*, vol. 501, Filadélfia, 1989.
Wolf, Eric R., *Europe and the People without History*, Berkeley, University of California Press, 1982.
Wolff, Goetz, "The Making of a Third World City?", *XVII International Congress*, Latin American Studies Association, Los Angeles, 1992.
Work in Progress, United Nations University, vol. 13, n° 3, Tóquio, 1991.
World Development, vol. 16, n° 9, Oxford, 1988.
World Politics, vol. XXIV, n° 3, Princeton, 1972; n° 47, 1995.

Zero Hora, Porto Alegre, 19 de abril de 1996.

Este livro foi impresso no
Sistema Digital Instant Duplex da Divisão Gráfica da
DISTRIBUIDORA RECORD DE SERVIÇOS DE IMPRENSA S.A.
Rua Argentina, 171 - Rio de Janeiro/RJ - Tel.: 2585-2000